DEUTSCHE ANNALEN

50. Jahr – 2021

DEUTSCHE ANNALEN 2021

Jahrbuch des Nationalgeschehens

Druffel & Vowinckel-Verlag

GILCHING

Gegründet 1972 von Helmut Sündermann († 1972)
Herausgegeben von Dr. Gert Sudholt

Internationale Standard-Buchnummer
ISBN 978-3-8061-1281-8

© 2022 Druffel & Vowinckel Verlag
Talhofstraße 32
82205 Gilching
www.druffel-vowinckel.eu

Fotos: Archiv des Verlages

Schutzumschlag & Satz: www.druckfahne-medien.de

Gedruckt in der EU

Alle Rechte sind vorbehalten. Kein Teil des Werks darf in irgendeiner Form ohne schriftliche Genehmigung des Verlags reproduziert werden, mit Ausnahme von Auszügen für Buchbesprechungen. Bezüglich Fotokopien verweisen wir auf §§ 53, 54 UrhG.
Für Informationen: www.druffel-vowinckel.eu

Inhaltsverzeichnis

Vor 50 Jahren: eine Idee wird geboren............ 6
Als die DEUTSCHEN ANNALEN
aus der Taufe gehoben wurdenit
Von Gert Sudholt

Angst – ein schlechter Ratgeber.................. 13
Covid 19, Politik und Medien
Von E. von Glinka

Pandemie und kein Ende........................ 44
Mit Corona und Klima zu einer neuen »Gehorsamskultur«
Von Hubertus Thoma

Das Ende der vierten Gewalt.................... 76
Das »Neue Deutschland« – Ideen und Wirklichkeit
Von Peter Orzechowski

Die Ausrufung des Deutschen Reiches............ 98
Der Europäische Bürgerkrieg 1871 – 1945
Von Menno Aden

Die Wehrmachtgerichtsbarkeit................... 116
... im Lichte empirischer Studien
Von Martin Pfeiffer

1941 – Das explosive Jahr mit ungewissem Ausgang...... 146
Von Manfred Kaufeld

**Dichterfürst von Goethe versus
Dramatiker von Kotzebue**........................ 176
Eine literarisch-intrigante Fehde um 1800 in Weimar
Zum 260. Geburtstag von August von Kotzebue
Von Frank Hildner

Das Superwahljahr 2021........................ 220
Ein Rückblick
Von Christian Schwochert

Deutsche Abschiede 2020....................... 238
Peter Dehoust

Vor 50 Jahren: Eine Idee wird geboren

Als die DEUTSCHEN ANNALEN aus der Taufe gehoben wurden

Von Gert Sudholt

Erstausgabe DEUTSCHE ANNALEN 1972

VOR 50 JAHREN: EINE IDEE WIRD GEBOREN

Für jeden Verleger der alten Schule ist ein neues Buch wie ein neugeborenes Kind, das nach vielen Monaten auf die Welt kommt. Natürlich wird erwartet, dass es ein Besteller zumindest aber ein Erfolgsbuch wird. Gelegentlich ist es eine vergebliche Hoffnung, oft aber bewahrheitet sich die Erwartung.

Man schrieb das Frühjahr 1971. Ich bereitete meine Studienreise nach Süd-und Südwestafrika vor, um dort meine Dissertation zu erarbeiten, als mich mein Stiefvater Helmut Sündermann an einem Samstagnachmittag zu einem Gespräch in sein Privatbüro bat. Nach einigen einleitenden Worten kam er zur Sache: er wolle mit Beginn des Jahres 1972 erstmals ein Jahrbuch des Nationalgeschehens herausbringen. Er erzählte von zahlreichen Gesprächen, die er bereits geführt hatte, berichtete über einzelne Beiträge, die schon fest zugesagt seien und bat mich während meines Aufenthaltes in Windhuk zu Dr. Werner Bertelsmann Kontakt aufzunehmen und ihn zu bitten, doch einen Beitrag für die Annalen 1972 zu verfassen. Er habe seine Dissertation über die deutschen Minderheitenrechte in SWA veröffentlicht. Da wäre es wünschenswert, wenn man ihn zu einem Betrag für die ANNALEN gewinnen könnte.

Unser Gespräch wandte sich dann einem anderen Themenbereich zu, ihn interessierte, was ich nach meinem Studienabschluss, der ja inzwischen in greifbare Nähe gerückt sei, plane. Ich wies auf die Möglichkeit einer verstärkten Tätigkeit bei der *Deutschen Wochen Zeitung* hin, die derzeitige Redaktion sei ja doch erheblich überaltert. Mein Stiefvater warf die Möglichkeit einer Assistenzstelle bei einem Professor an der Stanford Universität in die Debatte, die mich faszinierte. Er vertrat die Auffassung, dass sich hier die Chance böte über kurz oder lang eine Professur zu erhalten und dann in den USA eine akademische Laufbahn zu beginnen. Hier in Deutschland hätte ich keine Chance, wenn ich die akademische Laufbahn einschlagen würde. Was ihn beträfe, so könne er gewiss noch 25 Jahre verlegerisch tätig bleiben, wolle aber etwas kürzer treten. Auch aus diesem Grund plane er die Herausgabe der DEUTSCHEN ANNALEN. Und in einem Vierteljahrhundert könne es durchaus sein, dass man eine Professur in Deutschland bekommen könnte. Auf diese Weise könne man dem Verlag einen wissenschaftlich Anstrich geben, neue Leser und zudem an Ansehen gewinnen sowie endgültig das Odium des Rechtsextremismus überwinden.

Wenige Wochen später landete ich in Windhuk mit einem Empfehlungsschreiben von Helmut Sündermann im Gepäck. Bald darauf fand ein Gespräch mit Dr. Werner Bertelsmann statt, das freilich zu keinem positiven Ergebnis führte. Vielleicht war es auch noch meine jugendliche Direktheit, die ihn daran hinderte an diesem Verlagsprojekt mitzuarbeiten. Vielleicht hatte er auch seine Fühler wieder nach Südafrika ausgestreckt. Dort wurde er bald darauf zum Professor für Rechtswissenschaften berufen.

Die ersten DEUTSCHEN ANNALEN erschienen planmäßig im Frühjahr 1972 in einer Auflage von 8.000 Exemplaren; eine Nachauflage mit 2.000 Exemplaren folgte Anfang Mai 1972. Höhepunkt dieser ersten Ausgabe war der großartige Beitrag »Wie sicher ist Westeuropa – Eine geopolitische Untersuchung«. Der Aufsatz erfreute sich größten Interesses und trug wesentlich zu dem großen Absatz bei. Einige Jahre später verfasste Jordis von Lohausen in unserem Haus das Werk »Mut zur Macht - Denken in Kontinenten«, das mehrere Auflagen erlebte.

VOR 50 JAHREN: EINE IDEE WIRD GEBOREN

Vor meiner Rückkehr im Sommer 1971 nach Deutschland hatte ich ausreichend Material gesammelt und konnte in den ersten Annalen einen Beitrag über die deutsche Sprachengruppe in Südwestafrika veröffentlichen.

Aus einer langfristigen Mitarbeit an der Deutschen -Wochenzeitung wurde ebenso wenig wie aus den Überlegungen einer Tätigkeit an der Stanford Universität. Nach kurzer schwerer Krankheit verstarb Helmut Sündermann am 25. August 1972. Vor die Wahl gestellt, einen unsicheren Arbeitsplatz in Rosenheim oder in den USA wahrzunehmen, entschloss ich mich für den eigenen Verlag zu arbeiten und konnte im Frühjahr 1973 das 2. Jahr der DEUTSCHEN ANNALEN veröffentlichen. In der Ausgabe 1973 veröffentlichten wir als Einführungsbeitrag den letzten Vortrag von Helmut Sündermann, gehalten am Lippoldsberger Dichtertag am 4. Juni 1972. In der gleichen Ausgabe findet sich ein Nekrolog auf den langjährigen Leiter des Druffel-Verlages.

Die jährliche Zusammenstellung der ANNALEN bereitete und bereitet mir große Freude und ist eine wesentliche Bereicherung meines Wissensstandes. Viele bedeutende Autoren füllten in den vergangenen Jahrzehnte die Bände. Vorsichtige Veränderungen und Verbesserungen wurden vorgenommen. Am Konzept hat sich jedoch nichts geändert. Aber es wurde gehörig erweitert, um einen größeren Leserkreis anzusprechen. Dies gelang mit Vorbehalten. Angesichts der Tatsache, dass der Druffel-Verlag als »rechts« gilt und daher zahlreichen Widerständen ausgesetzt ist, war und ist es nicht immer leicht, neue Leserkreise anzusprechen.

Im 10. Band, der 1981 fertiggestellt und ausgeliefert wurde, verfasste Georg Demmler den Beitrag »Krisenherde der Weltpolitik«. Gerhard Baumann steuerte eine Analyse »Mut zur Zukunft -Um die Sicherung des Friedens« bei. Adolf von Thadden schrieb über »Deutschland: Protektorat der USA oder Vasall der UdSSR?«. Daran schloss sich die tiefgreifende Analyse von Wolf Kalz an: »Bedingungslose Kapitulation - Die Fortsetzung des Krieges mit moralischen Mitteln«. Hubert Dröscher setzte sich erneut mit der Frage »Muss unser Volk wirklich sterben?« auseinander.

Ein weiterer schwerer Schlag traf nicht nur den Verlag, sondern die ganze Familie, als am 6. August 1987 meine Mutter, die bisherige alleinige Inhaberin des Verlages, nach kurzer Krankheit starb. Sie hatte 15 Jahre an der Spitze des Verlages gestanden und mit souveräner, aber leichter Hand dem Verlag einen unverwechselbaren Stempel aufgedrückt. Gemeinsam und harmonisch hatten wir den Verlag erfolgreich geführt und ihn zu einem mittleren Unternehmen entwickelt. Hinzu kamen einige erfreuliche Zukäufe, die sich bis heute im erweiterten Verlagsnamen niederschlagen.

In den folgenden Jahren ergaben sich umfangreiche Veränderungen vor allem im Familienkreis, das auch erhebliche Auswirkungen auf den Verlag hatte, die nicht immer angenehm waren. Zunächst wurde vorgeschlagen, den Verlag zu schließen, was von mir rundweg abgelehnt wurde. Ich sah mich in der Pflicht gegenüber den Leistungen und der Arbeit meines Stiefvaters und meiner Mutter. Aufgrund meiner Erfahrungen und meines Alters traute ich mir durchaus zu, den Verlag als künftiger Alleininhaber weiter zu führen und auszubauen, was mir mit knapp 45 Jahren durchaus möglich erschien. Das jährliche Erscheinen der DEUTSCHEN ANNALEN war davon nicht betroffen. Die Auflagen hielten sich im vorgesteckten Rahmen; freilich merkte man, dass unsere Leserschaft aufgrund ihres Alters nicht nur stagnierte, sondern schrumpfte.

Ein Jahrgang verdient besonders hervorgehoben zu werden, der Jahrgang 1991, in dem im Blick zurück auf die Vereinigung der beiden deutschen Staaten mehrere Beiträge veröffentlicht wurden. Gerhard Baumann verfasste ein »Deutsches Tagebuch vom 1.9.1989 – 3.10 1990.«, das in seiner Dichte auch im Abstand von mehr als drei Jahrzehnten noch immer besticht. Oberstleutnant Wolfgang Hausen stellte die Frage nach der Zukunft der Bundeswehr im vereinigten Deutschland. Adolf von Thadden verfasste einen wegweisenden Beitrag »Vom Herrenvolk zum Helotentum«. Prof. Alfred Keck widmete sich den wirtschaftspolitischen Problemen der Vereinigung, die bis heute noch nicht überwunden sind.

VOR 50 JAHREN: EINE IDEE WIRD GEBOREN

Ein weiteres einschneidendes Ereignis war meine rechtswidrige Inhaftierung wegen angeblicher Volksverhetzung. Ich war 1991 in letzter Instanz zu einer Gefängnisstrafe von sechs Monaten auf Bewährung verurteilt worden. Da ich trotz mehrfacher Rückfragen keine Information erhielt, wohin die zusätzliche Geldstrafe zu überweisen war, wurde ich Mitte Juli 1993 verhaftet und zur Verbüßung der Gefängnisstrafe nach Landsberg verbracht. Nach 70 Tagen entschied das Oberlandesgericht in München, dass die Inhaftierung rechtswidrig war und ich wurde ebenso auf Knall und Fall entlassen, wie ich im Juli verhaftet worden war.

Um diese tatsächlich rechtswidrige Inhaftierung entwickelten sich zahlreiche Gerüchte, die zu widerlegen ich mich bemühte. Dennoch konnten 1994 die DEUTSCHEN ANNALEN pünktlich zu Ostern ausgeliefert werden.

2001 lieferte der Verlag - erstmals aus dem ländlichen Inning am Ammersee – den 30. Band der DEUTSCHEN ANNALEN aus. Unser Autor Aulo Engler befasste sich mit der Verrohung des Krieges im 20. Jahrhundert. Nikolaus von Preradovich, ebenfalls Autor unseres Hauses, schrieb über »Vom Unternehmen Barbarossa bis Pearl Harbor«. Gerhoch Reisegger befasste sich mit dem »Souveränitätsverzicht der Berliner Republik«. Zu dem Thema »Apartheid in unserer Zeit« hatte sich Werner G. Keweloh grundlegende Gedanken gemacht.

In den folgenden Jahren weitete sich einerseits der Autorenkreis, andererseits verabschiedeten sich einige Mitarbeiter für immer. Zu den Mitarbeitern zählen in jenen Jahre Persönlichkeiten wie Gustav Sichelschmidt, Alfred Keck, Klaus Rainer Woche, Harald Neubauer, Fred Duswald, Thomas Altstedt, Otto Scrinzi, Richard W.Eichler oder Wolfgang Borgmeyer.

Im Schritt durch die Jahrzehnte stoßen wir 2011 auf den Berliner Juristen Falko Gramse mit dem sachkundigen Aufsatz »Wohin treibt die Berliner Republik?« und den Wiener Walter Marinovic mit seinem Beitrag »Überfremdung und Islamisierung Europas«.Der damals noch junge Historiker Mario Kandil hatte sich mit dem »Niedergang der Parteiendemokratie in der Bundesrepublik Deutschland« befasst.

Das politische Urgestein Rüdiger Schrembs entwarf die Vision eines »Russisch-deutschen Kondominiums im nördlichen Ostpreußen«. »Der politische Dogmatismus in der deutschen Geschichte am Beispiel des Kriegausbruchs 1939« war das Thema von Prof. Franz Seidler. Frau Luh Hardegg schrieb über »Die Deutschen in Palästina vor der israelischen Staatsgründung«.

Inzwischen ist wieder ein Jahrzehnt vergangen. Nie mangelte es an Autoren und Themen. Im Gegenteil. Zahlreiche Beiträge verschwanden ungedruckt in der Versenkung. Der Herausgeber hat sich stets bemüht, Aktuelles mit Historischem zu verbinden. Darüber hinaus neben rein politischen Themen auch das Kultur-und Geistesleben entsprechend zu würdigen. Auch wirtschaftliche und gesellschaftliche Themen wurden ausreichend berücksichtigt. Neue Federn haben sich in dem vergangenen Jahrzehnt einen festen Platz in den Seiten des »Jahrbuchs des Nationalgeschehens« erschrieben. Dazu zählen u. a. Gerhard Bracke, Friedrich Ost, Peter Orzechowski und Chrsitian Schwochert.

An dieser Stelle ist auch unseren langjährigen Kunden herzlich zu danken, die nicht selten über Jahrzehnte hinweg treue und auch begeisterte Leser der DEUTSCHEN ANNALEN waren und geblieben sind.

An der Schwelle zur 50. Jahrwiederkehr seines ersten Erscheinens ist den DEUTSCHEN ANNALEN ein »Weiter so« zu wünschen, verbunden mit der zuversichtlichen Erwartung, dass sich der Leserkreis verjüngt und damit vergrößert und dass neue Autoren zum Verlag stoßen. Bleibt schließlich zu hoffen, dass 2022 mit Beginn eines neuen Abschnitts die DEUTSCHEN ANNALEN wieder wie gewohnt im Frühjahr ausgeliefert werden können...

ANGST – EIN SCHLECHTER RATGEBER

Covid 19, Politik und Medien

Von E. von Glinka

Corona-Angst

DEUTSCHE ANNALEN 2021

Wir möchten gleich am Anfang unseres Vorhabens klarstellen, daß wir uns nicht näher und schon gar nicht fachspezifisch mit der derzeitigen Virusthematik beschäftigen werden.

Dies zum einen deshalb, weil es in allen Medien unzählige Kommentare, Stellungnahmen, Deutungen und viele andere mehr gibt und zum anderen, wir von einem Grundsatz ausgehen: Sage das, wovon du nichts verstehst, aber auch das, wovon du etwas verstehst...

Wenn man sich, nahezu gezwungen durch die aktuellen Maßnahmen der politischen Verantwortungsträger, mit der derzeitigen Situation im Umgang mit dem Covid 19 Virus befaßt, kommt man recht rasch ins Grübeln. Nicht etwa, weil man davon überzeugt ist, die mögliche bessere Vorgehensweise parat zu haben, sondern vielmehr deshalb, weil man ohne viel Mühe mit dem ganz normalen Menschenverstand, der zwei plus zwei addieren kann, über die eklatanten Widersprüche in den teilweise diffusen und wissenschaftlich oft nicht haltbaren „Wünschelrutenerklärungen" der Politiker, der meisten Medien und der ihnen brav folgenden, überwiegend vom Steuerzahler bezahlten Berater, förmlich stolpert.

Der quasi verlängerte Arm der Politiker, sind die Medien, allen voran, die öffentlich-rechtlichen, die die Aufgabe übertragen bekommen und dankend angenommen haben, die

Menschen, wie von der Politik vorgegeben, phrasenhaft und deutlich manipulierend „zu informieren".

Es ist müßig, hier diverse Beispiele anzuführen, denn ein ständig wachsender Teil der mündige Bürger versteht es inzwischen, sich umfassend und vor allem zielorientiert, in den alternativen Medienbereichen bestens zu informieren.

Nun wird es gerade und besonders diesen Zeitgenossen, die sich mit erweitertem Fokus informieren, jedoch fast zwangsweise passieren, daß sie mit den täglich verbreiteten Darstellungen der offiziösen Medienlandschaft über das „Virusgeschehen", in Konflikt geraten.

Es fällt ihnen natürlich wie die besagten Schuppen von den Augen und sie erkennen nämlich das immer wiederkehrende Informationsschema: Politik gibt vor, die Systemmedien verbreiten.

Worum geht es uns?

Uns geht es darum, einen ganz wesentlichen Aspekt aus der sicherlich von klugen Leuten bis ins kleinste Detail durchdachten „Argumentation" des Politik-Medienkartells, in den Mittelpunkt unserer Ausführungen zu stellen.

Wir sind nämlich der Meinung, daß eines der auffallendsten Schwerpunkte bei der Wort- und Bildberichterstattung über die Covid-19-Viruserkrankung in den allermeisten, vor allem aber in den öffentlich-rechtlichen Medien, die Erzeugung von Angst im Vordergrund steht!

Wir haben uns selbst überwinden müssen, um fast täglich die Tagesschau und/oder die Heute-Nachrichten zu verfolgen.

Es kostete uns wahrlich viel Selbstüberzeugung, denn wir gehören schon seit Jahren zu denen, die den manipulativen Charakter dieser Sendungen des öffentlich-rechtlichen Medienverbunds erkannt hatten und deshalb andere, weitestgehend seriöse Informationsquellen (Printmedien aus der Schweiz und anderen Staaten, alternative Medien aus dem Internet und anderes mehr), nutzen.

Dieses ganz bewusste Sehen und Zuhören schärft vor allem unsere Sinne, um das sehr geschickt und raffiniert aufgebaute

„Indoktrinationssystem" sehr leicht zu erkennen, zu entlarven und bloßzustellen.

Gestatten Sie uns, in gewisser Weise zur Einstimmung, einige Fakten anzuführen, die einige der eklatantesten Widersprüche im Zusammenhang mit dem Erreger Sars-CoV-2 und der Corvit-19-Erkrankung skizzieren sollen.

1. Sars-CoV-2 ist ein Virus, der schon seit längerer Zeit den Epidemiologen, Virologen und anderen Spezialisten bekannt ist. So z.B. befanden sich in den Influenzaerregern schon immer Anteile von Sars-CoV-2.
   Es ist also eine Irreführung, wenn von verantwortlicher Stelle dieses Virus wie eine Art „biologischer Urknall" dargestellt wird.

2. Ein Inzidenzwert kann über ein Formelsystem errechnet werden. Es gab und gibt jedoch bis heute keine schlüssige Begründung, weshalb dieser aktuell definierte Wert von fünfzig oder hundert oder x Infizierten, wir sprechen hier also nicht Erkrankten (dazu nachfolgend Näheres), auf einhunderttausend Bewohner, das Maß aller „Entscheidungsdinge" darstellen soll. Hier verweisen wir ausdrücklich auf die Influenzaepidemie 2017/18.
   Nun rudert aber plötzlich der Tierarzt und Chef des RKI, Herr Wieler, bezüglich dieses Wertes zurück und erklärt, daß der Inzidenzwert – bisher, wir wiederholen uns absichtlich, das Maß aller Einschränkungsbedingungen – nun doch „nur ein Parameter von vielen ist". Und der interessierte Bürger erfährt nun, daß der Inzidenzwert nicht allzu viel aussagt und man kann ihn ohne weiteres zwischen 35 und bis über 100 schwanken lassen…
   Das Argumentationsgebäude von Politik, Medien und willfährigen Wissenschaftler bekommt zusehens markante Risse und beginnt deutlich zu wanken.

3. Über die Medien werden bis zum heutigen Tage die Infektionszahlen in ihrer Entwicklung dargestellt und sollen vor allem dazu dienen, ein angebliches Gefahrenpotential

aufzubauen. Ähnlich wie beim Inzidenzwert erfährt der Bürger auch das Wesentliche und Aussagekräftigste nicht: Wie viele der Infizierten sind denn aber symptombehaftet, also real erkrankt?
Medizinisch unbestritten ist die Tatsache, daß Menschen Virusträger sind (z.b. Hepatitis C und viele andere), jedoch völlig beschwerdefrei leben können! Viren und auch Bakterien gehören zu den Menschen, seit es diese Art gibt! Aber man greift ganz bewusst noch tiefer in die „Framing-Kiste"! Ein völlig normaler biologischer Vorgang, nämlich die Mutation aller Vieren – sie kämpfen damit quasi um ihr Überleben – wird reißerisch als „aggressiver Mutant" bezeichnet und erhält damit eine gruslige Personifizierung.
Ja, die Leute, die Panik, Hysterie und vor allem Angst erzeugen wollen, lassen nichts unversucht, um die gesteckten Ziele zu erreichen

4. Immer mehr Wissenschaftler aus den unterschiedlichsten Ländern weisen berechtigt auf die Unzulänglichkeiten und Unschärfen des PCR-Tests (Polymerase-Ketten-Reaktion Test) hin.
Es ist wissenschaftliches Grundwissen, daß jeglicher Test zwei unumstößliche Kriterien in vollem Umfang erfüllen muß: Reliabilität und Validität.
Mißt also ein Test eindeutig und unanfechtbar das, was er messen soll und sind die Ergebnisse so beschaffen, daß sie jeder Überprüfung standhalten.
Immer mehr renommierte Wissenschaftler und Experten weisen aber darauf hin, daß dieser Test nicht nur Sars-CoV-2 Erreger erfaßt, sondern auch andere Erreger, die somit das jeweilige Ergebnis eines Tests deutlich verändern können.
Fazit: Die Aussage „Corona-19-positiv", ist kein exaktes und unumstößliches Testergebnis. Die Vielzahl von positiven Testergebnissen ohne erkennbare Symptome sind ein erster und wichtiger Hinweis auf diese grundsätzliche Aussage über den PCR-Test. Das Cormann-Drosten-Papier

wird wohl deshalb zurückgezogen, da Experten auf zehn (!) fatale Fehler in dieser Abhandlung hinweisen. Besonders wird der Umstand kritisiert, daß der Test nicht ausreichend begutachtet wurde. Man verweist sogar auf „schwere Schäden" durch die Anwendung der Ergebnisse dieses Tests.

5. In diesem Zusammenhang sind die erst kürzlich aufgetauchten Anweisungen des Innenministeriums an die einbezogenen Wissenschaftler von besonderer Brisanz, die nachweisen, daß solche Ergebnisse erwartet werden, die Maßnahmen repressiver Natur" ermöglichen. Es sollen also Ergebnisse „nach Maß" präsentiert werden, die dann politisches Handeln rechtfertigen...
Über ein solches Ansinnen muß man sich nicht wundern, da sich die Regierung von bestimmten Wissenschaftlern beraten läßt, deren Institution und sie selbst, direkt von der Regierung bezahlt werden (RKI z.B.).

6. Gleichzeitig ist deutlich erkennbar, daß international anerkannte Wissenschaftler, Experten und Ärzte, die ihre Sicht der Dinge im Rahmen eines wissenschaftlichen Diskurs darlegen und eben nicht in den Chor der Wieler, Drosten und wie sie alle heißen mögen, einstimmen, einfach totgeschwiegen und sogar boykottiert werden...
Somit ist es nicht verwunderlich, daß anhand unwiderlegbarer Beweise für einen „manipulierten Umgang" mit dem Virus und den davon abgeleiteten Verstößen gegen die Persönlichkeits- und Freiheitsrechte, die Frage immer deutlicher gestellt wird: Was wird uns verschwiegen? Was steckt dahinter?
Diese eindringliche Frage erhält auch dadurch Nahrung, daß im Gegensatz zur Grippeepidemie 2017/18 keine Übersterblichkeit in den Jahren 2019/20 ausgewiesen werden kann (Prof. Dr. Gil, LMU München). Staatliche Eingriffe gab es jedoch trotz enormer Todesfälle (z.B. in der 10. Woche 2018 26777 Todesfälle!) damals nicht...

7. Der Versuch von Politik und den abhängigen Medien,

selbst nachvollziehbare Fragestellungen und kritische Betrachtungen pauschal als „Verschwörungstheorien" quasi zu kriminalisieren, zeigte zu nehmend kaum noch Erfolg, da die, vor allem in den unabhängigen Medien, publizierten und diskutierten „Verschwörungstheorien" alsbald in der Realität ihre Bestätigung fanden und verstärkt finden. Natürlich versuchen die Verantwortungsträger aus Politik und öffentlich-rechtlichen Medien, diese Entwicklung mit allen Mitteln einzudämmen und bedienen sich der Zensur. Youtube und andere löschen mit fadenscheinigen Begründungen die unliebsamen Beiträger... Eine besondere Form von Presse- und Meinungsfreiheit.
Aber es ist ermutigend, daß wir hier nur exemplarisch auf einige Persönlichkeiten hinweisen, die sogar ihre berufliche Existenz durch ein mutiges und unbeugsames Eintreten gegen den fehlenden Diskurs und gegen die Verbreitung von zweifelhaften „Wahrheiten" des Politik-Medien-Kartels ihre Stimme erheben und verbreiten.
So stellte Professor Gil (Ludwig-Maximilians-Universität München) in sachlicher und mathematisch bewiesener Beweisführung heraus, daß es im Jahr 2020 keine Übersterblichkeit im Zusammenhang mit der Viruserkrankung gab. Trotzdem titelte die „Zeit": „... alle drei Minuten ein Toter..." und wollte damit eine „enorme Übersterblichkeit" suggerieren.
Es sind in diesem Kontext Prof. Kauermann, Prof. Krüger – ehemaliger Chef der Virologie in der Charité – Chefarzt M. Adli, unabhängige, freie Journalisten wie Ken Jebsen oder Boris Reitschuster (um wirklich nur einige wenige zu nennen) herauszustellen.
Prof. Luckhaus verließ unter Protest die Leopoldina und begründete seinen Schritt mit der „Erfüllung politischer Wünsche in einem Gutachten" dieser Einrichtung. Prof Ichsfeld geht mit seiner Einschätzung „...Wissenschafter haben sich korrumpieren lassen..." an die Öffentlichkeit.
Die Liste derer, die die Virus-Hysterie nicht nachvollziehen können, wird fast täglich länger und verschafft sich in der Gesellschaft – leider nur über die alternativen Medien

– Gehör.

All diese kaum logisch, als auch wissenschaftlich nachvollziehbaren Maßnahmen der Regierungen – interessanterweise vor allem in den meisten EU-Mitgliedsstaaten – und vor allem die teilweise sich widersprechenden Begründungen, nähren folgerichtig in der Bevölkerung allgemein, aber auch und vor allem bei immer mehr Fachexperten, Vermutungen, daß es zwar eine Virusinfektions- und Erkrankungslage gibt, aber die beschlossenen Einschränkungen möglicherweise einem anderen, gesellschaftsrelevanten Ziel und dadurch mit einer eindeutig politischen Agenda verknüpft sein könnte. Immer wieder wird von einem „Neuanfang", ja sogar von einem „Neu- bzw. Wiederaufbau" (wo sind denn die zerstörten Straßenzüge, eingestürzte Brücken und Talsperren zu sehen?, um nur dem Wort den exakten Inhalt zu geben) gefaselt. Kein Geringerer als der ehemalige Leiter des Verfassungsschutzes Dr. Maaßen hat in mehreren Interviews und Publikation den möglichen „great reset", der als „Folge" der Virusepidemie nach den Vorstellungen „einflußreicher Kreise" angegangen werden soll, seziert und als „Kriegserklärung an die Völker" bezeichnet. Dr. Maaßen also ein Verschwörungstheoretiker, oder sagt er wieder nur – wie damals bezüglich der vorschnell von der Kanzlerin und den Medien erfundenen „Hetzjagd gegen Ausländer" in Chemnitz – die Wahrheit? Damals kostete ihn genau dieses wahrhaftige und unbeugsame Verhalten den Posten in der Behörde. Wenn aber ein Politiker (Werteunion innerhalb der CDU) seines Kalibers ein solches Thema aufgreift, sollte man hellhörig werden.

Von besonderer Bedeutung war auch der kürzlich veröffentlichte Beitrag von Dr.Curio (Great Reset? Allmachtsphantasien einer globalistischen Elite durchkreuzen! Zu verfolgen in den alternativen Medien oder der AfD-Fraktion), da es ihm hervorragend gelungen war, diesen Plan nicht nur zu sezieren, sondern detailliert zu demaskieren. Dazu paßt auch hervorragend der Beitrag des russischen Präsidenten Wladimir W. Putin, in dem er die Vorstellungen von Herrn Schwab von einer „neuen, globalen Weltordnung" eine klare Absage erteile und auf die Vielfalt von Völkern und Volksgruppen und deren ureigene Interessen verwies. Auch in Europa können wir Aktivitäten einiger Länder (Ungarn, Polen, Slowenien, Estland, Großbritannien, um nur einige zu nennen) erkennen, die auf nationale Eigenständigkeit und Identität bestehen!

Sind also die teilweise schon fast hilflos wirkenden repressiven Maßnahmen des Politik-Medien-Kartells gegenüber Personen und alternativen Medien tatsächlich nur darauf ausgerichtet „Verschwörungstheorien" aufzudecken und zu eliminieren? Oder möchte man durch verschärfte Zensurregulative zum einen und ausufernde Horroszenarien über eine „todbringende Viruserkrankung" zum anderen, eher der Wahrheit über ganz andere Zielstellungen ausweichen?

Will man verhindern, daß Veröffentlichungen von z.B . Ullrich Mies „Die Corona-Diktatur bringt es an den Tag: Gehirnwäsche und Propaganda laufen auf Hochtouren", oder von Viviane Fischer „Coronafehlalarm oder Corona-Transformationsplan", oder von M. Matuschek „Das gesamte Pandemieregime strotzt vor Ungereimtheiten und Widersprüchen" , oder von Karolin Ahrens „Der übergriffige Staat" und von vielen anderen Autoren eine breite Öffentlichkeit erreichen? Mit Sicherheit!

Aber nach wie vor wird durch die kollaborierenden Medien versucht, den Furcht- und Angstpegel durch immer wiederholte, oft sogar gleiche Bilder von Intensivstationen und entsprechender sprachlicher Begleitung („grassierende, besonders ansteckende Mutanten" u.ä.m) möglichst hoch zu halten.

Sehr gern greifen die (besonders öffentlich-rechtlichen) Medien auf solche Politiker zurück, die gesteuert von einer offensichtlichen Profilneurose, schon bei der Sicht einer Kamera und eines Mikrophons „zur Bestform auflaufen" und ihr angebliches „Fachwissen" dafür verwenden, wahre Gruselgeschichten über diese Viruserkrankung lauthals zu verkünden, um u.a. die brutalen Einschränkungen der individuellen und kollektiven Freiheiten zu rechtfertigen. Für all diese Personen reicht es aus, nur zwei Namen exemplarisch zu nennen: Karl Lauterbach und Angela Merkel.

Wir beobachten aber auch in der letzten Zeit eine ständig

zunehmende öffentliche kritische Positionierung von Persönlichkeiten in den unterschiedlichen Medien. An diesen freien Journalisten, unabhängigen Wissenschaftlern und Ärzten, Wirtschaftsfachleuten und -führern, Künstlern und vielen engagierten Bürgern, geht inzwischen kein Weg mehr vorbei.

Selbst akribisch vorbereitete Auftritte in den öffentlich-rechtlichen Medien der Nochkanzlerin Merkel geraten zu einer Blamage, da die Inszenierung selbst für einen eher medienhörigen Konsumenten, zu dick aufgetragen und durchschaubar ist.

Leider informieren uns die selbsternannten „Qualitätsmedien" z.B. nicht darüber, daß eine Gruppe von Ärzte in einem offenen Brief ihre Stimme nachhaltig gegen den „Gesundheitsexperten" der SPD Lauterbach erhoben haben. Deshalb wollen wir diese Wortmeldung hier gern wiedergeben:

„Sehr geehrter Herr Dr. Lauterbach,

als Politiker der Regierungskoalition sind Sie prominenter Unterstützer von deren Coronapolitik. Immer wieder treten Sie mit extremen Meinungsbekundungen im Zusammenhang mit SARS-CoV2-Infektionen auf. Dabei nehmen Sie zumindest billigend in Kauf, in der Bevölkerung den Irrtum auszulösen, Ihre Äußerungen gründeten auf Ihrer ärztlichen Kompetenz oder auf ärztlicher Verpflichtung gegenüber dem Allgemeinwohl . Beispielhaft hierfür ist Ihr Tweet vom 26.3. 21 (Auszug):

„Viele 40-80 Jährige werden einen Moment der Unachtsamkeit mit dem Tod oder Invalidität bezahlen. Junge Männer werden von Sportlern zu Lungenkranken mit Potenzproblemen…"

Wir Unterzeichner stellen klar, daß diese Äußerung von Ihnen, wie eine überwältigende Vielzahl zuvor, dem medizinischen Kenntnisstand sowie der ärztlichen Berufserfahrung widerspricht und sich in derartig sinnentstellender Überzogenheit als Warnung eines Arztes an ratsuchende Menschen kategorisch verbietet.

Unbeschadet aller zulässigen Differenzen bei der Kommunikation des Kenntnisstandes gilt für Ärzte: primum non nocere (aus dem Griechischen, „erstens nicht schaden", der

Autor). Es ist unsere grundlegende Berufspflicht, bei jedem Handeln gegenüber Patienten zusätzlichen Schaden für diese zu vermeiden.

Bei Ihren oben dargelegten Äußerungen überwiegt jedoch vor jedem Informationsgehalt das Schüren irrationaler und extremer Angst. Damit sind diese Äußerungen geeignet, eine Vielzahl von Menschen psychisch wie mittelbar somatisch schweren gesundheitlichen Schaden zuzuführen."

Und quasi als ergänzende Information: In Österreich hat nun auch ein Gericht ein vernichtendes Urteil über den PCR-Test gefällt: Ungeeignet für die Diagnostik.

Wir könnten aber ohne Mühe noch seitenweise all die Mißstände und diverse Widersprüche aufführen, die nun mehr und mehr enthüllt und zunehmend nicht mehr verschwiegen und den Menschen vorenthalten werden können. Die Systemmedien geraten immer mehr in die Defensive, behalten aber nach wie vor grundsätzlich den eingeschlagenen Panikkurs bei.

Als wir die Ausführungen des o.g. Chefarzt Dr. M. Adli zur Kenntnis nahmen, begannen wir darüber nachzudenken, welche Auswirkungen wohl das permanente „Covid-Trommelfeuer", vor allem der sich oft verbal überbietenden Politiker und der offiziellen Medien, über die „grassierende Viruserkrankung" und die darauf aufbauenden massiven einschränkenden Maßnahmen, auf die psychische Verfassung (z.B. Herausbildung von Krankheitsbildern) der Menschen ausüben könnte.

Auch hier fanden wir ohne viel Mühe Beispiele von Fachexperten, die auf den Zusammenhang von irrationaler Angstmache und der Herausbildung von psychischen Störungen hinwiesen.

Doch bleiben wir beispielgebend bei Herr Adli, denn er wies in der Sachlichkeit eines erfahrenen und kompetenten Psychiaters auf die enorm gestiegenen psychischen Symptome und Krankheitsbilder quer durch alle Altersgruppen hin.

Genannte wurden Angst, Depressionen, Erschöpfung, emotionale Reizzustände und eine deutlich steigende Suizidrate in all den europäischen Ländern, die strikte Freiheitseinschränkungen gepaart mit medialer Angst- und Panikmache, als das Mittel gegen die Viruserkrankung zur Anwendung brachten.

Wir haben eingangs darauf hingewiesen, daß nach anfänglicher einfältiger Beschwichtigung, alsbald ein Wechsel beim Vorgehen der politisch Verantwortlichen erfolgte. Man kann darüber spekulieren, wehalb binnen kurzer Zeit die Menschen, beginnend bei den „Volksvertretern" und den öffentlichen Print- und TV-Medien einem andauernden Panik- und Hysterieszenarium ausgesetzt wurden. Ging es etwa vor allem darum, das Virus dazu zu mißbrauchen, um (u.a.) einen menschlichen Urinstinkt zu aktivieren: Angst.

Wir wollen nachfolgend versuchen darzulegen, welche Bedeutung Furcht und Angst für den Menschen bei der Bewältigung von Ausnahmesituationen und welche Auswirkungen „geschürte Angst" auf den Menschen haben kann.

Gestatten Sie uns zum besseren Verständnis einige allgemeinverständliche fachspezifische Anmerkungen, die überwiegend psychologisch-psychiatrischer Natur sein werden, um die Thematik schlüssig bearbeiten zu können.

Der Terminus „Angst" wird von den lateinischen Worten angor, angustus (Synonym für Enge) abgeleitet.

Furcht und Angst erlebt jedem Menschen unterschiedlich...und es ist genau deshalb auch schwierig, eine eindeutige, allgemeingültige Definition zu formulieren. Dazu nur ein Beispiel: Jemand ängstigt sich in der Dunkelheit durch einen unbeleuchteten Park zu gehen, ein anderer schlendert völlig unbeeindruckt durch denselben...

Die Realangst (normale Angst) kann man mit einem „Feuermelder" vergleichen, denn sie löst quasi eine Alarmfunktion aus, um Aktivitäten zur Beseitigung einer Gefahrensituation einzuleiten und durchzuführen.

Es sei hier schon darauf verwiesen, daß diese, jedem Menschen innenwohnende psychische Verhaltensdisposition, als eine wichtige Voraussetzung für den Verlauf der Evolution des Menschen bezeichnet werden kann. Der Mensch erlernte in der Auseinandersetzung (Überleben) mit seiner Umwelt, zwischen gefährlich und ungefährlich zu unterscheiden. Wir bezeichnen das Vorhandensein eines „Angstmechanismus" als ein Urinstinkt.

Wir betrachten hier also eine völlig normale, jeden Menschen innewohnende spezielle Verhaltensregulation.

In der Regel werden plötzliche, spontan entstandene Erlebnisse, die von einem hohes Angstpotential flankiert wurden, nach einiger Zeit mental und emotional „verarbeitet". Man erinnert sich an den Schreck und die Gesamtsituation, die man erlebt hat. Die betreffende Person hat eine Erfahrung (mehr) gemacht und aus dem Erlebten gelernt. Es gibt in der Regel keine Gründe (ausgenommen sind schwere, traumatische Abläufe), um therapeutische Maßnahmen ins Auge zu fassen.

Wenn wir an dieser Stelle aber bereits „therapeutische Maßnahmen" erwähnen, liegt der Schluß nahe, daß wir uns aufgrund der eingangs dargestellten Problemfelder, wohl oder übel mit den psychopathologischen Folgen einer permanenten Angst- und Panikmache und seinen Folgen beschäftigen müssen.

Bevor wir uns mit der Angst, der Panik und der Furcht näher und damit auch inhaltlich beschäftigen, möchten wir Sie kurz in die Pinakothek einladen. Wir suchen ein ganz bestimmtes Gemälde, welches trefflich mit unserem Thema korrespondiert. Es ist von Edvard Munch das beeindruckende, ja Beklemmen auslösende Gemälde „Der Schrei" (1893). Der Künstler hat es hervorragend verstanden, das Gefühl des Entsetzens, der Angst in Form und Farbe nachhaltig darzustellen. Was, fragt man sich, hat dieser Mensch gerade erlebt? Wir können darauf selbstverständlich nicht schlüssig antworten, wir können aber über die Angst als solches und seine Wirkung auf das Individuum recht klare Aussagen treffen!

Erst zum Ende des 19. Jahrhunderts wurden Mediziner auf Symptome aufmerksam, die mit „ängstlichem Verhalten" und ähnlichen typischen Abläufen in Zusammenhang gebracht wurden. So postulierte z.B. der Amerikaner Beard solche Erscheinungsformen des menschlichen Verhaltens als „Neurasthenie". Freud war es dann, der von dem „Angstsymptom" ein spezielles Krankheitsbild, die „Angstneurose", definierte.

Später dann, mit der rasch zunehmenden Entwicklung von Antidepressiva und Anxiolytika, wandte man sich intensiver der Angstsymptomatik in seiner Wirkung auf den Menschen zu.

In dem von der WHO 1991 eingeführtem und allgemein gültigen ICD-10 (International Classification of Diseases) und auch vom, 1981 in den USA angewendeten DSM-IV-TR (Diagnostic and Statistical Manual of Mental Disorders), wird die Angsterkrankung und deren Kriterien beschrieben.

Man weiß inzwischen, daß Angst eine der häufigsten psychopathologischen Symptome darstellt und somit eine bedeutende Größe für den therapeutischen Arbeitsbereich ist. Immerhin geht man davon aus, daß mindestens fünfzehn Prozent der Bevölkerung einmal in ihrem Leben eine Angststörung erleben bzw. an dieser erkranken!

Alsbald wurde festgestellt, daß es eine pathologische Angst gibt, denn man konnte beobachten, wie Ängste in ihrer Ausprägung und Wirkung die geistigen und körperlichen Funktionen stark beeinträchtigen, ja lähmen können.

Wie Sie sicherlich schon erkannt haben, unterscheiden wir zwischen den o.g. kurzzeitigen „angstauslösenden Spontanerlebnissen" und der pathologischen Erscheinungsform, die ein eigenständiges Krankheitsbild darstellt.

Angst und Phobien

Angst wird sehr oft als „subjektive Beschwerde" von Patienten wahrgenommen und ca. zwanzig Prozent dieser Beschwerden sind behandlungsbedürftig.

Die sogenannten Phobien – dabei sprechen wir grundsätzlich von isolierten Phobien – treten am häufigsten auf. Sicher sind ihnen Höhenangst, Angst in geschlossenen Räumen verbleiben zu müssen und Tierphobien geläufig.

Wesentlich seltener treten die Panikstörungen auf. Sie stellen aber diejenige Angststörung dar, die am häufigsten behandlungsbedürftig ist. In etwa vier Prozent der Bevölkerung sind von diesem Krankheitsbild betroffen.

Die Analyse der Erkrankungshäufigkeit ergibt ein geschlechterspezifisches Ergebnis in der Form, daß Angstsyndrome wesentlich häufiger bei Frauen, als bei Männern zu beobachten sind.

Vielleicht ist ein Blick auf die Kriterien zur Differenzierung der Angst hier angebracht. Nicht vergessen wollen wir den Hinweis, daß auch das völlige Fehlen von Angst und Angstzuständen von psychopathologischer Bedeutung ist.

Hier also der Überblick zur Differenzierung von Angst;

- Objekt- bzw. situationsgebunden
- Ohne äußeren Anlaß
- Akut
- Attackenartig
- Isoliert
- Gerichtet
- Ungerichtet
- Kontinuierlich
- Chronisch
- Kontinuierlich
- Generalisiert

Aus dem bisher Dargelegten leitet sich logisch die Frage nach der Entstehung (Ätiopathogenese) von Ängsten ab.

Wir wollen uns im Zusammenhang mit unserem Vorhaben nur so weit in die z.T. komplizierte und komplexe fachwissenschaftliche Materie über die Entstehung von krankhaften Angstsymptomen vertiefen, um für unsere späteren Darlegungen und Folgerungen eine entsprechende Erkenntnisbasis zu schaffen.

Wir wollen hier auf die wesentlichen Theorien hinweisen, die die Entstehung von Angst erklären.

1. Lerntheoretische Aspekte

Diese Modelle haben schon sehr früh zu Vorstellungen zum Entstehen von Angstzuständen geführt. Hier geht es vor allem darum, wie bedingte Reflexe im Sinne des klassischen Konditionierens eine bedeutende Rolle spielen. Es gibt weitere disponierende Faktoren (genetische, wie lebensgeschichtliche), die zur Auslösung von Angsterleben führen können.

2. Neurobiologische Ansätze

Neurobiologische Vorgänge spielen bei der Entstehung von Angst eine wichtige Rolle, denn Zentren im Hirnstamm sind in der Regulation von Aufmerksamkeit und Angst präsent und involviert. Dem limbischen System (Amygdala) kommt dabei eine besondere Rolle zu.

3. Psychodynamische Theorien

S. Freud hat sich in seinen psychoanalytischen Denkansätzen umfassend über die Angst geäußert. Seine Neurosetheorie beruht auf der Annahme, daß das Individuum immer bestrebt ist, konflikthafte Ereignisse durch einen „ausgleichenden Prozess" zu entschärfen. Man spricht in dem Falle von einer neurotischen Konfliktlösung. Gelingt dieser Ausgleich nicht, soll dieser Mißerfolg zu Angstsymptomen führen. Wir verzichten hier absichtlich auf eine detailliertere Darstellung, die weit umfänglicher ausfallen müßte.

4. Neurochemische Abläufe

Wir wollen nur kurz auf diese äußerst komplizierten Zusammenhänge hinweisen, die vor allem durch Dysfunktionen verschiedenen Transmittersysteme gekennzeichnet ist. Hinzuweisen ist im Besonderen auf das serotonerge System und die Bedeutung hormoneller Substanzen.

Zusammenfassend können wir bereits hier folgende Feststellung hervorheben:
Sowohl pathologisches als auch normales Angsterleben sind immer ein körperliches, wie auch psychisches (seelisches) Phänomen. Beide Aspekte sind in einer Person un-

trennbar miteinander verbunden.

Um den allgemeinen Überblick zu vervollständigen, gehen wir noch kurz auf die Klassifikation von Angststörungen nach ICD-10 ein.

Es wird unterschieden nach:

- Phobische Störungen
- Agoraphobie (Platzangst, Klaustrophobie) – mit und ohne Panikerleben
- Soziale Phobien
- Isolierte Phobien
- Sonstige Angststörungen
- Panik (episodische Angst)
- Generalisierte Angststörung
- Angst und Depression (gemischt)
- Andere gemischte Angstsymptome
- Organische Angststörung

Unser Anliegen kann und soll es auch nicht sein, mit dieser Arbeit eine detaillierte Abhandlung über die Symptome der Angst und deren Verlauf zusammenzustellen.

Es geht uns viel mehr darum nachfolgend aufzuzeigen, wie Ängste bewusst und gezielt „organisiert" werden können, um z.B. einzelne Individuen oder sogar breite Schichten der Bevölkerung in eine ängstliche, verunsicherte, panische, ja hysterische Lebenssituation zu versetzen.

Von besonderer Bedeutung wird der Versuch sein, die Frage zu beantworten, in wie weit massenpsychologische Beeinflussungen nicht nur zu kurzzeitigen Veränderungen der individuellen Verhaltens- und Erlebnisdispositionen führen, sondern durch ein gezieltes und länger andauerndes „Schreckkensszenarium" sogar ein akutes Krankheitsgeschehen ausgelöst werden kann.

Wir werden in diesem Zusammenhang auf die notwendigen fachspezifischen Details an entsprechender Stelle eingehen.

Für uns war es sehr lohnenswert, uns nicht nur mit der aktuellen Situation im Umgang mit der Viruserkrankung zu beschäftigen, sondern auch Material vom Beginn der Infektionsausbreitung zu sichten. Dieses Vorgehen lieferte uns umfangreiche Anhaltspunkte, um die hier vorgelegte Arbeit überhaupt zu konzipieren und in Angriff zu nehmen.

»Corona-Angst«

Was ist uns von Anfang an aufgefallen:
Ein völlig unangemessener, dazu noch in sich widersprüchlicher Aktionismus, der zwischen anfänglicher Verharmlosung und sehr rasch exponierten Dramatisierung angesiedelt war.

Man konnte den Eindruck haben, daß man noch nicht wußte, was man mit dieser Art von Virus „anfangen" soll, obwohl es für solche Fälle fundierte Verfahrensweisen gibt...

Dann jedoch wurde die recht zweifelhafte „Marschrichtung" mehr und mehr erkennbar und sehr eindimensional konsequent umgesetzt.

Wer jedoch wirksame Sofortmaßnahmen für den Schutz der Risikogruppen (diese hätte man mit relativ geringen Aufwand erfassen können) erwartet hatte, wurde enttäuscht. Man hätte dadurch das Infektionsgeschehen und die schweren Verläufe der Erkrankung schneller unter Kontrolle gebracht.

Wir haben eingangs an die damalige Influenza-Epidemie erinnert und vor allem daran, daß es seinerzeit keinerlei Maßnahmen gab – trotz hoher Übersterblichkeit, wir haben vorn konkrete Daten genannt –, die Einschränkungen auf die individuelle und allgemein gesellschaftliche Lebens- und Wirtschaftsführung nach sich gezogen haben. Nach hohen Todeszahlen (besonders auch dort in den Risikogruppen), beendete die Herdenimmunität diese Epidemie.

Damals war übrigens schon festgestellt worden, daß in dem „Grippecocktail" der Influenza sich auch (geringe) Anteile des SARS-CoV-2-Virus befanden...

Fassen wir noch einmal in aller Kürze zusammen:
Die Virusgrippe (Covid 19) wird tagtäglich als eine „grassierende, todbringende" Krankheit politisch und medial ins

Zentrum des gesellschaftlichen Seins gestellt.

Die breite Masse der Bevölkerung wird sehr geschickt, wenn nicht sogar raffiniert mit solchen Informationen „versorgt", um die einschneidenden Maßnahmen zur extremen Beschneidung der Freiheitsrecht „zu begründen". Die Menschen, Jahrzehnte daran gewöhnt, den Öffentlich-rechtlichen nicht nur Ohr und Auge, sondern auch das Hirn zu widmen, wurden durch dieses manipulative Vorgehen der politisch Verantwortlichen und deren Medien, in einen von Angst und Sorge geprägten Teufelskreis hineingezogen.

Da wir Menschen uns zu Geburtstagen, zum Jahreswechsel und anderen Anlässen fast immer an erster Stelle „beste Gesundheit und Wohlergehen" wünschen, bedeutet allein diese Feststellung, welchen Stellenwert und Bedeutung eine möglichst unbeeinträchtigte Gesundheit für die Menschen hat.

Jeder von uns hat schon Situationen erlebt, wo man Arzttermine wahrnehmen mußte, weil eine genauere Diagnose nach einer Erstuntersuchung angezeigt war. Oft sind dann die Tage vor einem MRT oder einer Biopsie von Nervosität und Sorgen gekennzeichnet. Eine völlig normale Reaktion. Die Furcht oder Angst vor einem möglichen positiven Befund wurde – individuell recht unterschiedlich – plötzlich zu einer lebensbestimmenden Komponente während dieser Zeit der Unsicherheit.

Dann, als man das Ergebnis – alles bestens – erfahren hatte, öffnete sich bildlich gesprochen, wieder die Tür zum unbeschwerten und zukunftsorientierten Alltagsleben.

Nun darf man natürlich auch nicht die Situation außer Acht lassen, in der man mit einem negativen Ergebnis (positiver Befund) durch die Untersuchung konfrontiert wird. Der Betroffene reagiert auf der Basis seiner persönlichen Verhaltensdispositionen. Diese können von absoluter Niedergeschlagenheit bis zur motivierten Kampfansage schwanken. Grundsätzlich aber spricht man in dem Falle von einem nachhaltigen Eingriff in die bisherige Lebenssituation. Die Erkrankung rückt unmittelbar in den Mittelpunkt der Lebensführung und hat vor allem enorme Auswirkungen auf die individuellen psychischen Prozesse.

Es ist allgemein bekannt, daß den psychischen Faktoren eine wesentliche Bedeutung bei der Überwindung ernsthafter somatischer Erkrankungen zukommt.

Andererseits, und das steht für unsere Arbeit im Vordergrund, sind psychische Störungen sehr oft auch Grundlage bzw. Begleiterscheinungen – wie wir eingangs kurz bereits erwähnten – für die Entstehung somatischer Krankheitsbilder.

Psyche und Körper eines Menschen sind einander bedingende und eng miteinander „kooperierende" Synergisten. Sie agieren quasi in enger Verbundenheit.

Seit nunmehr fast eineinhalb Jahren erleben wir in Deutschland und den meisten Ländern Europas eine nie dagewesene Kampagne zur Bekämpfung einer neuen, wenn auch nicht unbekannten Viruserkrankung.

Nur wenige Regierungen der betroffenen Länder vermieden einen Aktionismus und ließen sich nicht dazu hinreißen, diese, im Verlauf grippeähnliche Krankheit den Nimbus einer pestähnlichen Gefährlichkeit zuzuerkennen.

Es erstaunte jedoch nicht nur die unabhängigen Fachleute, sondern auch den interessierten Bürger, mit welcher „Hingabe" seitens der Politik und der ihnen brav folgenden öffentlich-rechtlichen Medien, das eingangs beschriebene Szenario entwickelt, verfeinert und bezüglich der Aggressivität in der Berichterstattung ständig verschärft wurde.

Es wird nicht etwa darauf verwiesen, daß die Ähnlichkeit der Krankheitsverläufe zur Influenzagrippe augenscheinlich sind und vor allem die auch damals überwiegend Betroffenen, ältere Menschen waren, die an einer oder mehreren Vorerkrankungen leiden bzw. gelitten haben.

Nein, ganz im Gegenteil wurde diese Virusvariante hochstilisiert, – wir müssen davon ausgehen, es war so gewollt – und somit eine regelrechte Panik-, Angst- und Hysteriestimmung erzeugt wurde.

Ein ausgewählter Kreis von Virologen, deren Einrichtungen von staatlichen Zuwendungen leben, ließ sich vor diesen Propagandakarren spannen und malte ein Schreckensbild nach dem anderen.

Politik - Wissenschaftler - Medien

Wir haben bereits eingangs auf diese Verquickung von Politik, Wissenschaftler und Medien in der gebotenen Kürze hingewiesen.

Der nach Er- und Aufklärung suchende mündige Bürger wurde mehr und mehr durch die Aussagen und vor allem die Entscheidungen der Politiker enttäuscht und erkannte alsbald eine gewisse nicht nachvollziehbare „Planlosigkeit", die jedoch in eine „übergreifende Strategie" sehr passen könnte…

Gestatten Sie uns an dieser Stelle die wesentlichen Aussagen von einem aktuellen CNN-Interview mit Dr. Leana Wen (ehemalige Gesundheitsbeauftrage von Baltimore) zu zitieren, denn hier wird eindeutig dargelegt, welche Rolle die angelaufenen und enorm beworbenen Impfungen im Zusammenhang mit den freiheitsbeschränkenden Maßnahmen haben und von welchem (manipulativen und sehr profitablen) Plan offensichtlich ausgegangen wird: Dr. Wen erklärte, weshalb in den westlichen Ländern die beschränkenden Maßnahmen nicht gelockert werden. „Ohne Lockdown (-Hysterie, der Autor) läßt sich niemand leicht impfen. Und wir müssen klarmachen, daß der Impfstoff die Eintrittskarte zurück in ein Leben vor der Pandemie ist. Und wir haben ein sehr enges Zeitfenster, um die Wiedereröffnung mit dem Impfstatus zu verknüpfen." Und nun wird es aber richtig interessant! Dr. Wen: „Denn wenn alles wieder geöffnet wird? Was wird dann das Zuckerbrot sein? Wie sollen wir den Leuten einen Anreiz geben, sich tatsächlich impfen zu lassen… Nur so: Wenn du geimpft bist, kannst du all diese Dinge (wieder) tun. Hier sind all deine Freiheiten… Denn andernfalls werden die Leute sowieso hinausgehen und diese Freiheiten genießen…"

In Berlin würde man nach diesen Statements sagen: Nachtigall ick hör dir trapsen. Big Pharma läßt jrüßen…

Es ist offensichtlich, daß „große Pläne" verfolgt werden… und, um auf das Anliegen unserer Arbeit erneut hinzuweisen, dabei die Entwicklung und der Zustand der Psychohygiene großer Teile der Bevölkerung (einschließlich der Kinder und Jugendliche) in diesen Planspielen keine oder geringe Bedeutung haben!

Versetzen wir uns in die Lebenssituation der durchschnittlichen deutschen Familie, die, bedingt durch die von uns bereits beleuchteten Umstände und Bedingungen des viel zitierten Lockdowns, all das beherzigt (um Gottes Willen, hier geht es ja um Leben und Tod) was man von ihr erwartet und verlangt.

Nun wird natürlich verstärkt jede Nachricht verfolgt und aufgesogen, die um 19 oder 20 Uhr über die Bildschirme verbreitet werden.

Und dies jeden Tag.

Die Infiltration erfolgt im Zusammenwirken von Wort und Bild.

Die z.B. psychisch völlig stabile Persönlichkeit wird nicht durch ein plötzliches Erleben in eine, dann meistens kurzzeitige Angstreaktion versetzt, sondern durch eine Art von „Infusion"- beständig und mit steigender Wirkung! – in einer sich immer weiter einengenden Informationsaufnahme und -verarbeitung gedrängt.

Die Persönlichkeit bemerkt in der Regel die sich bereits Schritt für Schritt auswirkenden Verhaltensveränderungen nicht. Der Betroffene beginnt in gewisser weise „ferngesteuert", sein Verhalten dem „nun geforderten und vorgegebenen Normativ" anzupassen. Mit oft verheerenden Auswirkungen, denn trotz Maulkorb (fast überall natürlich getragen), ständiges Händewaschen, Abstandhalten selbst zum Partner, am liebsten nicht zum Arzt gehen, dort sitzen vielleicht Positive, man weiß ja nie..., erfolgt am Abend – oder vielleicht schon vorher durch das Boulevardblatt – die nächste „Dosis". Wieder Anstieg der Infektionszahlen und des, oh je, Inzidenzwerts.

Es fehlen natürlich, da gewollt Angaben zu den realen Krankheitsfällen und den Verläufen, zu der aktuellen Anzahl der Tests und eine Erläuterung, weshalb fünfzig oder hundert Infiziert bei einer Population von hunderttausend Menschen, denn Gründe sein sollen, um plötzlich ein völlig anderes Leben führen zu müssen.

Nein, nachgedacht soll möglichst nicht werden!

Und – so schätzen wir – befolgen sicherlich bis zu siebzig Prozent unserer Bevölkerung genau dieses Ansinnen und diesen nicht ausgesprochenen Wunsch der politischen Verantwortungsträger.

Artig, wahrlich, aber mit Folgen, über die zunehmend Psychiater in den entsprechenden Einrichtungen und als niedergelassene Therapeuten, umfänglich berichten können.

Das Gift der Verbreitung von irrationaler Angst wirkt anfangs fast unbemerkt, denn um einem herum, ist es ja ähnlich, aber dafür nachhaltig.

Die Erzeuger und Verstärker der Angstempfindungen sind nicht etwa komplizierte hormonelle, oder hirnorganische Veränderungen, nein, es sind, wie wir schon mehrfach erwähnten, immer wiederkehrende, sich quasi „im neuen Kleid" wiederholende Informationen, um den anfangs eingebrachten Samen ständig mit Nährstoffen zu versorgen, und somit die „Saat" zum sprießen zu bringen.

Persönlichkeiten, die sich umfänglich informieren und somit die andauernden einseitigen und manipulierten Berichterstattungen durchschauen, beschreiten einen anderen Weg. Sie schaffen es daher überwiegend, ihre psychische Stabilität durch diesen achtsamen, bedachten Umgang mit einer wesentlich breiteren Informationsvielfalt zu sichern. Wir haben über diesen sehr wichtigen „ImmunisierungsProzess" an anderer Stelle ausführliche (DEUTSCHE ANALEN 2017) Anmerkungen gemacht.

Da aber über Jahrzehnte den öffentlich-rechtlichen Print- und TV-Medien eine unbestrittene Monopolstellung von den politischen Verantwortungsträgern übertragen wurde, gelang es, über breite Teile der Bevölkerung die Deutungshoheit bei der Beurteilung und Einschätzung gesellschafts- und aktuell politischer Ereignisse zu erreichen.

Nur sehr langsam vollzieht sich jedoch durch die Unverhältnismäßigkeit der Maßnahmen und deren teilweise Widersprüchlichkeit in der Begründung, ein MeinungsbildungsProzess hin zum kritischen Hinterfragen des derzeitigen gesellschaftlichen und politischen Seins.

Dabei sind vor allem unabhängige Wissenschaftler, Ärzte und freie Journalisten in den sozialen Medien diejenigen, die den Blick „über den Tellerrand" eröffnen. So kann man z.B. auf Uli Gellermann (zu verfolgen auf KenFM) verweisen, der u.a. darauf hinweist, daß „ das Corona-Regime kaum noch Fakten (braucht), es braucht nur noch Medien, und bedient die konditionierten Reflexe mit dem immer gleichen Reizwort: Infektionen. Manchmal entfährt dem RKI die Wahrheit... Die überwiegende Zahl der positiv getesteten...dieses Sommers war gar nicht oder nicht schwerwiegend erkrankt." Infektion heißt also keineswegs krank. Macht nix. Sagt die ARD-Tagesschau und meldet ständig Infektionen, als stünde der Sensenmann vor der Türe, und wenn die deutschen Zahlen nicht bedrohlich genug erscheinen, dann dröhnt sie: Mehr als eine Millionen Infektionen in Kanada..."

Die Anfänge sind , wie wir lesen, getan, jedoch wird die Masse der Medienkonsumenten nach wie vor von den öffentlich-rechtlichen Anstalten und Verlagen so „informiert", wie es politisch gewollt ist...

Denken wir nur an das recht plump gestellte Interview von Dr. Merkel (nach ihrer „Entschuldigung") bei der Moderatorin Will, um nur ein Beispiel von unendlich vielen zu benennen.

Wie bereits erwähnt, führen diese zutiefst auf Angst und Panik abgestellten Berichte, Sendungen und Reportagen bei einem erschreckend beträchtlichen

Teil der Bevölkerung zu Auswirkungen, die z.B. in einer generalisierten Angststörung, Depressionen, emotionale Unsicherheit und andere psychische Störungen enden können.

Da die Menschen durch aufgezwungene Maßnahmen sich dieser im Alltag nur im geringen Umfang entziehen können, sind sie der bereits erwähnten Verbreitung von irrationalen Angstberichten und -bildern fast schutzlos ausgesetzt. Psychopathologische Folgen sind sehr oft die unmittelbaren Folgen!

Politische Panikmache und GAD

Wir wollen am Beispiel der Entstehung und Wirkung der Generalisierten Angststörung (GAD, Generalized Anxiety Disorder) die möglichen Auswirkungen einer andauernden und geschickt variierten medialen und politischen Angst- und Panikmache etwas näher betrachten.

Die GAD ist eine der wichtigsten und häufigsten Angsterkrankungen. Rein klinisch imponiert ein mit unterschiedlicher Intensität andauerndes Angstgefühl mit exponierter und (überwiegend) Besorgnis oder gar Katastrophenfurcht.

Sie erkennen hier bereits den möglichen Zusammenhang zwischen dem anhaltenden Erleben und Verarbeiten von Angstszenarien und der Herausbildung einer ernsthaften psychischen Störung.

Wir wollen aber diese Zusammenhänge noch tiefer ausloten...

Neben den emotionalen, kognitiven und mentalen Problem treten auch immer mehr somatische Symptome auf, z.B.:

- autonom-nervöse Hyperaktivität
- muskuläre Verspannungen
- Hypervigilanz (erhöhte Wachheit, Leitsymptom der posttraumatischen Belastungsstörung)

Diese körperlichen Beschwerden sind die für den Betroffenen am auffälligsten, so daß er in der Regel wegen dieser Symptome zu seinem Hausarzt geht. Dieser muß nun gewissenhaft diagnostizieren (können), da die Symptomatik der GAD äußerst mannigfaltig, und sich somit nicht „auf dem ersten Blick" auftut.

Der Patient berichtet in der Regel über Ruhelosigkeit, Müdigkeit und anhaltenden Kopf- und Muskelschmerzen (vor allem Schulter, Rücken, Nacken).

Wagen wir uns also an eine Definition der GAD:

Charakteristisch für die Generalisierte Angsterkrankung ist

das anhaltende Angstgefühl sowie ein zentrales Besorgnisverhalten. Diese Symptome beherrschen quasi die Alltagsgestaltung des Betroffenen. Dazu kommen die körperlichen Symptome: Unruhe, Schlafstörungen, Nervosität, Anspannung. Nachweislich ist auch eine Überlappung zur Depression.
Der GAD erreicht oft einen chronischen Status.

Symptomatik

- Exzessive Angst
- Besorgnis
- Ruhelosigkeit
- Autonome Hyperaktivität (erhöhte Wachheit / Wachsamkeit)
- Motorische Anspannung
- Müdigkeit
- Unfähigkeit zur Entspannung
- Körperliche Symptome
- Muskelschmerzen
- Kopfschmerzen
- Beschwerden in Schulter und Armen
- Tremor (Zittern)
- Rückenschmerzen
- Benommenheit
- Schweißausbrüche
- Tachykardie (Herzrhythmusstörung, Herzrasen)
- Bauchbeschwerden
- Schwindel
- Schlafstörungen
- Mundtrockenheit

Wenn wir diese psychische Störung und deren Wirkung auf den Betroffenen nun in groben Zügen erklären können, stellt sich sehr eindringlich die Frage, haben die Verantwortlichen in der Politik und den (meisten) Medien sich auch nur im Ansatz damit befaßt, was sie mit ihrer argumentativen Angsterzeugung bei den Menschen überhaupt auslösen?!
Sie wollen (angeblich) daran beteiligt sein, einer Viruser-

krankung entgegen zu treten...lösen aber durch ihr „Methodik" der Angstargumentation tiefgreifende (ja auch chronische) Krankheitsrisiken aus!

Wir sind daher der Meinung: Nein, niemand dieser Panikmacher hat die Folgen seiner Arbeit in diesem Zusammenhang nicht einmal ansatzweise bedacht...

Ganz im Gegenteil!

Diejenigen, die auf diese möglichen Folgeerscheinungen der „Angstpropaganda" (fachlich fundiert!!) hinweisen, werden ausgegrenzt und in die Schublade der „Verschwörungstheoretiker" gesteckt...

Wir haben weiter oben bereits darauf hingewiesen, daß (zum Glück!) nicht alle Personen, die sich über die derzeitige Lebenssituation Gedanken und auch Sorgen machen, in ein circulus vitiosus (Teufelskreis) geraten und eine manifeste Angstsymptomatik (z.B. GAD) entwickeln.

Viele von uns sind natürlich berechtigt darüber beunruhigt, sich mit dem Virus zu infizieren, und dann eventuell einen schweren Verlauf durchmachen zu müssen.

Ein völlig normales Denkschema.

Wichtig dabei ist es aber, sich die Informationsquellen zu erschließen, die klare und objektive Antworten auf die entsprechenden Fragen geben können. Dazu paßt eine weise Aussage von Ken Jebsen: Die öffentlich-rechtlichen „Medien beschreiben nicht die Realität, sie erzeugen sie!"

Eingangs hatten wir bereits auf die wesentliche Voraussetzung zur Beurteilung der Situation hingewiesen. Wenn ich also weiß, daß von den Infizierten lediglich ca. zwei Prozent (!!!) grippeähnliche Symptome aufweisen und von diesen zwei Prozent nullkommavier Prozent nachhaltig bis schwer erkranken, kann ich mit diesem Wissen besser umgehen, als mit ständig (manipulierbaren) steigenden Infektions- und Inzidenzzahlen ohne eine erklärbare Basis.

Da die aktuellen Zahlen aus dem Bereichen der Psychiatrie sehr deutlich Anstiege bei psychischen Störungen nachweisen, ist der logische Schluß nicht von der Hand zu weisen, daß es unmittelbare Zusammenhänge zwischen dem politisch-medialen Umgang mit der Viruserkrankung und der

Zunahme von bestimmten psychischen Störungen gibt.

Für uns stellt sich am Beispiel der GAD und angrenzend der Depression nun die Frage, wie entwickelt sich eine solche Störung.

Betrachten wir also erst einmal die ätiologischen Faktoren am Beispiel der GAD.

Bei chronischen Verläufen ist eine gewisse moderate genetische Prädisposition nachzuweisen. Daraus folgern wir, daß die vermehrt auftretenden GAD-Episoden in der jetzigen Zeit mit hoher Wahrscheinlichkeit auf die Angst- und Panikmache im Zusammenhang mit der Viruserkrankung stehen. Denn nachweislich können aktuell emotional belastende Ereignisse Krankheitsepisoden auslösen, vor allem wenn sie über einen längeren Zeitraum andauern.

Wir stellen noch einmal heraus:

Völlig gesunde Personen, die ggf. in ihrer psychischen Grunddisposition eher vorsichtig, gesundheitsorientiert, diszipliniert und durchschnittliche Medienkonsumenten sind, werden urplötzlich von einer tendenziösen Informationswelle förmlich überrollt. Die Reaktion dieser Personen ist sehr einfach zu beschreiben: Es bildet sich im Denken (kognitiv) und emotional eine Verhaltensbasis, die alsbald von Furcht und Angst gekennzeichnet ist. Ein immer noch relativ normales Reaktionsmuster. Denn, siehe weiter oben, ein aktuelles Erlebnis, welches Schrecken, Furcht, Angst auslöste wird eben durch eine nachvollziehbare Reaktion „beantwortet" und in der Regel nach kurzer Zeit emotional und kognitiv verarbeitet.

Sie erkennen bereits den Unterschied?

Richtig, denn genau die sich ständig wiederholenden und sich überbietenden Nachrichten , Sondersendungen und unübersehbare Schlagzeilen über die „grassierende, unkalkulierbare, sich ständig durch „Mutanten" verändernde Krankheit" verstärkt den kognitiv-emotionalen Druck auf die Persönlichkeit und führt quasi in kleinen Schritten zu Veränderungen in der Wahrnehmung der Realität („mediengesteuert") und der emotionalen Reaktion und Haltungen und dem Verhalten und Handeln.

Dieser schleichende Prozess wird in der Regel von der be-

troffenen Person erst dann wahrgenommen, wenn die Symptome bereits „ausgereift" und Bestandteil der Verhaltensorientierungen der Persönlichkeit geworden sind.
Was ist passiert?
Man geht davon aus, daß sich Veränderungen bei bestimmten Rezeptoren (Serotonin, Noradrelanin, Glutanamat, u.a.m.) vollzogen haben, die eine forcierte Krankheitsentwicklung begünstigen. Hier wollen wir auch darauf verweisen, daß es zwischen Angststörungen und Depression eine eindeutige Korrelation gibt.

Durch die bildgebenden Verfahren ist es zunehmend besser gelungen, die Auslösung von Furcht- und Angstreaktionen recht treffend nachzuweisen und zu beschreiben.

Wir wollen aber auf diese recht umfangreichen und hochspeziellen Fakten nicht näher eingehen, da wir damit über das uns gesteckte Ziel dieser Arbeit hinausschießen würden.

Für uns ist jedoch wichtig darauf zu verweisen, welcher ernsthaften, sich zum Teil chronisch entwickelnden Krankheit durch eine permanente, unausgewogene und panikorientierte Medienindoktrination Vorschub geleistet wird.

Die Folgen sind erschreckend!

Denn eine Angststörung – speziell GAD – zieht nahezu „automatisch" andere psychische Störungen nach sich (wir sprechen von Komorbidität).

Dazu einige Beispiele zu den Komorbiditäten:
- Schlafstörungen
- (Major) Depression
- Posttraumatische Stresstörungen
- Somatoforme Störungen (körperliche Beschwerden)
- Dysthymie (in der Regel chronische Depression)
- Medikamentenabusus

Aber darüber hinaus beobachten wir zunehmende Erwartungsangst, ein ausgeprägtes Vermeidungsverhalten und die sich immer weiter ausbreitende soziale Isolierung.

Eine in der Regel aufwendige therapeutische Intervention ist letztendlich unvermeidlich!

Unser Anliegen war es aufzuzeigen, welche Auswirkungen

sich aus gezielter, unangebrachte und vor allem realitätsferner Angst- und Panikmache für breite Schichten der Bevölkerung ergeben können.

Am Ende aber können wir unsere und möglicherweise auch ihre Fragen bezüglich der Entscheidungen der politischen Verantwortungsträger im Zusammenhang mit der Corvid-19-Erkrankung nach dem „Warum-so und nicht anders" nur andeutungsweise beantworten.

Wir wollen jedoch ohne Kommentar ein paar Beispiele anfügen, die dazu geeignet sind, die offiziellen Medien- und Politikverlautbarungen anhand dieser realen Fakten zumindest zu hinterfragen...

Sarah Wagenknecht (Politikerin): *„Also sehe ich das richtig: Man läßt Krankenhäuser schließen, bezahlt Pflegepersonal schlecht und plötzlich verschwinden sechstausend Intensivbetten aus der Statistik...und jetzt begründet man die Lockdowns u.a. damit, daß es zu wenig Intensivbetten gibt."*

Boris Reitschuster (freier Journalist): *„Die ARD-Tagesschau ändert einfach mal schnell im Kleingedruckten den Zahlenschlüssel, so daß die Deutschlandkarte bei der Inzidenz auf einmal tief rot eingefärbt ist – und bei den Zuschauern Angst schürt."* An anderer Stelle stellt Boris Reitschuster fest: Die Bundesregierung nennt keine Belege für die Wirksamkeit des Lockdowns und er führt aus: *„Wenn sie (die Bundesregierung) fast 84 Millionen Menschen in einen harten Lockdown schicken will, sollte eine Regierung wissenschaftlich fundierte Belege für dessen Nützlichkeit haben und vor allem den Bürgern Rede und Antwort stehen. Sollte man meinen..."*

Und ein weiteres interessantes Beispiel (neben Schweden, Russland, China, Australien, Neuseeland u.a.m.) haben wir aus den USA erhalten:

Die sehr ursprünglich, traditionell und zurückgezogen lebende christliche Glaubensgemeinschaft der Amischen hat das erreicht, woran Regierungen, Mediziner und selbsternannte Expertengremien in Deutschland seit mittlerweile mehr als einem Jahr scheitern (wollen?): Sie haben eine Herdenimmunität gegen das Coronavirus entwickelt, wie der Fall einer Gemeinschaft in Lancaster County, Pennsylvania beweist.

ANGST – EIN SCHLECHTER RATGEBER

Herdenimmunität ohne Zwangsmaßnahmen und Panik

Laut lokalen Gesundheitsbehörden habe bereits eine kritische Masse der Menschen innerhalb der Gemeinschaft eine solche Immunität gegen das Virus entwickelt. Wie das New Holland Borough Healthcare Center mitteilte, sind es 90% der Haushalte, nachdem die Amischen ihre Kirchen bereits vergangenes Jahr wieder normal öffneten.

Und das gelang trotz oder gerade wegen fehlender Lockdowns, Maskenpflicht, Abstände und Impfungen innerhalb der Glaubensgemeinschaft.

Experten versuchen weiter Panik zu verbreiten...

Die Amischen sollen jedenfalls nicht als Beispiel einer Nachahmung dienen.

Abschließen wollen wir mit den Worten des Theologen Rainold Niebur:

„Gott, gib mir die Gelassenheit, Dinge hinzunehmen, die ich nicht ändern kann und die Weisheit, das eine vom anderen zu unterscheiden".

Der Verfasser Edgar von Glinka wurde in Königsberg/Ostpreußen geboren. Im Zuge der Vertreibung kamen Teile der Familie 1949 nach Berlin. Schulausbildung, Abitur, Studium und Promotion im medizinischen Bereich schlossen sich an.

Durch den Vater, der gesellschaftsphilosophisch tätig war, wurde der Verfasser frühzeitig mit politischen Themen und deren kritischer Betrachtungsweise konfrontiert.

Es folgten exponierte berufliche Herausforderungen und nebenbei fachspezifische und politisch geprägte Veröffentlichungen. So entstand u.a. der Roman »Geisteskrank«. Der vorliegende Beitrag ist eine Vorstufe zu einer geplanten größeren Arbeit.

Der Autor ist verheiratet und lebt im süddeutschen Raum.

Pandemie und kein Ende

Mit Corona und Klima zu einer neuen »Gehorsamskultur«

Von Hubertus Thoma

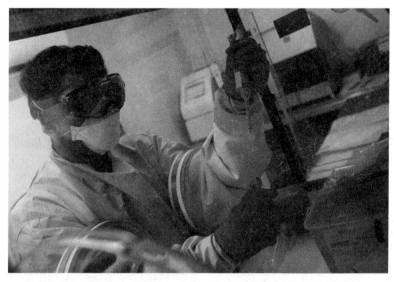

Virologen beherrschen die Schlagzeilen...

PANDEMIE UND KEIN ENDE

Als ich für die letzte Ausgabe der „Deutschen Annalen" Anfang Oktober 2020 den Aufsatz „Pandemie-Alarm im Merkel-Staat" schrieb, war klar, daß das Thema zu diesem Zeitpunkt nicht abgeschlossen sein konnte. Völlig überrascht hat jedoch, daß der Höhepunkt der Krise in der ersten Jahreshälfte 2020 keineswegs erreicht war, die Pandemie sich vielmehr mit neuen „Wellen" und Mutationen in den Herbstmonaten sowie im neuen Jahr intensivieren und den Regierenden weitere Vorwände für bisher unvorstellbare Einschränkungen des öffentlichen Lebens und der bürgerlichen Freiheiten liefern sollte. „Corona entwickelt sich zum Sesam-Öffne-Dich für den enthemmten Staat" konstatierte der wirtschaftsliberale Publizist Gabor Steingart im Oktober 2020. Deutschland wurde seither immer tiefer in einen „Lockdown" versetzt, der die deutsche Volkswirtschaft schätzungsweise dreieinhalb Milliarden Euro pro Woche kostet. Erst in den letzten Tagen wurden zaghafte Lockerungsversuche der Politik erkennbar, ohne daß eine Normalisierung, die diesen Namen auch verdient, abzusehen wäre. In Anbetracht dieser Entwicklung halte ich fest, daß der vorliegende Text den Stand von Anfang Juni 2021 wiedergibt.

Der „Gesundheitsnotstand" geht in die nächste Runde

Bereits in der FAZ-Ausgabe vom 30. September 2020 hat der vielfach als Weltgesundheitsminister titulierte Unternehmer und strategische Philantrop Bill Gates drei Bedingungen genannt, um die Pandemie zu beenden: ausreichende Kapazitäten, um Impfstoff zu produzieren, die finanziellen Mittel, um ihn zu bezahlen sowie ein System, ihn zu verbreiten. Gates machte also klar, daß die Entspannungsperiode in den Sommermonaten 2020 eine nur vorübergehende sein konnte und dem pharmakologisch-politischen Komplex mit Lüften und Einhaltung der „AHA"-Hygieneregeln im Winter nicht gedient war: Die von Anfang an konzipierte Notwendigkeit, einen möglichst großen Teil der Menschheit durchzuimpfen, mußte vielmehr in den Köpfen verankert werden. Angela Merkel erklärte unisono mit Papst Franziskus, „Impfen, impfen, impfen" sei das Gebot der Stunde, eine Botschaft, die seither von nahezu allen wichtigen Politikern der Welt in der einen oder anderen Form verbreitet und wiederholt wird.

Weihnachtslockdown

Mit Einsetzen der kalten Jahreszeit erhöhten sich erneut die Inzidenzzahlen, der „R-Wert" stieg auf deutlich über eins, Frankreich rief Mitte Oktober als erstes europäisches Land wieder den nationalen Gesundheitsnotstand aus und verfügte in den Großstädten nächtliche Ausgangssperren; Spanien folgte pünktlich mit Ende der Sommerzeit. Auch die deutsche Kanzlerin machte aus ihrer Vorliebe für den festen Zügel kein Hehl und erklärte entsetzten Ökonomen, was der Gesundheit diene nütze auch der Wirtschaft. Es stünden „sehr schwere Monate bevor", man bräuchte ab November „noch einmal eine nationale Kraftanstrengung" (sic!), „der Winter wird uns allen noch viel abverlangen", ohne die Urlaubsreisen im Sommer wäre das alles nicht passiert... Eingeführt wurde zunächst ein „Lockdown light", angeblich um die zweite Welle zu brechen und ein entspanntes Weihnachtsfest zu ermöglichen, nachdem die willkürlich auf 50 festgelegte Inzidenzzahl (50 positive Corona-Tests auf 100.000 Einwohner pro Woche) in den meisten Landesteilen zeitweise deutlich überschritten war. Als sie wieder zurückging justierte Merkels Seuchenkabinett nach und senkte sie auf den Wert von 35 - manche Politiker wie Daueralarmist Karl Lauterbach machten sich sogar für die absurde Strategie „Zero Covid" stark, also Lebensnormalität erst dann, wenn das Virus komplett verschwunden ist.

Als der „Wellenbrecher" nicht die erwünschten Ergebnisse zeitigte, verfügten Kanzlerin und Ministerpräsidenten eine Woche vor Weihnachten einen neuen harten „Blitz-Lockdown" mit Schließung aller nicht lebensnotwendiger Geschäfte, vorgezogenen Weihnachtsferien an den Schulen sowie - vor den Feiertagen besonders problematisch - erneut strengen Kontaktbeschränkungen. Propagandistisch war dieser „Blitz" schon seit längerem von Merkels engsten Beratern und ihr wohlwollenden Medien vorbereitet worden: der „Spiegel" hatte den „halbherzigen Shutdown" beklagt, der vermutlich „Tausende Tote" kosten würde, die ehrwürdige, in der aktuellen Diskussion bislang kaum in Erscheinung getretene Akademie „Leopoldina" empfahl unter maßgeblicher Mitwirkung von Merkels Hausvirologen Christian Drosten „drastische Verschärfungen der Corona-Beschränkungen", denn „der Grad der Kontaktreduktion reicht nicht aus". Auch der Präsident des Robert Koch-Instituts (RKI), Tierarzt Lothar Wieler, sah einmal mehr schwarz: „Die Lage ist so ernst wie sie es noch nie war in dieser Pandemie." Nicht nur der „Spiegel" ahnte schon bald, „der nächste Shutdown könnte länger dauern, als Sie glauben", dem Schriftsteller Maxim Biller war bereits Ende November ein entsprechender Blick in die Glaskugel vergönnt, dessen Erkenntnis er der SZ anvertraute: „Der Lockdown hat doch gerade erst angefangen, die 100 kurzen Wintertage, die 100 langen Winternächte... liegen gerade erst vor uns." Die Kanzlerin selbst lief mit dem Bonmot „Jeder Kontakt, der nicht stattfindet, ist gut" zu rhetorischer Hochform auf und warnte vor familiären Treffen mit der besonders gefährdeten älteren Generation, um zu vermeiden, „daß es die letzten Weihnachten mit Oma und Opa werden."

– Vielleicht waren schon die vorletzten Weihnachten die letzten…

Wer die Lage an der Seuchenfront weniger dramatisch einschätzte ereiferte sich über eine „Virokratur", ärgerte sich über „Potemkinsche Dörfer der Seuchenbekämpfung" (Eric Gujer in „Neue Zürcher Zeitung", NZZ) und hielt es eher mit der Bürgerrechtlerin Vera Lengsfeld, die unter dem Titel „Was kommt nach dem Knallhart-Lockdown" feststellte: „Je mehr sich dieses Jahr seinem Ende zuneigt, desto heftiger wird die Corona-Hysterie geschürt."

Freizeit- Sport- und Kultureinrichtungen wurden Anfang Juni 2021 geschlossen, die Gastronomie war längere Zeit auf die Ausgabe bzw. Lieferung „mitnahmefähiger Speisen für den Verzehr zu Hause" beschränkt gewesen, Präsenzunterricht an den Schulen lange Zeit zum Ausnahmefall geworden. Lediglich der vor Weihnachten 2021 ebenfalls untersagte Friseurbesuch - die Medien sparten nicht mit Tipps, wie man seine Haare selbst in Form bringen kann - wurde Anfang März wieder möglich. Seit dem 10. Mai können in Bayern die Biergärten wieder öffnen – zunächst nur mit Reservierung, Negativtest und Einhaltung weiter Abstände. Nachdem die 7-Tage-Inzidenz Anfang Juni 2021 unter 30 gefallen ist und sämtliche Nachbarstaaten Öffnungen verfügt haben, soll das Leben auch in Deutschland als letztem downgelockten Land demnächst einer sommerlichen Normalisierung zugeführt werden – freilich weiterhin mit „Nasen- Mundschutz", umfänglichen Hygienevorschriften und verlängerter „epidemischer Notlage von nationaler Tragweite" um weitere drei Monate bis Ende September.

Trotz gelegentlicher Kritik[1], erneut einsetzender Hamsterkäufe (Klopapier!) sowie dem Ausbleiben einer signifikanten

---

1 NZZ 30.10. nannte die erneuten Einschränkungen „wenig durchdacht, unverhältnismässig und willkürlich", der Philosph Peter Sloterdijk konstatierte eine „Übergriffigkeit des Staates", für Gabor Steingart wurde der neue Lockdown "für viele Unternehmer ein Knock-down", der FDP-Politiker Wolfgang Kubicki äusserte im „Tagesspiegel" 29.10.2020 „Der Lockdown light atmet einen undemokratischen Geist", Vera Lengsfeld titelte gar „Mit dem Lockdown light in die Diktatur"

Übersterblichkeit änderte die repressive Pandemiepolitik nichts an der grundsätzlichen Beliebtheit der Kanzlerin: Ende Oktober 2020, nach „leichtem Herunterfahren", äußerten sich 72% der Deutschen mit ihrer Politik zufrieden, nach einem halben Jahr schwerer Geschütze stieg dieser Wert im Mai 2021 sogar auf 77%.

„Angst essen Seele auf"

Dem weihnachtlichen „Blitz-Lockdown" war kein Erfolg beschieden, die zweite Welle wurde nicht gebrochen, die Zahlen blieben hoch - die Zahlen, ach, die Zahlen! Außerdem lief zum Jahresende 2020 die Impfkampagne an, die sich zweier scheinbar einander widersprechender Probleme ausgesetzt sah: zum einen einem Mangel an Impfstoff, zum anderen großer Zurückhaltung auf Seiten der Bevölkerung. Zu den in einem "beschleunigten Verfahren" frühzeitig einsetzbar gemachten Vakzinen konnten zwangsläufig keine Erfahrungen oder Studien zu Langzeitrisiken vorliegen. Ausgerechnet bei Pflegekräften in den prioritär bedienten Alten- und Pflegeheimen war die Bereitschaft zunächst gering, auf diese Weise als Versuchskaninchen (bzw. Laborratte) zu dienen. Was lag daher für die Politik näher, als die Angst vor der Pandemie zu schüren? Diese Strategie war bereits zu Beginn der Corona-Krise in einem „Wie wir Covid-19 unter Kontrolle bekommen" betitelten BMI-Papier vom März 2020 vorgesehen: danach sollten Schockwirkungen durch das Ansprechen von Urängsten (wie dem möglichen Erstickungstod) die Bürger gefügig machen, Kindern durch Einschüchterung und Schuldgefühle Masken-, AHA- und „#stayathome"-Disziplin nahegebracht werden. In einem „Worst-case scenario" rechnete das ursprünglich nicht für die Öffentlichkeit bestimmte Arbeitsdokument mit einer Million Corona-Toten in Deutschland allein für 2020. Parallelen zum Fall der Schweinegrippe 2009 drängen sich auf: auch damals befürchtete die Weltgesundheitsorganisation (WHO) eine verheerende Pandemie mit Millionen Todesopfern und rief deswegen die höchste mögliche Alarmstufe aus. Auch damals ging es um Impfstoffe und um den Verdacht, daß die Pharmalobby eine wichtige Rolle gespielt haben könnte - bereits damals gehörte der Lungenfacharzt und ehemalige BT-Abgeordnete (SPD) Wolfgang Wodarg zu den prominenten Kritikern, dessen Buch „Falsche Pandemien – Argumente gegen die Herrschaft der Angst" in diesen Tagen erscheint. Anstatt der für Deutschland prognostizierten 30.000 Toten waren es letztlich nur 253, die der Schweinegrippe zum Opfer fielen; über 28 Millionen Impfdosen mußten alleine in D vernichtet werden, das Bundesministerium für Gesundheit bzw. der Steuerzahler blieb auf den Beschaffungskosten sitzen[2]. Im Gegensatz zu heute durften die Mediziner damals offen darüber diskutieren, ob eine Impfung gegen die Schweinegrippe überhaupt sinnvoll sei. Im Falle von Corona stehen Impfskeptiker unter den Ärzten wie alle anderen „Covidioten" unter Verschwörungsverdacht und sind von der öffentlichen Diskussion ausgeschlossen[3], schließlich darf sich eine Blamage wie mit der Schweinegrippe nicht wiederholen. Lediglich Bundestagspräsident Wolfgang Schäuble ließ sich Ende März mit einer merkwürdig gedämpften Aussage zitieren: die Pandemie stelle die Politik „vor Dilemmata. Man könne nicht mal sicher sein, ob es richtig sei, zu impfen."[4]

Obwohl die Strategie aus dem BMI-Papier im vergangenen Jahr kein befriedigendes Ergebnis erbracht hatte wird sie auch 2021 fortgeführt. „Angst sells" und jedem Heilsversprechen geht eine Elendspropaganda voraus, hat der Medienwissenschaftler Norbert Bolz in seinem 2020 erschienenen Buch „Avantgarde der Angst. Deutschland - ein angstgeplagtes Land" zutreffend festgestellt. Auch ohne erkennbare Übersterblichkeit, ohne neue erschreckende Bilder von

---

2 Ilka Münchenberg: „Zwischen Alarmismus und Wirklichkeit - Eine Bilanz zur Schweinegrippe", DLF, 21.3.2010

3 „Ärzte auf Abwegen - Coronaleugner unter Medizinern" - „Von falschen Maskenattesten bis zur Leugnung der Gefährlichkeit des Virus", Spiegel online, 28.3.2021

4 „Wir neigen zur Hysterie" - Gespräch mit Wolfgang Schäuble, "Spiegel" online 27.3.2021

überforderten Krankenschwestern, Ärzten und verzweifelten Angehörigen, wie sie im Frühjahr 2020 aus dem norditalienischen Bergamo zu sehen waren, versuchen Politiker und Medien nicht nur in Deutschland, Pandemiepanik zu verbreiten. „Die Welt ist im Lockdown-Fieber. Und zwar interessanterweise ziemlich im Gleichschritt" stellte der Publizist Milosz Matuschek Mitte Januar unter Verweis auf ein "Lock Stop" betiteltes Szenario der Rockefeller-Stiftung aus dem Jahr 2010 fest.[5] Der Gleichschritt aus Berlin und Hamburg tönte einmal mehr martialischer als in anderen Weltregionen: „In den Krematorien stapeln sich die Särge" wollte das ehemalige „Sturmgeschütz der Demokratie" aus dem Norden beobachtet haben und forderte: „Ein knallharter Lockdown muß her!" - „Lockdown - Merkel will's noch härter" wies die Münchener "Abendzeitung" (16.1.2021) leicht schlüpfrig auf den Ursprung einer solchen Forderung hin. Tatsächlich füllten Merkels engste Covid-Berater den öffentlichen Raum mit schrillen, stets in die gleiche Richtung zielenden Botschaften: Lockdown, Homeoffice, Schulschliessungen, Ausgangs- und Kontaktsperren, Reiseverbote - „das reicht alles einfach nicht" (RKI-Chef Lothar Wieler), und die virologische Kassandra Melanie Brinkmann jammerte, der Wettlauf mit dem Virus sei längst verloren - bloß keine Lockerungen, das Tierchen habe schließlich „Raketenantrieb" bekommen! Die Kanzlerin selbst befand, „uns ist das Ding entglitten" und ließ weitere Einschränkungen des Reiseverkehrs prüfen: Deutschland brauche ein härteres Grenzregime.[6] „Warum können wir die Reisen nicht verbieten?" klagte sie bereits Ende Januar und wiederholte dieses Unverständnis vor den Osterferien.

---

5 „Gestatten: Xi Jin Ping: Ihr Gefängnisdirektor - Lockdowns, Einschränkungen und kein Ende in Sicht" - Kolumne auf „Freischwebende Intelligenz", 17.1.2021; bereits mit seinem Artikel "Kollabierte Kommunikation: Was, wenn am Ende 'die Covidioten' Recht haben?" in NZZ, 1.9.2020, positionierte sich Matuschek kritisch zum politmedialen Mainstream. Laut Wikipedia war dieser Text 2020 „einer der am meisten geteilten Meinungsartikel im deutschsprachigen Raum".
6 SIC! Spiegel online 26.1.2021: „Bundesregierung prüft drastische Einschränkung des Reiseverkehrs"

Schließlich konnte man im zweitbesten Deutschland, das es in den Augen unserer Kanzlerin vermutlich jemals gegeben hat, auch nicht einfach mal so ins Ausland fahren... Der Chefredakteur der NZZ, Eric Gujer, präsentierte diese Haltung unter dem süffisanten, einen Kubrick-Film paraphrasierenden Titel „Wie die Politik den Lockdown lieben lernte": Die Rückkehr zur Normalität solle unnötig hinausgezögert werden, manche Politiker könnten sich ein Leben ohne Bevormundung der Bürger nicht mehr vorstellen und wollten den Ausnahmezustand deshalb künstlich verlängern (NZZ 8.1.2021). Eine Analyse, die mit Beobachtungen des Psychiaters Hans-Joachim Maaz übereinstimmt, wonach Politiker häufig eine narzisstische Persönlichkeitsstruktur aufweisen[7], sowie mit denjenigen des Philosophen Peter Sloterdijk, der in der permanenten Notbremse ein „Verlangen der Exekutive, endlich mal wieder richtig durchregieren zu können" erkennt: „Ein wenig Diktatur als ob und auf Zeit, herrlich!"[8] Während der Philosoph eine „Übergriffigkeit des Staates" beklagte, stellte die NZZ einen pandemiebedingten weltweiten „Verstaatlichungsschub" fest.

Downgelockt ins Neue Jahr

Auch wenn es zur Jahreswende **k**eine Evidenz für die Wirksamkeit des Lockdowns gab und bis heute nicht gibt, sich in den Krematorien die Särge nicht exzessiver stapelten als in üblichen Wintermonaten, regierte im Bundeskanzleramt auch im Neuen Jahr der virologische Imperativ: Kanzlerin und Ministerpräsidenten verlängerten in ihrem informellen Entscheidungsgremium den harten Lockdown auf Empfehlung der üblichen Verdächtigen zunächst bis zum 7. März, angeblich, um wenigstens das Osterfest zu retten. Auf Wunsch der Kanzlerin, die vor der nächsten (dritten) Corona-

---
[7] Hans-Joachim Maaz u.a. „Corona-Angst - Was mit unserer Psyche geschieht" Frank & Timme, Berlin 2021
[8] Interview der „Bild"-Zeitung: „Leben wir über unsere Verhältnisse, Herr Sloterdijk?", „Bild" 19.10.2020

Welle warnte, wurde bei dieser Gelegenheit der 7-Tage-Inzidenzwert von 50 auf 35 herabgesetzt. Im Gegenzug versprach sie, alle Deutschen sollten bis Ende des Sommers ein „Impfangebot" erhalten. Die harte Linie des „Teams Disziplin", das nach einem Jahr Pandemie auf die wirtschaftlichen und sozialen Kollateralschäden immer weniger Rücksicht zu nehmen bereit war, stieß freilich nicht überall auf Gegenliebe. Daß der neue CDU-Bundesvorsitzende Armin Laschet das Vorgehen mit den Worten „Man kann nicht immer neue Grenzwerte erfinden, um zu verhindern, daß Leben wieder stattfindet" kritisierte, mag ein Hintergrund für den Gegenwind gewesen sein, der ihm später insbesondere aus München ins Gesicht blasen sollte. Mit weniger prominenten Kritikern machte das politische Establishment bei Gelegenheit kurzen Prozess: So warf der bayerische Ministerpräsident Markus Söder den Philosophen Christoph Lütge Anfang Februar kurzerhand aus dem Bayerischen Ethikrat, nachdem dieser die Gefahr der Überbelastung intensivmedizinischer Kapazitäten in Frage gestellt, dem Hausvirologen der Kanzlerin, Christian Drosten, „unverantwortliche Angstrhetorik" vorgeworfen und die Verlängerung des Lockdowns als "nicht vermittelbar" kritisiert hatte. Möchtegern-Kanzlerkandidat Söder ließ auch mit anderen Ansagen nicht nur zur Pandemie aufhorchen: es dürfe kein Impfstoff liegenbleiben, Merkel-Stimmen gebe es nur mit Merkel-Politik, ein moderner Demokrat müsse „Haltung" zeigen...

Der politisch definierte Inzidenzwert wurde im Gefolge massiver Kritik Anfang März zurück auf 50 gesetzt und angesichts dieses gleichfalls wenig realistischen Wertes auf 100 bzw. je nach Maßnahme auf eine Vielzahl anderer Zahlen festgelegt. Gleichzeitig intensivierten Merkels Auguren ihre Warnungen vor einer nächsten „Welle", diesmal mit der neuen, britischen Variante B.1.1.7., die nicht nur für Senioren, sondern auch für jüngere Menschen ein erhöhtes Infektionsrisiko darstellen würde. Leicht modifiziert gelten die vor Weihnachten verfügten Maßnahmen daher bis heute fort, „ein fantasieloses Weiter-So. Ohne Mut, mit wenig Ambition... zementieren die Beschlüsse einen mittlerweile vertrauten Ausnahmezustand" stellte die NZZ fest, „Deutschland verschiebt die Freiheit auf unbestimmt" und bleibt „im ewigen Lockdown gefangen, weil die Regierung keine Alternative bietet." In den USA warf Präsident Biden zur gleichen Zeit übrigens den (meist republikanischen) Gouverneuren, welche die Corona-Maßnahmen lockern oder aufheben wollten, "Neandertaler-Denken" vor, obwohl deren Staaten von der Pandemie eher unterdurchschnittlich betroffen waren. Das Institut der Deutschen Wirtschaft veranschlagt die durch den Lockdown im ersten Quartal 2021 verursachten wirtschaftlichen Schäden für Deutschland auf ca. 50 Mrd. €.

„Notbremse", „Osterruhe" und „Bundesnotbremse"

Rechtzeitig zum Osterfest Anfang April stellte sich eine neue Virus-Mutante vor, die sog. „Amazonas-Mutation", die in Brasilien angeblich für Verwüstungen sorgte - wahrscheinlich als gerechte Strafe für die sorglose Gesundheitspolitik des Impfgegners und Rechtsauslegers Jair Bolsonaro... Zum ersten Geburtstag der Pandemie sprach sich die Bundesregierung daher in Person des glücklos agierenden Jens Spahn für ein „richtiges Runterfahren" aus, für einen „Hammer-Lockdown", und die Kanzlerin stimmte ihr Volk auf „noch drei, vier schwere Monate" ein, "erst dann werde das Impfen sich auswirken". Assistiert wurden die Politiker von den üblichen Verdächtigen wie dem „Spiegel", der am 19. März forderte: „Schluss mit dem Stotter-Shutdown! ... Die Fallzahlen steigen dramatisch... Die Regierenden müssen jetzt die Notbremse ziehen, überall!" Tatsächlich vereinbarten Kanzlerin und Ministerpräsidenten eine „Notbremse" dahingehend, daß die Bundesländer bei Überschreiten gewisser Zahlen automatisch Kontakt- und Ausgangssperren in Kraft setzen sollten. „Klare Linie, klarer Kurs" lobte Seuchen-Sheriff Söder, doch in der CDU regte sich heftiger Unmut mit dem Ergebnis, daß die „Notbremse" über Ostern von den Ländern nicht konsequent umgesetzt wurde. „Je weniger der Lockdown wirkt, desto heftiger wird er beschlossen" spottete Gabor Steingart,

„warum nur wird dieses Gemeinwesen so lausig regiert?"

Eine weitere geplante Maßnahme ließ sich überhaupt nicht verwirklichen: die Osterruhe. Nach dem Willen der Kanzlerin sollte das Leben zwischen dem 1. und dem 5. April vollkommen zum Stillstand kommen, lediglich am Karsamstag (3. April) sollten die Lebensmittelgeschäfte öffnen dürfen. Wegen der Kurzfristigkeit war es unmöglich, die rechtlichen Voraussetzungen für solch einen drastischen Eingriff rechtzeitig zu schaffen. Angela Merkel musste zurückrudern und verband dies mit einer atypischen, melodramatischen Geste: sie bat die Bürger, den Souverän, im Fernsehtalk mit der regierungsfreundlichen Anne Will um Entschuldigung, um Vergebung für ihren schweren Fehler - und erfand auch gleich einen neuen, zeitgeistigen Begriff dazu: Fehlerkultur. Gleich darauf setzte die Kanzlerin zu einem neuen, durchdachteren Angriff auf die individuellen Freiheiten an, der sogar den Grundsatz des Föderalismus in Frage stellen sollte: die sog. Bundesnotbremse. Während Mainstreammedien „Ärzte auf Abwegen" identifizierten[9], „Rufe nach einem scharfen Lockdown" gehört haben wollen und die Tausende deutscher Urlauber schalten, die trotz Appellen zum Reiseverzicht einfach nach Mallorca geflogen waren (während deutsche Hotels geschlossen blieben), bereitete die Kanzlerin die bundeseinheitliche Notbremse durch eine nächste, inzwischen vierte Reform des Infektionsschutzgesetzes (InfSchG) vor.

Das im März 2020 erlassene „Gesetz zum Schutz der Bevölkerung bei einer epidemischen Lage von nationaler Tragweite", bereits im Mai erstmalig nachgebessert, wurde vom Bundestag Mitte November zum dritten und am 13. April 2021 zum vierten Male „ergänzt" - jedes Mal im Schweinsgalopp ohne große Diskussion. War mit dem ersten Gesetz in § 28a die entscheidende Bestimmung für sämtliche pandemiebedingten Grundrechtseinschränkungen in das seit Juli 2000 bestehende InfSchG aufgenommen worden, übertrug die jüngste Reform die Zuständigkeit für die „Notbremse"

---

9 „Spiegel" online, 28.März 2021 „Coronaleugner unter Medizinern - Von falschen Maskenattesten bis zur Leugnung der Gefährlichkeit des Virus"

von den Ländern auf den Bund - „mehr Not als Bremse" gegen „störrische Länder" (Spiegel), mit dem Ergebnis eines bundeseinheitlichen Maßnahmen-Automatismus, der den Betroffenen den Rechtsweg (zu den Verwaltungsgerichten) mangels Verwaltungsakt im Einzelfall abschneidet und die Kompetenz der Länder zugunsten des Bundes einschränkt. Die Ministerpräsidenten tobten ob dieser Entmachtung und - stimmten der Reform trotzdem zu. Ob Union- oder SPD-geführt, sie konnten ihrer eigenen Regierung schlecht in den Rücken fallen. So hatte Armin Laschet, vorher Verfechter eines eher liberalen Pandemie-Kurses, bereits zu Ostern für einen neuen harten „Brücken-Lockdown" („Brücke" bis zu einer angeblichen „Herdenimmunität" durch Impfung) geworben. Die "Bundesnotbremse" soll wesentlich von Norbert Röttgen initiiert und besonders von den „Grünen" favorisiert worden sein[10] und gilt vorerst befristet bis Ende Juni. Während der Vorsitzende der CDU/CSU-Bundestagsfraktion, Brinkhaus, die Reform im Bundestag pathetisch als „Gesetz für das Leben" pries, erkannte die NZZ (22./23.4.) darin einen „Ausdruck von Unfreiheit, Angst und Hilflosigkeit", der zudem „die rechtsstaatliche Statik" belastet und einen „stupiden Lockdown-Fundamentalismus mit eingebautem Jo-Jo-Effekt" perpetuiert.

Diskussionen über einen eigenen „Pfingstlockdown" wurden auf diese Weise ebenso überflüssig wie die regelmäßigen Besprechungen des „Seuchenkabinetts", der informellen Runde aus Kanzlerin und Ministerpräsidenten, dessen Zusammentritt zu Beginn der Pandemie immer noch von einer gewissen Hoffnung auf Entspannung oder zumindest neue, weniger einschneidende Maßnahmen verbunden war. Nimmt man den ursprünglich als "Wellenbrecher" geplanten „Lockdown light" hinzu, befindet sich Deutschland seit einem halben Jahr in einem ununterbrochenen Zustand pandemisch bedingter Paralyse, und es hat den Anschein, daß sich die Politik in dieser abnormen Lage erstaunlich bequem eingerichtet hat. Während alle anderen europäischen Länder seit

---

10 „Deutsche Welle" 9. April 2021: „Kampf gegen Corona: Mehr Macht für den Bund"

Ostern mehr oder weniger vorsichtige Schritte in Richtung einer Normalisierung des Lebens unternehmen, hat die Bundesregierung erst in den allerletzten Tagen entsprechende Initiativen ergriffen. Die Kanzlerin warnt im Gegenteil einmal mehr, nach der Pandemie sei vor der Pandemie, Gesundheitsminister Spahn schwadroniert neuerdings wieder von einem Inzidenzwert von 20 als Voraussetzung für die Normalisierung des Lebens. Nach der Vorstellung der Großen Koalition soll der Corona-Ausnahmezustand trotz sinkender Inzidenzen (Ende Mai 2021 vermeldeten alle Bundesländer eine Inzidenz von unter 50) und steigender Impfquoten über den 30. Juni hinaus in den Sommer hinein verlängert werden[11]. Die Kanzlerin hätte darüber hinaus gerne eine parallele Verlängerung der „Bundesnotbremse" gehabt, die es aber wohl nicht geben wird. Vizekanzler und SPD-Kanzlerkandidat Olaf Scholz hat sich gegen eine Lockerung der Homeoffice-Pflicht ausgesprochen, schließlich sei „das Virus noch nicht besiegt".

Impfen bis der Arzt kommt

Nach dem Willen Angela Merkels sollte jeder Deutsche bis zum Sommer ein „Impfangebot" erhalten - und möglichst auch angenommen haben. Hatte Impfguru Bill Gates nicht bereits auf dem Jahrestreffen des „World Economic Forum" 2010 verkündet, man müsse das kommende Jahrzehnt zu einem Jahrzehnt der Impfstoffe machen? Hatte sein Alter Ego Melinda nicht noch bühnenwirksam ergänzt, Impfstoffe seien ein Wunder? Nach dem Flop mit der Schweinegrippe ist der Zeitplan etwas durcheinandergeraten. Anfang Mai wurde übrigens bekannt, das Philantropenpaar lasse sich scheiden, lebe bereits seit Ende 2019 getrennt und ginge wohl doch nicht so harmonisch auseinander wie angekündigt[12]. Bill verliert da-

---

11 „Die Welt", 21.5.: „Jetzt wird die Verlängerung des Corona-Ausnahme-Zustands vorbereitet"
12 „Handelsblatt" 18.5.: „Die dunkle Seite von Bill Gates - Der Multimilliardär gilt als Vorbild der wohltätigen Superreichen. Nun berichten US-Medien über Affären und eine enge Beziehung zum

mit offensichtlich seine Spin-Doktorin, an seiner finanziellen Potenz (geschätztes Vermögen: mindestens 110 Milliarden USD) ändert dies aber wenig und an seiner apodiktischen Ansage, die Covid-Pandemie sei erst nach Durchimpfung der Menschheit beendet, überhaupt nichts. Der „goldene Zügel" bleibt in Aktion.

Dementsprechend gilt für die deutsche Politik die Vorgabe, daß das Heil gegen Covid ausschließlich im Impfstoff zu liegen habe. Vier solcher Stoffe hat die Europäische Arzneimittelbehörde EMA (European Medicines Agency) bisher in einem „beschleunigten Verfahren" zugelassen, nämlich die Vakzine von Astra Zeneca, BioNTech/Pfizer, Johnson&Johnson und Moderna. Ende 2020 startete die Impfkampagne, zunächst mit großen Schwierigkeiten: um „Impfstoffnationalismus" zu vermeiden, hatte die Bundesregierung die Beschaffung des Stoffs politisch mustergültig an die EU delegiert, die aber davon zunächst nicht ausreichend besorgen konnte[13]. In den ersten Monaten galt eine nach Alter gestaffelte Prioritätenliste, auch bestimmte Funktionsträger hatten bevorzugt das Recht (teilweise sogar die Pflicht) zur Impfung, was zwei gegenläufige Phänomene zur Folge hatte: Menschen, die sich impfen lassen sollten, aber nicht wollten und solche, die sich vordrängelten, obwohl sie noch nicht dran waren. Angeregt von der eigenen Propaganda sollen sich in der zweiten Gruppe auch Politiker und ihnen nahestehende Personen befunden haben. Ab dem 7. Juni ist die Impfpriorisierung weitgehend aufgehoben, jeder Impfwillige kann sich dann den „Piks" (wie die Impfung Harmlosigkeit suggerierend in den Medien gerne genannt wird) besorgen, sofern er einen findet. Lange Schlangen werden erwartet, verstärkt durch die Entscheidung der

---

Sexualstraftäter Jeffrey Epstein"; NZZ 28.5.: „Eine Missionarin tritt aus dem Schatten ihres Mannes" - sie „machte Bill Gates zu einem gefeierten Gutmenschen" und sei selbst „Königin der PR-Phrasen"
13 Im „Spiegel", 3.1.2021, beklagte Stefan Kaiser in dramatischen Worten „Europas fatalen Geiz": „Die Pandemie wütet in Europa - doch die EU hat den rettenden Impfstoff zu zögerlich bestellt." Eine „All-inclusive-Order bei allen Pharmafirmen wäre geboten gewesen"

Bund-Länder-Kommission, Impfungen auch für Kinder und Jugendliche ab 12 Jahren zuzulassen, obwohl diese Altersgruppe kaum von Ansteckung betroffen ist. Die Ständige Impfkommission des Bundes (StIKo) hatte bewusst auf eine entsprechende Empfehlung verzichtet.

Eine gesetzliche Impfpflicht wird zwar immer wieder ausgeschlossen, verschiedenste Modelle des „nudging", des sanften Zwangs im Sinne von „Privilegien" für Geimpfte, sind aber beliebtes Thema in der öffentlichen Diskussion. Eine faktische Impfpflicht durch sozialen Druck ist so sicher wie das Amen in der Kirche. So soll ein digitaler Impfpass dabei helfen, das Reisen innerhalb Europas wieder zu normalisieren. Sein tatsächlicher Wert ist umstritten, die WHO hat sich gegen ein solches Dokument ausgesprochen, schließlich weiß bis heute niemand Genaues über den wahren Nutzen einer Covid-Impfung: schützt sie den Geimpften vor Ansteckung, schützt sie Dritte davor, vom Geimpften angesteckt zu werden, schützt sie den Geimpften vor schweren Verläufen der Krankheit, ist ihr Nutzen wirklich größer als die damit einhergehenden Risiken? Innenminister Seehofer wurde im April positiv getestet, obwohl (oder: weil?) er kurz vorher seine erste Impfung (mit BioNTech) erhalten hatte. Abgesehen davon, daß es über langfristige Nebenwirkungen noch keinerlei Erkenntnisse gibt - für die kurzfristigen meldete das Paul Ehrlich-Institut (PEI) in seinem „Sicherheitsbericht" vom 7.5. ca. 5000 Fälle schwerer Komplikationen und 524 Impftote - ist die Dauer der Wirksamkeit der Vakzine völlig unbekannt. Wahrscheinlich würden Auffrischungen nötig, möglicherweise jährlich, gab der Chef von Pfizer bereits zu Protokoll und bestätigte damit Vermutungen, wonach es mit einer bzw. zwei Impfungen für eine dauerhafte Immunität beileibe nicht getan sei. Für die Menschen droht also Corona in Endlosschleife, für die Pharmaindustrie winkt das Goldene Kalb!

Für die Statistik: bis Ende Mai 2021 sind 42,6% der deutschen Gesamtbevölkerung mindestens einmal, 17,1% zweimal gegen Corona geimpft worden. Sascha Lobo, Vorzeigepunker und -denker des „Spiegel", freut sich zwar, daß „die

Impfbereitschaft inzwischen auf erfreuliche 75% angestiegen" sei, sorgt sich aber um das verbleibende Viertel, „Leute, die sich nicht oder nicht vollständig impfen lassen wollen". Überraschenderweise stimmt er nicht in die übliche Litanei ein, wonach Impfgegner zum berühmten „basket of deplorables" der Hillary Clinton gehören, also aus Analphabeten, Neonazis und anderen toten weißen Männern bestehen, sondern verortet sie bei „eher liberal gesinnten, gebildeten Personen" und – welch' Überraschung! - „es scheint deutlich mehr Impfgegnerinnen als Impfgegner zu geben", denn „was Rechtspopulismus für Männer ist, ist Impfgegnerschaft für Frauen."[14]

25% Impfskeptiker, das scheint das übliche, aus der Hypnoseforschung bekannte Viertel zu sein, das sich auch durch intensive Propaganda kaum beeinflussen läßt und dem System Merkel seit der Eurorettung um jeden Preis, spätestens aber seit der Verwandlung Deutschlands in ein Einwanderungsland zutiefst misstraut, ohne daß dieses System auch nur die geringste Ambition zeigt, das verlorene Vertrauen zurückzugewinnen. Aufdringliche Werbebotschaften der Bundesregierung, die immer häufiger die Reize der aus scharf ideologisierten Staaten wie der DDR bekannten Methode der „Sichtagitation" entdeckt – der öffentliche Raum gleichsam als Klassenzimmer zur Erziehung des Souveräns – dürften die Abneigung der Skeptiker eher verstärken als zerstreuen: man merkt die Absicht und ist verstimmt. Auch wenn uns die Parole noch so häufig von Hauswänden und Litfaßsäulen entgegenleuchtet: Impfen macht ganz bestimmt nicht glücklich, liebe Bundesregierung, die Nötigungen des „Lockdown" machen vielmehr unglücklich! Da sollte sich die beauftragte Werbeagentur „Scholz&Friends" in Berlin für die kolportierten 22 Mio. Euro gehaltvollere Slogans ausdenken!

Glaubhafte Berichte, wonach Krankenhauspatienten auch schon einmal zwangsgeimpft werden – angeblich, um das medizinische Personal zu schützen – schaffen es ebenso wenig in die Altmedien wie Fragen rund um die Subvention me-

---

14 Sascha Lobo: „Warum werden Menschen mitten in einer Pandemie zu Impfgegnern?" Spiegel online 19.5.2021

dizinischer Institutionen im Zusammenhang mit der Pandemie, z.B. durch ein „Krankenhausfinanzierungsgesetz", das unter anderem Prämien für eine Mindestauslastung der Intensivstationen vorsieht. Finanzielle Zuwendungen als Ausgleich für die durch die neue Krankheit entstehenden Mehrbelastungen treiben die Corona-Statistik nach oben.

In manchen Ländern soll die Abneigung gegen die propagierte Covid-Impfung noch größer sein als in Deutschland. Während in Serbien die Bürger offen durch eine Prämie motiviert werden, geschieht das in Frankreich unter der Hand: bis zu 900.- Euro soll es dort an „Zuckerbrot" für Impfbereitschaft geben. In den USA werden sogar „Joints for Jabs" angeboten, also etwas zum Kiffen als Gegenleistung für den „Piks", der bekanntlich einer Lungenkrankheit gilt[15]. Schließlich stockt die Impfkampagne in den USA, weil „störrische Trump-Fans" bzw. „rechte Wähler die Spritze ablehnen"[16]. Ob nun gerade solche Leute für die Freuden der Woodstockerei empfänglich sind? Aber man kann auch Donuts fürs Impfen bekommen, im Staat New York sogar einen kostenlosen Studienplatz, oder sich die Spritze unter einem riesigen Blauwal im American Museum of Natural History von Manhattan setzen lassen. Die Joints sind wahrscheinlich eher für eine zweite Problemgruppe gedacht: die dunkleren Menschen, deren „lives" derzeit besonders intensiv „mattern"… Hauptsache ist, es bleibt kein Impfstoff liegen. US-Präsident Joe Biden will sogar mindestens 25 Millionen Impfdosen an arme Länder spenden – vor allem solche von Astra Zeneca, die in den USA nicht zugelassen sind sowie solche, deren Verfallsdatum kurz bevorsteht. Die ebenfalls aus Übersee stammende Peitschenstrategie des „no jab no fly", also eines Verbots von Flugreisen für Ungeimpfte, stößt dagegen auf ein reales Problem: Thrombosen, nicht selten Begleiterscheinungen bei längeren Flugreisen, sind bisher die häufigste Nebenwirkung von Coronaimpfungen.

---

15 rp-online, 2.5.; Deutsche Welle: „Gratis-Joints fürs Impfen in den USA"
16 „Spiegel" online 9.5.2021: „Herdenimmunität in Gefahr - Scheitert Bidens Impf-Feldzug an störrischen Trump-Fans?"

Auch einen neudeutschen Helden gibt es im Rahmen der Impfkampagne zu bewundern. Keine Angst, selbst Heldenschreck Joschka Fischer („Deutsche Helden müsste die Welt, tollwütigen Hunden gleich, einfach totschlagen") würde ihm nichts antun, denn er hat „Migrationshintergrund": Ugur Sahin kam mit vier Jahren aus der Türkei nach Deutschland, ist Gründer und Vorstandsvorsitzender des Pharmaunternehmens BioNTech und hat auch noch eine kongeniale, ebenfalls türkischstämmige Ehefrau. Man könnte die beiden fast für die von der Politik im Rahmen der Flüchtlingskrise 2015 versprochenen Fachkräfte halten, gehörten sie nicht wie die allermeisten „Biodeutschen" zu denjenigen, „die schon länger hier leben" (Ehefrau Özlem Türeci ist sogar in Deutschland geboren). Im März wurde Sahin unter politisch-korrektem medialem Jubel von Bundespräsident Steinmeier das Große Verdienstkreuz mit Stern des Verdienstordens der Bundesrepublik Deutschland verliehen. Über die Anteile an seinem seit 2019 börsenorientierten Unternehmen gehört der Immunologe mit einem geschätzten Vermögen von 5 Milliarden USD zu den reichsten Menschen der Welt. Sympathischerweise hat er sich gegen Zwangsimpfungen und für Freiwilligkeit ausgesprochen. Laut Sicherheitsbericht des PEI sind allerdings die meisten Todesfälle nach Impfung mit dem BioNTech/Pfizer-Vakzin beobachtet worden. Kleine Ironie: die Postanschrift des Firmensitzes von BioNTech in Mainz lautet „An der Goldgrube 12".

Schnauze voll – wenigstens ein bisschen

Es ist kein Geheimnis, daß die meisten Menschen in Deutschland und vergleichbar heruntergefahrenen Ländern nach fast 15 Monaten Gesundheitsnotstand mit autoritärem Seuchenregime den dringenden Wunsch verspüren, der Spuk möge nun endlich ein Ende haben - Zeit ist schließlich nicht nur Geld sondern vor allem Leben. Dies umso mehr, als die Katastrophenszenarien bislang ausgeblieben sind und sich immer mehr der Eindruck verfestigt, die Pandemie werde mehr vom politmedialen Kartell herbeigeredet und -geschrieben als daß sie tatsächlich stattfindet. Fast 3,7 Millionen Infektionen vermeldete das RKI bis Ende Mai - zwischen Infizierten und tatsächlich Erkrankten wird dabei nicht unterschieden, daß viele Tests falsch positive Ergebnisse zeitigen ist bekannt. Knapp 90.000 Tote soll das Covid-Virus in Deutschland bisher verursacht haben, wobei jeder positiv getestete Verstorbene ohne weitere Obduktion automatisch als Covid-Opfer registriert wird, selbst wenn er bei einem Verkehrsunfall ums Leben gekommen ist. Verglichen mit Pandemien früherer Zeiten und anderen Krankheiten keine dramatischen Zahlen, zumal die meisten Toten über 80 Jahre alt und mit Vorerkrankungen belastet waren, zudem keine deutliche Übersterblichkeit zu erkennen ist. Die WHO schätzte die Zahl der Malaria-Opfer für das Jahr 2019 auf 409.000 bei weltweit über 22 Millionen Fällen. Von den etwa 500.000 mit Krankenhauskeimen Infizierten sterben in Deutschland jährlich zwischen 10.000 und 20.000. Als die „Hongkong-Grippe" Ende der 60-er Jahre des vergangenen Jahrhunderts in der alten Bundesrepublik 40.000 Opfer quer durch die gesamte Bevölkerung forderte war von Pandemie keine Rede, geschweige denn von Ausgangs- oder Kontaktsperren, Maskenpflicht, Geschäfts- und Schulschließungen oder „Homeoffice". Angesichts der schwer nachvollziehbaren, da unverhältnismäßigen Maßnahmen verwundern weniger vereinzelte Demonstrationen von „Querdenkern" als vielmehr die Tatsache, daß sich das Ausmaß des Protests in überschaubaren Grenzen hält. „Während der Corona-Krise konnte sich die deutsche Regierung auf ein lammfrommes Volk verlassen" konstatierte die NZZ Mitte Februar - ein Befund, der sich seither wenig verändert hat. Während weitgehend Einigkeit darüber besteht, daß Kinder, Jugendliche und alte Menschen die Hauptleidtragenden von Pandemie und „Lockdown" sind, während die Zahl der coronabedingten Pleiten zwar wegen der vorübergehenden Aussetzung des Insolvenzrechts noch nicht absehbar ist, aber von jeder Menge Zombie-Betrieben ausgegangen wird, konnte erstaunlicherweise bisher kein Anstieg der Selbstmordrate nachgewiesen werden[17].

---

17 „Ärzteblatt", 14.4.2021: „Kein Anstieg der Suizide in der ersten

Im April brachte allerdings eine ungewöhnliche Protestaktion aus der Kulturszene etwas Pep in das geknebelte gesellschaftliche Leben: unter dem Hashtag #allesdichtmachen (#niewiederaufmachen, #lockdownfürimmer) kommentierten 53 deutsche Schauspieler in parodistischen Videoclips die unbefriedigende Situation: „Das Leben kann tödlich sein. Bleiben Sie für immer zu Hause und unterstützen Sie die Corona-Maßnahmen!" hieß es beispielsweise bei Nina Proll, „Ich merke, wie meine Angst nachlässt und das macht mir Angst. Deshalb appelliere ich an unsere Regierung: Macht uns mehr Angst!" bei Volker Bruch. Jan Josef Liefers sorgte für einen Höhepunkt und bedankte sich ganz im Stil des „Kampfs gegen Rechts" bei den Medien, die „unermüdlich und mit klarer Haltung" für den „notwendigen Alarmismus" sorgten. Unverantwortlichen Experten und Wissenschaftlern dürfte man „keine Bühne geben", selbst wenn sie sich "mit Nobelpreisen tarnen" - denn „schließlich wissen nur wenige Spezialisten, was wirklich gut für uns ist". Beunruhigend sei das Erscheinen von Zeitungen, die „alte, überwunden geglaubte Vorstellungen von kritischem Journalismus wiederaufleben lassen. Dagegen müssen wir uns wehren!" Wir sollten tun, was man uns sagt, „nur so kommen wir gut durch die Pandemie". Liefers schließt seinen Clip mit den Worten „Verzweifeln Sie ruhig - aber zweifeln Sie nicht!" - Es kam, wie es im Merkel-Staat kommen musste: systemnahe Medien und Kolleg*_Innen stürzten sich auf die Kritiker, warfen ihnen mangelnde Empathie mit den Corona-Opfern sowie gefährliche Nähe zu AfD und Querdenkern vor. Anstatt „#allesdichtmachen" sollten sie „alle mal ne Schicht machen" forderte eine Notfallärztin - Liefers wäre dazu bereit gewesen, wurde aber vom Chef der Krankenstation abgewiesen. Der unvermeidliche Jan Böhmermann *hashtagte* „#allenichtganzdicht" und empfahl die bittere Dokumentation der Berliner Charité „Station 43- Sterben". Ein SPD-Politiker namens Garrelt Duin forderte in seiner Eigenschaft als WDR-Rundfunkrat gar „Konsequenzen" für Liefers und Konsorten, denn die Schauspieler hätten

---

Welle der Corona-Pandemie"; mdr, 5.5.2021: „Bisher keine Belege für mehr Suizide durch harten Lockdown"

sich „als Vertreter öffentlich-rechtlicher Sender unmöglich gemacht", was dem Herrn allerdings selbst einen „Shitstorm" einbrachte. Bei den Betrachtern der auf youtube veröffentlichten Videos kamen die Clips wesentlich besser an: nach Angaben der Politologin Ulrike Guérot fanden 93 % die Aktion gut, nur 7 % lehnten sie ab[18]. Dennoch zeigten sich 13 der 53 Schauspieler dem Trommelfeuer des Systems charakterlich nicht gewachsen (bzw. „einsichtig") und distanzierten sich von ihrer Aktion, darunter auch Liefers.

Es gibt natürlich auch die Möglichkeit, die Frustration über den Dauernotstand anstatt auf die verantwortlichen Politiker auf angeblich unverantwortliche Mitbürger zu projizieren. Bereits im Zusammenhang mit Maskenpflicht und Versammlungsverboten entstand im vergangenen Jahr das Narrativ von „Menschen, die ihr Recht auf Schutz einfordern" und Verweigerer deswegen ausgrenzen, mitunter auch denunzieren. In dieser Tradition entstand sogar eine Kampagne mit dem biestigen Slogan „#diemaskebleibtauf". Der bereits zitierte Sascha Lobo prognostiziert nun Ähnliches für Impfskeptiker: „Weil die Impfung als Erlösung aus der pandemischen Starre betrachtet wird und die Nichtimpfung als Bedrohung, erhöht die geimpfte Mehrheit den Druck auf die Ungeimpften". Soweit nicht überraschend, siehe oben, was aber höchst bedenklich stimmt: Lobo fordert ein solches Verhalten ausdrücklich ein, plädiert für „massiven Impfdruck durch Unternehmen mit Publikumsverkehr" und eine entsprechende Ausübung des Hausrechts durch Private. Wir rekapitulieren kurz zum Thema Hausrecht: „kein Bier für Nazis", keine Veranstaltungsräume für „Hass und Hetze", sonst kommt die „Zivilgesellschaft" in Gestalt der „Antifa" zu Besuch. Hingegen „Zivilrechtliches Benachteiligungsverbot" gemäß § 19 des die Privatautonomie aushebelnden Allgemeinen Gleichbehandlungsgesetzes für Schwule, Lesben, Queere, Moslems, Dunkle und was sonst noch alles unbeliebt war (und großteils noch ist). Soll jetzt eine Art „Impfifa" die Impfgegner vermöbeln oder deren Häuser mit Farbbeuteln bewerfen? Für eine

---

18 Interview im DLF 24.4.: „Guérot: Es gibt keinen Raum mehr für legitime Kritik"

"harte Form der angewandten Mehrheitsherrschaft" plädiert jedenfalls Lobo, dessen "Spiegel" die Coronapolitik der Bundesregierung von Anfang an zuverlässig mit dem erwünschten publizistischen Zunder begleitet hat. Selbst die linke Totemvokabel "Ausgrenzung" ist für den Vordenker kein Tabu: sie sei "ein hartes, aber sinnvolles gesellschaftliches Instrument". - Aber Sascha, Ausgrenzung tötet, bist Du denn ein Mörder? - Doch vielleicht sollten Aldi, Lidl und Edeka beim Besuch von "Nazis" künftig ebenfalls von ihrem Hausrecht entsprechenden Gebrauch machen - dann wären wir diese amoralischen Ruhestörer endlich los! In einem "abgelegenen Bergdorf" (Empfehlung Lobo) könnten sie gegebenenfalls zusammen mit den Ungeimpften und anderen Eigenbrötlern den Rest ihres Daseins fristen[19]. Vielleicht gibt es dort dann anstatt Bier eine zusätzliche Spritze. Bundesminister Maas (Autor des antipatriotischen Worstsellers „Aufstehen statt wegducken" und Erfinder des „Netzwerkdurchsetzungsgesetzes") hat in einer politischen Vision bereits von einem „Impfstoff gegen Rassismus" schwadroniert... Die Gegenposition findet sich einmal mehr in alternativen Medien wie auf den Blogs von Milosz Matuschek[20] und Vera Lengsfeld: "Lobo kündigt an, was demnächst politisch exekutiert wird: Die Ausgrenzung von Menschen, die gesund sind und sich (vorerst) nicht impfen lassen wollen, weil es derzeit wenig Kenntnisse darüber gibt, ob der medizinische Grundsatz, die Therapie dürfe nicht schädlicher sein als die Krankheit, auf die Corona-Impfungen zutrifft."[21]

Cui bono, cui malo? - Corona-Profiteure und -Verlierer

Es steht ausser Frage, daß die Pharmaindustrie zu den größten und direkten Gewinnern der Pandemie gehört. So

---

[19] Sascha Lobo: „Die kalte Impfpflicht kommt" Spiegel online, 26.5.2021
[20] „Impfpropaganda - Hurra, endlich ist wieder Krieg!", 29.5., wo es heißt, „Lobo redet einer Impfapartheid das Wort"
[21] Vera Lengsfeld, 26.5.2021: "Sascha Lobos Lob des Impftotalitarismus"

konnte die Firma BioNTech, die im ersten Quartal 2020 noch einen Verlust von 53 Millionen Euro hinnehmen mußte, im ersten Quartal 2021 einen Reingewinn von 1,13 Milliarden Euro verbuchen. „Nur als Goldwäscher oder Drogenproduzent kann man ähnliche Gewinnmargen erzielen" kommentierte der Wirtschaftsjournalist Gabor Steingart in seinem "Pioneer-Morgenbriefing" am 11. Mai. Der Verdacht liegt nahe, daß Lobbygruppen aus der Pharmabranche das vitale Interesse ihrer Auftraggeber an einer Verlängerung des angeblichen Notstands nachdrücklich zur Geltung bringen. Von der Krise profitiert haben des Weiteren die Tech-Unternehmen der sogenannten „FAATMAN"-Gruppe, Facebook, Alphabet, Amazon, Tesla, Microsoft, Apple, Netflix - sämtlich beheimatet auf der anderen Seite der Atlantik-Brücke. Alleine der Umsatz des durch die Lockdown-Politik zeitweise zum Monopolisten beförderten Online-Versandhändlers Amazon ist im Jahr 2020 um 38% gestiegen, der Konzern musste eine halbe Million neue Mitarbeiter einstellen. In Deutschland war Amazon 2020 mit einem Umsatz von 29,5 Milliarden Euro das umsatzstärkste US-Unternehmen. Sein Gründer Jeff Bezos gilt als der reichste Mann der Welt.

Die Pandemie hat allgemein eine Reichtumsdynamik entwickelt, von der die bereits Extremprivilegierten weiter profitiert haben. Im Covidjahr zwischen März 2020 und März 2021 konnten die Milliardäre der Welt ihr Vermögen um 54% steigern.

Auch wenn bisher keine Insolvenzzahlen vorliegen gilt es andererseits als sicher, daß viele Kleinunternehmen sowie der die deutsche Wirtschaft in besonderem Masse stabilisierende Mittelstand als Verlierer vom Platz gehen. Viele dieser in Deutschland meist von Familien geführten Unternehmen sind zu potentiellen Übernahmeobjekten geworden, angeblich befinden sich zahlreiche Scouts bevorzugt chinesischer Provenienz im Lande, die nach günstigen Übernahmekandidaten Ausschau halten. Steingart rechnet mit über 100.000 Geschäftsschließungen in deutschen Innenstädten. Eine „folgenschwere Kettenreaktion" befürchten die Deutschen Wirtschaftsnachrichten (DWN): „Besonders hart wird es den Einzelhandel treffen. Er hat bereits extrem unter den einschränkenden Maßnahmen gelitten und muss nun mit einem neuen Problem fertig werden: Viele Kunden haben sich in der Zeit des Lockdowns an Online-Bestellungen gewöhnt und werden diese Angewohnheit wohl aus purer Bequemlichkeit beibehalten. Die Zunahme der Verschuldung und der Rückgang der Kundenzahlen werden aber nicht nur unzählige Einzelhändler in den Bankrott treiben. Die Schließung ihrer Läden wird auch ihre Vermieter schwer treffen. Und nicht nur das: Die Einführung des Homeoffice wird zur endgültigen Schließung von tausenden von Büros führen und riesige Löcher in die Kassen gewerblicher Vermieter reißen."[22]

Auch in der deutschen Politik gab es einige Figuren, die aus der Pandemie nicht nur politischen Profit ziehen wollten: Im März 2021 erschütterte die „Maskenaffäre" die Unionsparteien, als bekannt wurde, daß einige ihrer Mitglieder für die Vermittlung überteuerter Corona-Masken stattliche Provisionen erhalten haben (sollen). Die MdB's Georg Nüßlein, Nikolas Löbel und Mark Hauptmann haben ihr Mandat in der Folge zurückgegeben und sind aus der CDU ausgetreten, ein weiterer CDU-Politiker hat seine Kandidatur für den Bundestag abgesagt. Der gleichfalls involvierte LT-Abgeordnete und ehemalige bayerische Justizminister (!) Alfred Sauter will sein Mandat dagegen bis zum Ende der Legislaturperiode beibehalten. Über die strafrechtliche Seite der mutmaßlichen Vorteilsannahme ist bisher nicht entschieden. Die BT-Fraktion der Union hat im Gefolge der Affäre von allen Mitgliedern die Abgabe einer Ehrenerklärung verlangt, keine persönlichen finanziellen Vorteile aus Geschäften mit dem Staat in der Corona-Krise erzielt zu haben. Die Erklärung wurde von allen Abgeordneten abgegeben, wird aber von Kritikern als ungenügend erachtet, da Parteispenden nicht von ihr erfasst werden.

Die Maskenaffäre hatte im März einen deutlichen Negativeffekt auf die Umfrageergebnisse der Union. Auch wenn die anderen im BT vertretenen Parteien bisher nicht erkennbar

---

22 DWN 30.5.2021: „Deutschland nach Corona: Wir werden in einem anderen Land aufwachen"

betroffen sind, wirft sie zusätzliche Zweifel an Angemessenheit und Notwendigkeit der Pandemiepolitik der Bundesregierung auf.

Eine neue Maskenaffäre bläst seit einigen Tagen dem Gesundheitsminister ins Gesicht: Jens Spahn soll im vergangenen Jahr darüber „nachgedacht" haben, eine große Zahl überflüssiger, nicht zertifizierter, aus China importierter Masken (alias „Nasen-/Mundschutz") kostenlos an sozial Schwache wie Arbeits- und Obdachlose abzugeben. Ein Aufschrei aus den um konsequente Gleichheit aller Menschen bemühten Parteien war die Folge – der bevorstehende Wahlkampf warf seine Schatten voraus. Politiker mit Ambitionen wie Spahn sollten besser nicht zu viel nachdenken...

Es gibt noch einen weiteren Nutznießer der Corona-Pandemie, einen eher abstrakten, mit dem viele Beobachter seit dem Zusammenbruch des Sowjetimperiums und seiner sozialistischen Ideologie nicht mehr gerechnet haben: das Kollektiv. Wenn das neue Virus und seine in schöner Regelmäßigkeit auftauchenden Mutanten[23] tatsächlich so gefährlich sind wie der politmediale Komplex uns glauben machen will, dann kann nur eine gemeinsame Aktion Abhilfe schaffen, eine kollektive Anstrengung, die einer kollektiven Umsetzung bedarf. Eine anderthalb Jahre früher noch für vollkommen unmöglich gehaltene Politik umfassender Nötigungen ohne Rücksicht auf private, soziale und wirtschaftliche Kollateralschäden kann nur bedeuten: wo das große „Wir" regiert dürfen partikulare Interessen keine Rolle spielen. Im Kampf gegen den unsichtbaren Feind bleibt für Individualismus wenig Raum. Dies umso weniger, wenn die Individuen dem regierungsamtlich verbreiteten Bedrohungsnarrativ ungläubig entgegensehen und das Virus womöglich für einen Vorwand zur Durchsetzung ganz anderer Ziele halten. Vor „Eigen-

---

23 Nach der britischen, südafrikanischen und brasilianischen stammt die letzte Mutante angeblich aus Indien; die WHO wird Virusvarianten künftig allerdings mit griechischen Buchstaben bezeichnen, da die Benennung nach dem Land des ersten Auftretens stigmatisierend sei... Für den französischen Nobelpreisträger Luc Montagnier sind die Impfungen ursächlich für die Mutationen)

mächtigen Aktivisten" hatte der „Spiegel" bereits im Mai letzten Jahres gewarnt, nachdem Kanzlerin Merkel die Losung ausgegeben hatte „Glauben Sie keinen Gerüchten, sondern nur den offiziellen Mitteilungen!" Da blinzelt in Deutschland einmal mehr „Der Untertan" durch die Jalousien der Heimkontore, -schulen und -büros: Der schützende Nanny-Staat verkehrt mit seinen Bürgern nicht auf Augenhöhe sondern erteilt Anweisungen, die der deutsche Michel (und sein Gretchen - zunehmends natürlich auch der passdeutsche Mehmet und seine Aysche) in aller Regel auch widerstandslos ausführt. Das mag der Grund dafür sein, warum sich Deutschland Ende Mai 2021 im Gegensatz zu seinen Nachbarländern noch immer so „downgelockt" präsentiert wie vor Weihnachten, als die Maßnahmen angeblich das Weihnachtsfest retten sollten: es gibt keine „Gelbwesten" wie in Frankreich oder andere nachhaltige Protestbewegungen. Wenn Menschen wie die „Querdenker" gegen eine unverhältnismäßige Pandemiepolitik auf die Straße gehen, werden sie routinemäßig in die rechte Schmuddelecke gestellt, entsprechende Demonstrationen wegen Missachtung von Hygieneregeln von der Polizei aufgelöst. Als „Trainingslager zur Befolgung sinnloser Anordnungen für den untertänigen Bürger" hat die Publizistin Birgit Kelle das Phänomen des „Lockdown" bezeichnet[24]. Das Wort „Lockdown" wurde übrigens zum „Anglizismus des Jahres 2020 gewählt.[25]

„Eine neue Volkskrankheit namens Normopathie" wird in letzter Zeit gerne diagnostiziert, eine Persönlichkeitsstörung, die sich in zwanghaftem Streben nach normgerechtem Verhalten innerhalb einer sozialen Gemeinschaft ausdrückt. Wenn wir in der Geschichte zurückblicken dürfte uns diese „Volkskrankheit" nicht ganz unbekannt vorkommen: Freiheit stirbt bekanntlich mit Sicherheit, und am normgerechten

---

24 In „Junge Freiheit" 3/21 vom 15.1.2021: „Ruhe als erste Bürgerpflicht"
25 Nach Angabe des „Spiegel" 2.2.2021, würdigt die Initiative „Anglizismus des Jahres" seit 2010 jährlich "den positiven Beitrag des Englischen" zur deutschen Sprache; frühere solche Preisvokabeln waren u.a. „Influencer" und „Shitstorm"

deutschen Wesen sollte die Welt schon mindestens zweimal genesen. Sie hat es bisher nicht getan. Der auffällige Gleichschritt, mit dem ein großer Teil der Welt jetzt quasi gleichgeschaltet im „Lockdown"-Fieber marschiert, stimmt aber bedenklich, auch wenn die zugrunde liegenden Genesungsrezepte diesmal nicht aus der deutschen Hexenküche stammen. Gibt es vielleicht gar Verschwörungen?

Wie bei so vielen die Gesellschaft spaltenden Themen der letzten Jahre werfen sich die Betroffenen auch im Falle der „P(l)andemie/Panikdemie" Verschwörungen (von Seiten nicht überzeugter Betroffener, die die Maßnahmen in kognitiver Dissonanz ertragen müssen) bzw. Verschwörungstheorien (von Seiten des politmedialen Komplexes, der die Maßnahmen trifft bzw. verteidigt) vor. Es empfiehlt sich, rhetorisch etwas abzurüsten: jede Absprache, die nicht jedem Betroffenen zur Kenntnis gegeben wird, jede bewusste Intransparenz, jede Falle und jede Intrige ist im Grunde genommen eine kleine Verschwörung. Der Vorwurf der aus der Welt der Geheimdienste stammenden Verschwörungstheorie könnte theoretisch nur dann legitim sein, wenn Politiker stets die Wahrheit sagen, was sie bekanntlich nicht tun, sondern häufig versteckte Agenden verfolgen. „Resettlement", „Relocation", die „Agenda 2030", die EU-Resolution zu „Grundrechten von Menschen afrikanischer Abstammung in Europa", nicht zuletzt der „Global Compact for Migration", der uns spätestens bei einer Regierungsbeteiligung der „Grünen" mit voller Wucht auf den Kopf fallen wird, sind beste Beispiele dafür, daß der Souverän heute in der Regel überhaupt nicht mehr weiß, was seine Vertreter in seinem Namen alles anzetteln. In Deutschland gibt es neben dem Bundesnachrichtendienst den mehr und mehr zur Staatssicherheit mutierenden Verfassungsschutz, der nach eigenem Bekunden „im Verborgenen Gutes" tut. In den USA gibt es nicht weniger als 17 (in Worten: siebzehn!) Geheimdienste - nicht aus Jux und Tollerei, alle haben konkrete Aufgaben, von denen in der Regel nichts in der Zeitung steht und wenn, dann mit strategischer Absicht lanciert. Also bitte: der im Merkel-Staat zunehmend inflationär gebrauchte Vorwurf, wonach alles, was nicht von

Politik und Altmedien bestätigt wird, nur Verschwörungstheorie sein kann, ist zutiefst lächerlich, einer Demokratie unwürdig und ein starkes Indiz dafür, daß die inkriminierten Vermutungen zutreffen.

Was aber kann der Hintergrund der durch eine zweifelhafte Pandemie bedingten, von der Politik fast aller wichtigen Länder angeordneten Vollbremsung sein? Ein alter, gut vernetzter Bekannter hat sich dazu bereits Ende Juli 2020 recht deutlich geäussert: die Corona-Krise sei „der Beginn der großen Transformation" ließ uns Josef „Joschka" Fischer im „Handelsblatt" wissen. Um den „Great Reset" könnte es also gehen, den die „mover and shaker" des Weltwirtschaftsforums (WEF), sozusagen der tiefe Weltstaat, im Sinne eines „Green New Deal" planen, wie es Klaus Schwab und Thierry Malleret in ihrem Buch „Covid-19: Der große Umbruch" beschrieben haben: „Jetzt, da die wirtschaftlichen Notmaßnahmen zur Bekämpfung der Pandemie in Kraft getreten sind, kann die Gelegenheit genutzt werden, um institutionelle Veränderungen in die Wege zu leiten und politische Entscheidungen zu treffen, die die Volkswirtschaften auf einen neuen Weg in eine gerechtere, grünere Zukunft führen."[26] Auch wenn es nach der Transformation grüner und gerechter zugehen soll, ist es höchst zweifelhaft, ob der Souverän, das Volk, sich auf ein solches Experiment einlassen würde, risikoscheu, wie es nun einmal ist. Weil sich eine Regierung aber kein anderes Volk wählen kann: wäre es da nicht praktisch, das Volk während der Umbaumaßnahen in Quarantäne zu schicken, „#stayathome"-gemäß, mit Kontakt- und Ausgangssperren und dem Einkauf der notwendigen Lebensmittel als Höhepunkt des Tages? Die oben genannten Migrationsprogramme, das „historisch einzigartige Experiment, eine monoethnische in eine multiethnische Gesellschaft zu verwandeln" (so Yascha Mounk in den ARD-Tagesthemen, 20.2.2018), das sich allenfalls bei den jüngst von Sahra Wagenknecht in dem Buch „Die Selbstgerechten" porträtierten Lifestylelinken größerer Beliebtheit erfreut, könnten ohne die befürchteten „Verwer-

---

26 Klaus Schwab/Thierry Malleret: „Covid-19: Der große Umbruch", Forum Publishing 2020, S. 45

fungen" durchgezogen werden, wenn das Objekt des Experiments isoliert, verunsichert und in panischer Furcht vor einem tödlichen Virus mit sich selbst beschäftigt ist.

Es gibt viele andere Versuche, die Hintergründe für eine Pandemie, die keine ist, zu erklären, vom Versuch, den Menschen mit der Impfung einen Chip zu injizieren, mit dem er lückenlos kontrollierbar wird bis zur radikalen Theorie, über die mit den Impfungen verbundenen genetischen Mutationen eine Reduzierung der Weltbevölkerung zu erreichen. Auch die Labortheorie, wonach das Virus nicht durch Zoonose sondern durch Freisetzung aus einem Labor in Wuhan auf den Menschen übertragen worden ist, erfreut sich in letzter Zeit neuer Beliebtheit, seit sie nicht mehr von einem US-Präsidenten namens Donald Trump vertreten wird.

Beachtenswert scheint mir die Überlegung zu sein, die das Phänomen Corona in einen Zusammenhang mit der ebenfalls höchst hypothetischen Theorie vom menschengemachten Klimawandel bringt und mit der „Großen Transformation" im Sinne des „Green New Deal" bestens harmoniert. Der omnipräsente Karl Lauterbach von der Partei mit der historisch bedingten Liebe für das Kollektiv, von manchen als informeller gesundheitspolitischer Sprecher der Kanzlerin bezeichnet, gab Ende 2020 die (zutreffende) Überzeugung kund, es werde niemals einen Impfstoff gegen CO2 geben. „Somit benötigen wir Maßnahmen zur Bewältigung des Klimawandels, die analog zu den Einschränkungen der persönlichen Freiheit in der Pandemie-Bekämpfung sind."[27] In einem Gespräch mit dem Sender „Phoenix" wollte er später auch „nicht ausschließen, daß wir in der Klimakrise… tatsächlich das ein oder andere verbieten." – Kommt jetzt eine Periode der „schöpferischen Zerstörung", um eine neue Wirtschafts- und Gesellschaftsordnung nach den Vorgaben der Klimaziele zu erschaffen, mit einem „harten Klima-Lockdown", im Vergleich zu dem derjenige wegen Corona „nur ein Vorspiel" war, wie die Deutschen Wirtschaftsnachrichten vermuten? Fleisch-Imitate sollten die Menschen dann vermehrt konsumieren, was

---

27 Karl Lauterbach: „Klimawandel stoppen? Nach den Corona-Erfahrungen bin ich pessimistisch" in „Die Welt", 27.12.2020

wiederum der Chemie- und Pharmaindustrie zu Gute käme. Selbst der Vorschlag des Kannibalismus wurde von „Öko-Extremisten" bereits im Sinne eines konsequenten Klimaschutzes unterbreitet.[28]

Nachdem die „Grünen" bereits Monate vor der Wahl zum Deutschen Bundestag zumindest von den „Agenda Settern" als Regierungspartei gesetzt sind, und die meisten anderen Parteien deshalb intensives „Greenwashing" betreiben, wäre folgendes Szenario nachvollziehbar: Lockerungen während der pandemisch unproblematischen Sommermonate, um einen unbeschwerten Urlaub und eine entspannte Wahl zu ermöglichen, bei der dann möglichst wenige „die Falschen" wählen. Anschließend kommt ein kombinierter Covid-/Klima-Lockdown, um das Land entsprechend den Vorstellungen des tiefen Weltstaates umzukrempeln. Der belgische Historiker David Engels hat dieses neue Gesellschaftsmodell, das zwei bisher als gegensätzlich empfundene Ideen kombiniert, „Milliardärssozialismus" genannt. Bei ungebremster, ja verstärkter Reichtumsdynamik beruht dieser vor allem auf der Ausschaltung des Mittelstandes als Konkurrenten der Großkonzerne, „des klassischen Trägers bürgerlicher und demokratischer Ideale."[29] Polemiker haben das nämliche Phänomen sarkastisch „Starbucks-Sozialismus" genannt: Tante Emma, Onkel Otto und das Kaffeehaus verschwinden, die amerikanische Kette übernimmt.

Das Bundesverfassungsgericht, auf dessen korrektiver Funktion die Hoffnung vieler Konservativer einst lagen, hat den Weg in eine Art Klima-Pandemie vor kurzem freigegeben: „Künftig können selbst gravierende Freiheitsbeschränkungen zum Schutz des Klimas verhältnismäßig und verfassungsrechtlich gerechtfertigt sein" (BVerfGE vom 29.4.2021), Klimaschutz sei schließlich ein Menschenrecht! Schließlich lebt das Individuum nicht alleine auf der Welt - heute weniger denn je. Nach einer Periode der Freiheit und der Freiheiten

---

[28] DWN, 29.4.2021: „'Schöpferische Zerstörung' – Jetzt kommt auf Deutschland ein harter Klima-Lockdown zu"
[29] In „Junge Freiheit", 6.12.2020, „Milliardärssozialismus – Zwei Ideen fusionieren"

muß der Einzelne wieder lernen, zu gehorchen. Parallel zur „Fehlerkultur" der guten Kanzlerin entsteht eine neue Gehorsamskultur, die ihre Rechtfertigung aus dem vorgeblichen Schutz jedes einzelnen Menschenlebens zieht. Gurtpflicht, Helmpflicht, Kinder auf das richtige Plätzchen auf dem genormten Stühlchen, Rauchmelder retten Leben, „measures for your own safety" auf Flugplätzen und anderswo – die Pflicht zum Selbstschutz hat bereits vor Jahrzehnten begonnen und bringt dem Staate über regelmäßig erhöhte Bußgelder unverzichtbare Einnahmen. Mit Corona folgten dann Abstandsregeln, Maskenpflicht, Homeoffice, Versammlungsverbote und grundsätzliches #stayathome, mit der Rettung des Klimas (und den „Grünen") sind flächendeckende Tempolimits, Fahrverbote, Ernährungsvorschriften, Einschränkung von Haus- und Nutztierhaltung und vieles mehr zu erwarten. Hat der Mensch mit dem Tod Gottes („Wir haben ihn umgebracht!") etwa nicht dessen Allmacht übernommen? Da dürften neue Herausforderungen doch keine nennenswerten Probleme bereiten - alles ist schließlich machbar, Herr Nachbar!

Nur ganz Unverbesserlichen, die partout nicht vom deutschen Bildungskanon lassen wollen, fällt dazu vielleicht noch etwas Mephistophelisches aus Goethes „Faust"ein: „Folg' nur dem alten Spruch und meiner Muhme der Schlange - Dir wird gewiß einmal bei deiner Gottähnlichkeit bange!"

Der Verfasser, Hubertus Thoma, geb. 1958 in München, studierte Rechtswissenschaft und Romanistik. Er war dreißig Jahre aktiv im öffentlichen Dienst tätig, den größten Teil davon im Ausland. Er lebt heute freischaffend überwiegend in Italien.

DAS ENDE DER VIERTEN GEWALT

Das »Neue Deutschland«
Ideen und Wirklichkeit

Von Peter Orzechowski

Bill Gates läßt Zuhörer an seiner Weisheit teilhaben...

DAS ENDE DER VIERTEN GEWALT

Das Virus Covid-19 hat nicht nur Menschen befallen, sondern auch die Demokratie: Grundrechte wurden uns genommen, die freie Meinungsäußerung ausgesetzt und die Medien gleichgeschaltet: Sie berichten nicht mehr neutral, schon gar nicht objektiv und verschweigen, was nicht ins Narrativ passt. Andere Meinungen werden sofort als rechts, antisemitisch oder Verschwörungstheorien gebrandmarkt. Fakten und Beweise – also die Grundlage ausgewogener Berichterstattung – sind schon lange nicht mehr gefragt. Die Wahrheit wird der Propaganda geopfert.

Peter Orzechowski über den Untergang eines Journalismus, der einmal die vierte Gewalt im Staat war.

Seit über 40 Jahren arbeite ich als Journalist. Fast 20 Jahre lang habe ich an verschiedenen Akademien Journalisten ausgebildet. Und heute frage ich mich: War alles umsonst?

Denn das, was die Massenmedien in der Corona-Krise nahezu geschlossen abliefern, hat mit dem Journalismus, den ich gelernt und dann weitergegeben habe, nichts mehr zu tun: Vom Redakteur bei der Tageszeitung oder beim Nachrichtenmagazin über den Tagesthemen- und Heute-Moderator bis hin zum Mitarbeiter der Presseagentur, zum Rundfunkplauderer, zum Social-Media-Texter, zum Talkshow-Gastgeber –

sie alle missachten die Grundprinzipien eines seriösen Journalismus.

Sie bringen offizielle Horrorzahlen unters Volk, ohne zu hinterfragen, wie diese überhaupt zustande kommen. Sie käuen wider, was einige wenige Experten vom Robert-Koch-Institut und der Charité von sich geben, und verunglimpfen die wohlbegründeten, sachlichen Bedenken vieler Ärzte und Wissenschaftler in denunziatorischer Weise. Dazu gleich mehr. Sie werben für Tracking-Apps, ohne den möglichen Missbrauch als Überwachungsinstrument zu thematisieren. Sie applaudieren zu Ausgangssperren statt die Einhaltung unserer Grundrechte einzufordern.

Die obersten Gebote des Pressekodex sind durch Corona abgeschafft worden: Es gibt keine sorgfältige Recherche mehr; der Schutz der Ehre und die Achtung der Würde von Menschen sind vergessen; das Gegenchecken jeder Informationsquelle ist entfallen; sensationsheischende Darstellungen, die überzogene Hoffnungen oder Befürchtungen wecken, werden nicht mehr vermieden, sondern zum bevorzugten Stilmittel erhoben. Vergessen ist auch die Definition von George Orwell: „Journalismus heißt, etwas zu drucken, von dem jemand will, dass es nicht gedruckt wird. Alles andere ist Public Relations."

Das Erschütternde an dieser Entwicklung ist, dass mit dieser faktischen Abschaffung des Pressekodex auch ein Stück Demokratie verloren gegangen ist.

Der selbst verschuldete Niedergang

Nun mag man argumentieren, es läge alles am Geld: Die Werbeeinnahmen der Verlage brechen derzeit großflächig, mancherorts um bis zu 80 Prozent, ein. In ihrer Not nehmen die Zeitungen und Magazine die Zuwendungen „philanthroper" Helfer an. So unterstützt etwa Microsoft-Gründer Bill Gates mit seiner Bill & Melinda Gates Stiftung zahlreiche Medienprojekte in den USA und in Europa. Die französische Zeitung Le Monde erhielt im Jahr 2019 Zuwendungen in der

Höhe von 1,9 Millionen Euro, die deutsche Wochenzeitung *Die Zeit* über 300.000 Euro. Auch *Der Spiegel* wird von der Gates-Stiftung unterstützt – für das Reportageprojekt „Globale Gesellschaft" erhielt das Magazin nach eigenen Angaben insgesamt rund 2,3 Millionen Euro.

Aber nur am Geld kann der Niedergang der Presse nicht liegen. Und auch nicht an der Digitalisierung. Die Einschaltquoten und Aufrufzahlen der Mainstream-Medien und ihrer Webseiten bzw. *Youtube*-Kanäle nehmen immer weiter ab. Große alternative *Youtuber* haben ein größeres Publikum als so mancher Fernsehsender – und im Übrigen keine Sponsoren wie Gates und Co.

Nach meiner Meinung liegt das Erodieren der bisherigen Medien darin begründet, dass das Publikum die faktenfreien Analysen und die immer gleichen "Experten" in irgendwelchen Gesprächsrunden satt hat. Es liegt auch daran, dass Forscher, Kritiker oder echte Experten, die der herrschenden Meinung widersprechen, nicht erwähnt oder gleich als Corona-Leugner verteufelt werden. Und dass Künstler, die sich erlauben, das zu tun, was eigentlich Aufgabe der Medien wäre, nämlich die Regierungsmaßnahmen kritisch zu hinterfragen, in die rechte Ecke gedrängt und zu „Querdenkern" abgestempelt werden. Kurzum: Ich glaube, der Medienkonsument merkt, dass er nicht mehr informiert, sondern manipuliert wird.

Der Leser, Zuhörer oder Zuschauer ist schlau genug, um zu bemerken, dass die Mainstream-Medien ihm seit März 2020 Jahren täglich erzählen, dass Covid-19 eine existenzielle Bedrohung für unser aller Leben und die Regierung daher berechtigt sei, den Menschen ihre Freiheitsrechte, ihre wirtschaftliche Existenz und ihre Privatsphäre zu nehmen, aber dass sie dieses Narrativ nie infrage stellen.

Der Konsument ärgert sich, dass die Themen Kontrolle, Überwachung und Unterdrückung, die mit den Maßnahmen gegen die angebliche Pandemie einhergehen, systematisch ausgeklammert werden – obwohl genau diese Themen den Bürger beunruhigen. Ihm fällt die Liebedienerei gegenüber den im Weltwirtschaftsforum zusammengeschlossenen Multimilliardären auf, allen voran Bill Gates. Der darf zu bester Sendezeit in den *ARD-Tagesthemen* auftreten und sich – mit mehr Sendeminuten als jeder andere – als Philanthrop und Gesundheitsexperte inszenieren und die Impfung der gesamten Weltbevölkerung als alternativlos darstellen. Unbequeme Fragen hat er nicht zu befürchten.

Das ist in der Tat kein Journalismus mehr, sondern Public Relations, also Werbung. Da die Medien sich als Werbeagentur der Regierung begreifen, präsentierten sie natürlich nur die ihnen von der Regierung empfohlenen „Experten" als Verkünder der Wahrheit. Wissenschaftler, die anderer Meinung sind – welchen Sinn soll sonst Wissenschaft haben, wenn sie nicht vom Diskurs lebt – werden nicht beachtet oder verleumdet. Ist einer dieser verfehmten Wissenschaftler zu populär, dann wird auf ihn in den Staatsmedien zur Hetzjagd geblasen und er wird als "Verschwörungsspinner" gebrandmarkt. Ich komme darauf zurück.

Die Macht der Bilder

Aber es werden ja nicht nur Kritiker als „Verschwörungstheoretiker" mundtot gemacht. Was viel schlimmer ist: Die „Leitmedien" setzen bewusst auf Massenpsychologie. Seit dem Ausbruch von Covid-19 in Deutschland zeigen sie immer wieder Bilder von Särgen – mitunter in langen Reihen, in denen man die am Corona-Virus Verstorbenen abtransportiert. Dabei wurden auch alte Filmaufnahmen aus früheren Jahren verwendet – natürlich ohne dies kenntlich zu machen. Ein anderes Beispiel sind die Bilder aus Indien – im April 2021 veröffentlicht – auf denen man sehen kann, wie Menschen reihenweise tot umfallen. Dumm nur, dass auch diese Fotos nicht aktuell waren, sondern beim Chemie-Unfall im südindischen Andhra Pradesh gemacht wurden, als in der Fabrik LG Polymers am 7. Mai 2020 Gas austrat und eben jene fürchterlichen Schicksale verursachte.

Auch die immer wieder gezeigten Aufnahmen der Beatmungsmaschinen auf den Intensivstationen mobilisieren die

Ängste des Betrachters. Untermauert werden diese Bilder durch die bewusste Verwendung besonders Angst einflößender Wortschöpfungen wie „Killervirus" oder „todbringende Seuche". Auch spricht man von einem unvermeidlich zu führenden „Krieg gegen das Virus", von einem „Kampf auf Leben und Tod", in dem wir uns schon bald befinden würden.

Das Nachrichtenmagazin *Der Spiegel* zeigte – um nur ein Beispiel zu nennen – am 21. März auf seinem Titelbild eine große Turnhalle mit leeren Feldbetten, eine Art Lazarett – ein Horrorszenario in düsteren Farben, das Assoziationen von Massenflucht oder Krieg weckt. Die Titelzeile dazu lautete: „Der Kampf hat begonnen – wie gut Deutschlands Kliniken für den Corona-Ansturm gerüstet sind."

Das ist nur ein Beispiel für die Propaganda, die landauf landab betrieben wird. Und der Erfolg dieser Propaganda ist gewaltig: Die einschneidenden Maßnahmen der Regierung stießen in der Bevölkerung Deutschlands auf breite Zustimmung. Eine von den Meinungsforschungsinstituten ermittelte Mehrheit der Bundesbürger hätten sogar gern noch stärkere Einschränkungen gesehen.

Mit der Macht der Bilder und deren Wirkung auf die Einbildungskraft der Menschen befasste sich der französische Wissenschaftler Gustave Le Bon schon vor über hundert Jahren. Adolf Hitler hatte übrigens in seinem Buch „Mein Kampf" ganze Passagen von Le Bon abgeschrieben. Le Bon erkannte, dass sich die große Masse der Menschen am besten durch die Verwendung von wirkungsvollen Bildern beeinflussen lässt, und hob dabei „die Leichtigkeit" hervor, mit der dies praktiziert werden könne.

In seinem Buch „Psychologie der Massen" schrieb er, dass die meisten Menschen „in Bildern denken", weshalb sie sich auch „nur durch Bilder beeinflussen" ließen. „Nur diese schrecken oder verführen sie und werden zu Ursachen ihrer Taten", schrieb er weiter. Als treffendes Beispiel für seine Theorie nannte Le Bon dann „die große Influenza-Epidemie, an der (…) in Paris fünftausend Menschen innerhalb weniger Wochen starben".

Den Tod so vieler Menschen hätte aber damals die Öffentlichkeit kaum wahrgenommen. Auch machte dieser Tod – wie

Le Bon hervorhebt – „auf die Volksphantasie" überhaupt nur einen geringen Eindruck. Den Grund für dieses Verhalten erkannte er vor allem darin, dass es von diesem Massensterben keinerlei eindrucksstarke Bilder gab, die die Menschen hätten erregen können, sondern nur „die täglichen statistischen Berichte".

Die Schilderung Le Bons stimmt genau mit der heutigen Wahrnehmung der jedes Jahr an Influenza sterbenden Menschen überein: Die *Medizinische Universität Wien* meldet weltweit „290.000 bis 650.000 Todesfälle pro Jahr", die ausschließlich „auf Influenza bedingte Atemwegserkrankungen zurückzuführen sind". Im letzten Jahrzehnt gab es nach Angaben des *Robert Koch-Instituts* (RKI) allein in Deutschland mehrfach über 20.000 „Influenza-bedingte Todesfälle" pro Jahr. Nur hat die Öffentlichkeit diese hohen Todesfallzahlen nicht wahrgenommen, weil die in der Berichterstattung der Medien nicht auftauchten. Eine sich wiederholende Präsentation von Bildern mit den Särgen der zahlreichen Opfer fand nicht statt. Kurzum: die Öffentlichkeit sah – wie schon die Pariser Bevölkerung zu Zeiten Le Bons – keinen Anlass für eine besondere Erregung.

Le Bon nennt neben der Beeinflussung durch Bilder noch einen weiteren interessanten Aspekt zur wirksamen Beeinflussung der öffentlichen Meinung: die Wiederholung. Eine in der Öffentlichkeit geäußerte Meinung oder Behauptung hat seiner Ansicht nach „nur dann wirklichen Einfluss, wenn sie ständig wiederholt wird, und zwar möglichst mit denselben Ausdrücken". Das ständig Wiederholte setzt sich „in den tiefen Bereichen des Unbewussten fest, in denen die Ursachen unserer Handlungen verarbeitet werden. Nach einer Zeit, wenn wir vergessen haben, wer der Urheber der wiederholten Behauptung ist, glauben wir schließlich daran".

Die Medien werden zum Handlanger der Regierung, indem sie die Phantasie erregende Bilder und ständige Wiederholungen einsetzen. Le Bon: „Die Kunst, die Einbildungskraft der Massen zu erregen, ist die Kunst, sie zu regieren".

Der Verschwörungs-Mythos

Propaganda – das haben wir gesehen – versucht den Leser, Zuhörer oder Zuschauer durch das Wecken von Ängsten oder Hoffnungen zu manipulieren. Propaganda erschafft aber auch ein klares Freund-Feind-Schema. Es muss ein Feind aufgebaut werden, der angeblich den Staat und seine Bürger gefährdet. Ein Feind, der durch seine Kritik die angebliche Alternativlosigkeit der Regierungsmaßnahmen in Frage stellt und damit den inneren Frieden stört.

Ein Beispiel: Dr. Wolfgang Wodarg, Facharzt für innere Medizin, Pneumologie und Sozialmedizin und Facharzt für Hygiene und Umweltmedizin, löste am Anfang der Corona-Krise mit seiner Kritik an der herrschenden Meinung eine Art Mainstream-Medien-Shitstorm aus. *Spiegel Online* titelte am 20. März 2020 „Die gefährlichen Falschinformationen des Wolfgang Wodarg". Der *Focus* verkündete am selben Tag stolz: „Wolfgang Wodarg – Top-Virologe Drosten zerlegt wirre Corona-These vom Lungenarzt". Der *Nordkurier* warnte einen Tag zuvor vor „Verschwörungstheorien – Die Corona-Parallelgesellschaft". Man beachte die Wortwahl: Wer von uns will „gefährlichen Falschinformationen" auf den Leim gehen? Wer will sich mit „Verschwörungstheorien" identifizieren? Wer hält sich gerne in einer „Parallelgesellschaft" auf oder zieht „wirre Thesen" einem „Top-Virologen" vor? Bei einer solchen Wortwahl geht es um Emotionen, nicht mehr um Fakten und ehrliche Diskussionen.

Und jetzt kommen die öffentlich-rechtlichen – durch Zwangsgebühren finanzierten – Medien ins Spiel. Über sie heißt es im Rundfunk-Staatsvertrag in Paragraph 11, Absatz 2: „Die öffentlich-rechtlichen Rundfunkanstalten haben bei der Erfüllung ihres Auftrags die Grundsätze der Objektivität und Unparteilichkeit der Berichterstattung, die Meinungsvielfalt sowie die Ausgewogenheit ihrer Angebote zu berücksichtigen." Davon kann in der Corona-Berichterstattung keine Rede mehr sein:

Die *Tagesschau* brandmarkt Wodarg als „Verschwörungstheoretiker". Wie dann so ein „Verschwörungstheoretiker" vorgeführt wird, zeigt beispielhaft eine Sendung des ARD-„Nachrichtenmagazins" *Monitor*. Dort wurden dem Flensburger Lungenarzt „fragwürdige Expertisen" und „Vereinfachung" unterstellt, dann wurde die „Verschwörungstheorie" auseinander genommen.

Sehen wir uns einmal genauer an, von wem: Da war zunächst Annetta Kahane, Chefin der Antonio Amadeu-Stiftung – die jährlich mit der stattlichen Summe von 900.000 Euro aus Steuermitteln bezuschusst wird und die Regierung und Menschen im Bereich der politischen Bildung „berät". Kahane arbeitete in der DDR als IM Victoria der Stasi zu. Eine ihrer Mitarbeiterinnen, ausgerechnet die Beauftragte für Hate Speach bei der Amadeu-Stiftung, Julia Schramm twitterte: „Bomber-Harris Flächenbrand – Deutschland wieder Ackerland"; „Sauerkraut Kartoffelbrei – Harris Feuer frei!" oder: „Deutschland ist eine Idee – Deutschland darf getötet werden!". Als nächster Experte trat auf: Professor Dr. Michael Butter. Ein Literaturwissenschaftler, der sich auf Verschwörungstheorien spezialisiert. Butter hat europaweit das Projekt „Compact" gegründet. In diesem Pool sollen Erkenntnisse über Verschwörungstheorien gesammelt und Strategien zu deren Bekämpfung entwickelt werden. Butter hat zum Beispiel die Forschungsarbeit des Schweizer Friedensforschers Dr. Daniele Ganser als „Wissenschaftssimulation" bezeichnet.

Doch die Krönung der Auslese stellte die relativ unbekannte Psychologin Pia Lamberty von der Universität Mainz dar. „Verschwörungstheorien zeichnen sich dadurch aus, dass Menschen glauben, dass es eine dunkle Macht gibt, die im Geheimen Böses tut", hat sie geschrieben. In einem Manuskript kommt Lamberty mit ihrem Ko-Autor Roland Imhoff zu der Schlussfolgerung, dass es eine signifikante Korrelation zwischen der Neigung zu Verschwörungstheorien und der Vorliebe für alternative Medizin gibt. O-Ton Lamberty: „Je stärker die Verschwörungsmentalität einer Person ausgeprägt ist, desto mehr befürwortet diese Person alternative Verfahren und umso mehr lehnt sie konventionelle Heilmethoden wie Impfungen oder Antibiotika ab."

Ein paar Kostproben mögen deutlich machen, warum die Medien und die hinter ihnen stehende Regierung Angst vor den „Verschwörungstheoretikern" hat: Als letztes Jahr die ersten Meldungen über ein „neuartiges Coronavirus" aus China zu uns hinüber schwappten, regten sich Politik und Medien über „rechte Verschwörungstheoretiker" auf, die vor geplanten „Ausgangssperren" warnten. Am 14. März 2020 schrieb *ntv* mit Berufung auf das Bundesgesundheitsministerium: „An Gerüchten, dass auch eine Art landesweite Ausgangssperre bevorstehe, ist nichts dran."

Zwei (!) Tage später wurden dann „Maßnahmen, die es so noch nie gab" beschlossen und führten hierzulande in den ersten Lockdown vom 22. März bis zum 4. Mai. Zu dieser Zeit traten dann sich selbst als «Demokratischer Widerstand» oder «Querdenker» bezeichnende Akteure auf. Sie erzählten angeblich wirre Geschichten, zum Beispiel dass das Grundgesetz nicht mehr gelten werde, und phantasierten von Überwachungs-Apps, die die Regierung und private Firmen planen, um die Mobilität der Leute zu kontrollieren. Die Mainstream-Medien und diverse Politiker hatten dann auch schnell die richtigen Bezeichnungen für solche Spinner: „Corona-Leugner", „Covidioten", „Aluhut-Träger" oder „Schwurbler" bereichern seitdem unsere Sprache.

Sogar Bundeskanzlerin Angela Merkel sah sich veranlasst, diesen Kritikern entgegen zu treten. In ihrer Rede vom 18. März 2020 sagte sie: „Glauben Sie keinen Gerüchten, sondern nur den offiziellen Mitteilungen… Wir sind eine Demokratie. Wir leben nicht von Zwang, sondern von geteiltem Wissen und Mitwirkung. Dies ist eine historische Aufgabe, und sie ist nur gemeinsam zu bewältigen."

Kritik wird bestraft

Damit hat Merkel ganz klar gesagt, was sein darf und was nicht: Den offiziellen Mitteilungen muss geglaubt werden, alles Andere sind „Gerüchte". Und denen, die solche „Gerüchte" verbreiten, droht Unheil.

Die Pressefreiheit ist damit abgeschafft. Pressefreiheit bedeutet, dass Medien frei ihre Meinung sagen dürfen, solange es sich dabei nicht um Volksverhetzung, Verleumdung oder andere explizit per Gesetz verbotene Dinge handelt. Außerdem beinhaltet Pressefreiheit einen besonderen Schutz von Journalisten und vor allem auch von deren Quellen. All dies ist in Deutschland heute nicht mehr gegeben, denn der deutsche Staat geht immer offener und offensiver gegen Kritiker der Regierungspolitik vor.

Das zeigt am anschaulichsten die Geschichte von *KenFM*: Die Medienanstalt Berlin-Brandenburg (MABB) leitete Mitte Februar 2021 ein Verfahren gegen das vom Journalisten Ken Jebsen betriebene Portal *KenFM* ein. Nach Ansicht der MABB erfülle die Webseite nicht die Ansprüche an die journalistische Sorgfaltspflicht. Als Begründung gaben die Zensoren an, zu vier Kommentaren, die auf dem Portal veröffentlicht wurden, müssten die Quellen veröffentlicht werden. Nun muss man wissen, dass Kommentare explizit gekennzeichnete Meinungsäußerungen sind, die laut Grundgesetz durch die Meinungsfreiheit gedeckt sind und grundsätzlich nie Quellen anführen müssen. Trotzdem lieferte *KenFM* zu allen beanstandeten Meinungsäußerungen die Quellen. Die MABB erkannte die Quellen aber nicht an. Der Grund dafür dürfte darin liegen, dass alle von der MABB angemahnten Beiträge Corona-Impfstoffe, Corona-Maßnahmen und Corona-Masken zum Thema haben.

Das weitere Verfahren sieht nach Auskunft der MABB so aus: Sollte *KenFM* keine „neuen und überzeugenden Argumente vorbringen" oder „Anpassungen beziehungsweise Änderungen der Inhalte und Beiträge vornehmen", kann die Landesmedienanstalt bei einem Verstoß „einen förmlichen Bescheid mit den erforderlichen gesetzlichen Maßnahmen" erlassen. Möglich sind eine Beanstandung oder gegebenenfalls „eine Untersagung einzelner Aussagen/Beiträge" auf dem Angebot von *KenFM*. Wenn nötig kann zur Durchsetzung ein Zwangsgeld von bis zu 50.000 Euro festgesetzt werden. Das ist per Definition Zensur, wenn die staatliche Medienaufsicht einem Medium vorschreiben will, was es schreiben darf und was nicht.

DAS ENDE DER VIERTEN GEWALT

Auch der Inlandsgeheimdienst, der in der Bundesrepublik Verfassungsschutz heißt, also die Behörde, deren Aufgaben in der DDR die Stasi und in NS-Deutschland die Gestapo ausgeführt haben, ist inzwischen gegen unliebsame Medien aktiv. Der Verweis auf Stasi und Gestapo ist in der Sache korrekt, denn Stasi und Gestapo hatten die gleiche Aufgabe, wie heute der Verfassungsschutz: Ihren Staat zu schützen.

Der Verfassungsschutz beobachtet zum Beispiel die Journalisten von *RT-Deutsch* und der russischen Nachrichtenseite *SNA* (früher *Sputnik*), sowie „im russischen Sinn handelnde Einzelpersonen". Das betrifft alle Journalisten, die über die russische Sicht auf politische Themen berichten.

Ist das Pressefreiheit, wenn Medien, Journalisten und Blogger vom Inlandsgeheimdienst überwacht werden, bloß weil sie eine andere Meinung darstellen als die der Regierung?

Leider begann diese Entwicklung schon lange vor der angeblichen Pandemie. Vor Corona wurde auf so genannte Klimawandel-Leugner Jagd gemacht oder auf Trump-Befürworter und Putin-Versteher. In einem bemerkenswerten, 22 Seiten langen Interview mit der Webseite *rubikon* hat der ehemalige Professor für Allgemeine Psychologie an der Universität Kiel, Rainer Mausfeld, die Thematik der Manipulation durch die Medien und des Demokratieabbaus aufgegriffen. Mausfeld, der auch Mitglied der Deutschen Akademie der Naturforscher, Leopoldina, ist – die die Bundesregierung berät und der auch Angela Merkels Ehemann angehört – sagt: „Medien dienen grundsätzlich nicht zur Verbreitung der Wahrheit, sondern den politischen und ökonomischen Interessen derjenigen, in deren Besitz sie sind. Zu diesen Interessen kann dann auch gehören, dass Medien sich bei Themen, die an der Peripherie von Machtinteressen liegen, um eine wahrheitsgetreue Berichterstattung bemühen, um in der Bevölkerung die Illusion ihrer Unabhängigkeit und Glaubwürdigkeit zu fördern."

Der Einsatz von „Fake News" ist nach Mausfeld eine sehr effektive Manipulationstechnik. Sie seien „besonders wirksame Methoden, durch die sich im Kopf ein Nebel der Verwirrung erzeugen lässt". Mit einer Fake-News-Strategie lasse sich die für jedes rationale Denken wichtige Unterscheidung von „wahr" und „falsch" so zersetzen, dass intellektuelle Bemühungen, herauszufinden, welche Behauptungen über die gesellschaftliche Welt eigentlich wahr sind, schlicht irrelevant werden. „Es geht dann nicht mehr um Wahrheit, sondern nur noch darum, wer die Macht hat, seinen eigenen Standpunkt zur Wahrheit zu erklären und alles andere als Fake News zu ächten und aus dem Debattenraum auszugrenzen." Propagandakonzepte wie Fake News hätten die Funktion, abweichende Meinungen zu stigmatisieren und zugleich überhaupt unsere Befähigung zu einem rationalen Denken zu zersetzen.

Mausfeld fährt fort: „Übrigens gilt Gleiches für den aktuell wieder besonders beliebten Ausdruck ‚Verschwörungstheoretiker'. In der Sache ist der Ausdruck Verschwörungstheoretiker ohne Sinn – und wer ihn im politischen Kontext verwendet, ohne Verstand. Das ist in diesem Bereich freilich kein Manko, denn hier geht es um Macht. Wie wirksam sich der Ausdruck Verschwörungstheoretiker zum Schutz von Machtverhältnissen verwenden lässt, kann man tagtäglich in politischen Auseinandersetzungen beobachten. Dankenswerterweise offenbaren Medien allein dadurch, dass sie diesen Ausdruck in einem solchen Ausgrenzungssinne verwenden, wie hemmungslos sie sich in den Dienst der Stabilisierung herrschender Machtverhältnisse stellen."

Prominentes Beispiel für diesen Vorgang ist Bestsellerautor Dirk Müller, bekannt auch als „Mister Dax", weil er früher von der Börse berichtete. Müller hatte in seinem 2018 erschienenen Buch „Machtbeben" „die Macht der Plutokraten" analysiert und davon gesprochen, dass wir uns längst „auf dem Weg in die Kleptokratie" befinden, also in eine Gesellschaftsordnung, in der die Diebe und Plünderer das Ruder übernommen haben.

Klar, dass die wirklich Mächtigen und ihre Helfer in der Politik solche Töne nicht gern hören – umso weniger, wenn sich das Buch zu einem der erfolgreichsten politischen Bestseller des Jahres entwickelt hat. Müllers mit hunderten Fußnoten gründlich belegter Text stand seit seinem Erscheinen drei Monate lang ununterbrochen in den Top 10 der Spiegel-

Bestsellerliste. „Höchste Zeit" also, den Mann unter Feuer zu nehmen.

Diesen Job erledigte die *Süddeutsche Zeitung*, wo auf der prominenten Seite 3 ein langer Rufmord-Artikel mit der reißerischen Überschrift: „‚Mr.Dax' und das Geschäft mit der Angst" erschien. Müller erfuhr nach der Artikelveröffentlichung von einem ehemaligen Kollegen, dass die Zeitung im Rahmen ihrer Artikelrecherche bei diesem angerufen hatte und Müllers Ex-Kollegen am Telefon immer wieder dazu bringen wollte, doch zu bestätigen, dass Müller irgendwie „rechts" sei. Dies gelang zwar nicht, dennoch erweckt die Zeitung nun genau diesen Anschein.

Dirk Müller wehrte sich in einer langen Gegendarstellung, die freilich in der *SZ* nicht veröffentlicht wurde, auf seiner Webseite, weil es sich bei dem Artikel um „Rufmord in Reinkultur" handele, „wie ihn derzeit viele kritische Personen in Deutschland erleben".

Der Reporter der *SZ* habe ihn, so Müller, im Interview auf die Besucher seines Vortrags vor 800 Zuhörern angesprochen mit dem Satz „Mir ist aufgefallen, dass unter Ihren Zuschauern viele AfD-Anhänger waren". Als Müller fragte, woran der Reporter dies erkannt haben will, ob diese bedruckte T-Shirts trugen oder Fahnen geschwenkt hätten, meinte dieser „Das war so mein Eindruck." Soweit zu einer sorgfältigen journalistischen Recherche.

Natürlich wird Müller in dem Hetz-Beitrag der Alpen-Prawda auch mit der Keule des „Antisemitismus" geschlagen. In wenigen Sätzen wird er ohne Beleg als „nationalistisch, antiamerikanisch und antisemitisch" diffamiert. Denn er wagte es im Zusammenhang mit dem französischen Präsidenten Emmanuel Macron das Bankhaus Rothschild zu erwähnen (hat der *Spiegel* auch getan... ist der Spiegel etwa antisemitisch?). Wie genau hätte Müller denn das Bankhaus Rothschild benennen sollen, ohne das Wort „Rothschild" zu verwenden? Etwa: „Macron war für das Bankhaus tätig, dessen Name nicht genannt werden darf"!?...

Weiter schrieb der *SZ*-Journalist: „An anderer Stelle taucht, wie aus dem Nichts, der Investor George Soros auf, dessen jüdische Familie die Besetzung Ungarns durch die Nazis überlebt hat… da haben sie, platt gesagt, den nächsten Juden, der ins Spiel kommt."

Müller schreibt in seiner Replik, dass im Buch „Machtbeben" das Wort „Jude" oder „jüdisch" kein einziges Mal vorkommt: „Warum? Weil es mir vollkommen egal ist, wessen religiösen Glaubens jemand ist. Ich beurteile jeden Menschen einzig nach seinen Worten und Taten." Müller fragt, ob denn jeder Mensch jüdischen Glaubens und jede Institution, die von Menschen jüdischen Glaubens geleitet wird, automatisch unfehlbar sind und egal was sie tun, nicht kritisiert und noch nicht einmal erwähnt werden dürfen? Müller in seiner Gegendarstellung: „Aber genau hierin steckt auch die perfide Strategie dieser Leute. Wenn man jemanden nur oft genug mit Dreck bewirft, wird schon etwas hängenbleiben. Man muss eine Lüge nur oft genug wiederholen, dann wird sie geglaubt… wie viele Leser des Artikels der *Süddeutschen* werden in der Zukunft im Hinterkopf haben ‚Müller? Da war doch irgendwas mit Antisemitismus!' So funktioniert Rufmord. Böse, intrigant und wirkungsvoll. So macht man unbequeme Personen tot, wenn die Argumente fehlen."

Müllers Resümee ist bemerkenswert: „Die Medien haben als ‚vierte Gewalt' die Aufgabe, die Eliten und die Politik zu kontrollieren und zu kritisieren. Sie sollen die Bevölkerung gegen Missstände mobilisieren, um so Machtmissbrauch der Eliten verhindern. Wenn ein Teil dieser Medien aber vom Kontrolleur der Macht zum Sprachrohr der Macht wird, dann brechen dunkle Zeiten an, denn von nun an ist dem Machtmissbrauch Tür und Tor geöffnet. Wenn einige dieser Medien aber sogar zur Schlägertruppe der Macht werden und jene Kritiker, die die eigentliche Aufgabe der Medien noch wahrnehmen, verbal niederknüppeln, dann haben wir wahrlich dunkle Zeiten."

Das Beispiel Dirk Müller zeigt, wie Kritiker mundtot gemacht werden. Und es zeigt, wie tief einstige angesehene Medien und ihre Redakteure gesunken sind.

„Haltungsjournalismus"

Doch das ficht die Journalisten, die sich für Regierungs-Propaganda bezahlen lassen, nicht an. Sie machen aus ihrer Tendenz-Berichterstattung einfach eine Tugend, genannt „Haltungsjournalismus". Dass Meinung und Information getrennt werden soll – um den Leser zu informieren und nicht zu manipulieren – interessiert diese „Haltungsjournalisten" nicht mehr. Zur Untermauerung dieses Anspruchs gaben die *Panorama*-Chefin Anja Reschke (*NDR*) und *Monitor*-Moderator Georg Restle (*WDR*) Ende 2018 ihr Buch heraus „Haltung zeigen". Stefan Fries, Redakteur beim regierungsfinanzierten *Deutschlandfunk*, rechtfertigt Haltungsjournalismus damit, dass angeblich „menschenfeindliche" Äußerungen sowie „Hass und Hetze" im öffentlichen Raum zunähmen. Natürlich werden derlei Pauschalurteile nicht hinterfragt. Wichtig ist, dass immer vor einem angeblichen Rechtsruck der Gesellschaft gewarnt wird. Und dass Kollegen, die nicht mitziehen, geschmäht und verleumdet werden.

So zum Beispiel die *Süddeutsche Zeitung* – im Internet als *Alpen Prawda* geschmäht – die in einem Artikel den ehemaligen *Focus*-Korrespondenten in Moskau, Boris Reitschuster, beschuldigte, die Bundespressekonferenz zu kapern und dort ungebührlich kritische Fragen zu stellen, kurzum die Fragestunde „missbrauche, um Propaganda und Verschwörungsmythen zu verbreiten."

Der Ausbau der Staatsmedien

Warum die Mainstream-Medien derart im Gleichschritt marschieren, verwundert nicht, wenn man der Spur des Geldes folgt – was ja immer ratsam erscheint. Das Staatsfernsehen wird seit Jahrzehnten durch Zwangsgebühren finanziert. Das weiß jeder und muss hier nicht näher beschrieben werden. Interessant ist aber, dass nun auch die gedruckten Systemmedien mit Steuergeldern subventioniert werden. Da sind zum einen die Einnahmen aus den von der Regierung (also den Steuerzahlern) bezahlten ganzseitigen Anzeigen, die für verschiedene Regierungsmaßnahmen werben. Und da wird – damit der Bürger die Subvention nicht als solche erkennt – ein Zuschuss für die Zustellung der Zeitungen gewährt.

Das Austragen gedruckter Exemplare vor allem auf dem Land lasse sich kaum noch finanzieren, klagen Deutschlands Zeitungsverleger seit langem. Jetzt sind sie von der Politik erhört worden: Im Haushalt für 2020 sind 40 Millionen Euro für die Förderung der Zeitungszustellung veranschlagt.

Den Grünen geht diese politisch korrekte Förderung offenbar nicht weit genug. Die medienpolitische Sprecherin der Grünen, Margit Stumpp, sagt, auch ihre Fraktion beobachte den Rückgang der Medienvielfalt und der Auflagenzahlen von Zeitungen mit Sorge und teile die Auffassung, dass »Politik und Medienbranche gemeinsam« tragfähige Lösungen für die Zukunft finden müssten. Staatliche Zuschüsse für die Arbeit der Redaktionen? Das sieht auf den ersten Blick nach Förderung von Meinungsvielfalt und Demokratie aus. Auf den zweiten Blick erkennen wir jedoch, dass damit neben den per GEZ zwangsfinanzierten Medien auch die Zeitungen mittels Steuern vollends auf Staatslinie gebracht und dann künstlich am Leben gehalten werden sollen.

Rückbesinnung tut Not

Protest gegen den selbst verschuldeten Niedergang der Medien wegen ihres Gefälligkeitsjournalismus aus der eigenen Branche ist eher selten, aber es gibt sie noch:

Da ist einmal der Medienwissenschaftler Otfried Jarren, bis Ende 2018 Professor am Institut für Kommunikationswissenschaft und Medienforschung der Universität Zürich und Präsident der Eidgenössischen Medienkommission in der Schweiz. Scharf kritisiert er im Pressedienst *epd medien* das öffentlich-rechtliche Fernsehen. Seit Wochen treten immer die gleichen Experten und Politiker auf, die als Krisenmanager präsentiert würden, so Jarren. Dadurch inszeniere das Fernsehen zugleich Bedrohung und exekutive Macht und betreibe „Systemjournalismus". Kritiker blieben außen vor.

Auch der Medienjournalist Andrej Reisin ist entsetzt. Im Portal *Übermedien* kritisiert er, auch in Krisenzeiten sei es nicht die Aufgabe der Medien, den verlängerten Arm der Regierung zu spielen und Kampagnen à la „Wir gegen das Virus" zu inszenieren, wie es etwa die *Tagesschau* in sozialen Medien getan habe.

Im *Deutschlandfunk* forderte die Medienjournalistin Vera Linß, im Zusammenhang mit der Bekämpfung des Coronavirus die Themen Überwachung und Datenschutz stärker in den Fokus zu rücken. Auch Linß bemängelt, dass sich viele Journalisten momentan anscheinend dazu verpflichtet fühlen, die Krisenstrategie ihrer Regierung weitgehend kritiklos zu transportieren – „als eine Art Service-Journalismus".

Den maßgeblichen Anteil am Diebstahl unserer Freiheit und der Zerstörung des bisherigen Lebens hat nicht – wie ich aufzeigen wollte – das Virus, sondern der von den Mainstream-Medien verkörperte Journalismus. Wenn wir also eine Rückbesinnung auf die Freiheiten und Werte wollen, die uns das Grundgesetz verspricht, dann kommen wir nicht darum herum, den Journalismus in seiner jetzigen Form abzuschaffen und ihn wieder an seinen alten Tugenden neu auszurichten.

Aber keine Angst, das ist keine Herkules-Aufgabe. Und schon gar nicht ist es Träumerei oder Utopie. Es ist lediglich der Rückgriff auf das, was Journalismus einmal war. Er beginnt immer mit der Nachricht.

Die Gebrüder Grimm schrieben in ihrem *Deutschen Wörterbuch* eine Nachricht sei eine „mittheilung zum darnachrichten".

Diese Mitteilung ist (oder sollte sein) – wie es Dietz Schwiesau und Josef Ohler in ihrem Lehrbuch definieren – „eine möglichst objektive Mitteilung über ein neues Ereignis, das für die Öffentlichkeit wichtig und interessant ist".

Die amerikanische Soziologin Gaye Tuchman fand bei ihrer Analyse unterschiedlicher Medien fünf übergeordnete Grundsätze, mit denen sich die Regeln von Nachrichtenredaktionen zusammenfassen lassen:

- Objektivität: Gegenüberstellung sich widersprechender Standpunkte,
- Authentizität: Stützung von Aussagen durch Tatsachen,
- Neutralität: Abgrenzung von eigenen und fremden Aussagen,
- Funktionalität: Gliederung in einer bestimmten Anordnung
- Trennung von Nachrichten und Kommentaren.

Nach dem oben Gesagten dürfte klar sein, dass diese Grundsätze derzeit nicht mehr gelten: Von der Gegenüberstellung sich widersprechender Standpunkte ist in den Staatsmedien nichts zu finden. Ebenso wenig werden Aussagen durch Tatsachen belegt. Am schlimmsten aber hat es die Neutralität erwischt. Eigene und fremde Aussagen werden nicht mehr abgegrenzt. Die Nachricht – die eigentlich objektiv sein müsste, gemäß dem ehernen Grundsatz „audiatur et altera pars" („auch die Gegenseite muss gehört werden") – ist vom Kommentar, in dem der Autor seine Meinung darstellt, nicht mehr zu trennen.

Der niederländische Kommunikationswissenschaftler Teun Adrianus van Dijk hat besonders die Glaubwürdigkeit der Nachrichtenquellen hervorgehoben. Nur, wenn die Texte aus einer glaubwürdigen Quelle stammen, dürften sie verwendet werden, fordert er. Dass die Pressestellen von Unternehmen oder Regierungen, auf die sich unsere Staatsmedien berufen, glaubhafte Quellen seien, sagt er nicht.

In allen Journalistenschulen – ich war selbst in zweien nahezu 20 Jahre Dozent – wird gelehrt, dass verschleiernde Begriffe (so genannte Euphemismen oder auch Orwellscher Neusprech) aus der Bürokratensprache oder Propaganda (wie „Freisetzung" für Entlassung, „Preiskorrektur" für Preiserhöhung oder „ethnische Säuberung" für Massenvertreibung) vermieden werden sollten. Dies gilt auch für den Gebrauch von militärischen Wörtern (wie „Krieg gegen das Virus",

„Etappensieg", „Kreuzfeuer" oder „Schützenhilfe") in sachfremden Zusammenhängen. Überhaupt muss vor allem in der Sprache darauf geachtet werden, dass sie nicht diffamiert – womit wir wieder bei den Leugnern, Rechtsradikalen und Volksschädlingen wären.

Das wäre schon einmal ein erster bedeutender Schritt: Der Leser, Zuhörer oder Zuschauer muss klar erkennen können, was eine Nachricht ist – dazu müssen auch klar die Quellen benannt sein – und was ein Kommentar ist, was also die Meinung ausschließlich des Redakteurs ist. Um diese klare Trennung wieder einzuführen, müssen die Journalisten sich selbst disziplinieren und wieder zu ihren alten Tugenden zurückfinden.

Der zweite Aspekt ist: Wie können wir die Medien so organisieren, dass sie wieder neutral berichten (dürfen)? Solange es die öffentlich-rechtlichen Medien noch gibt, müssen sie verpflichtet werden, Paragraph 11, Absatz 2 des Rundfunk-Staatsvertrags einzuhalten. Ich habe ihn oben schon erwähnt, möchte ihn hier aber noch einmal wiederholen. Darin heißt es: „Die öffentlich-rechtlichen Rundfunkanstalten haben bei der Erfüllung ihres Auftrags die Grundsätze der Objektivität und Unparteilichkeit der Berichterstattung, die Meinungsvielfalt sowie die Ausgewogenheit ihrer Angebote zu berücksichtigen."

Aber es sollte sie nicht mehr lange geben, denn durch Zwangsgebühren finanzierte Medien widersprechen einer freien Marktwirtschaft. Als Ersatz wäre das Modell des Public Broadcasting Systems (PBS) in den USA denkbar, das wie die Öffentlich-Rechtlichen in Deutschland einen Bildungsauftrag erfüllt, aber sich rein aus Spenden bzw. Mitgliedschaften finanziert. Neben diesem PBS-Kanal könnten sich wie bisher die unterschiedlichsten Sender etablieren. Die Gefahr, dass nur eine politische Richtung vorherrscht, ist dann nicht gegeben, wenn wirkliche Pressefreiheit herrscht. Selbst im – wie Deutschland – Zensur freudigen Österreich hat ein privater Fernsehsender hohe Einschaltquoten, der die Politik der Regierung offen kritisiert und sogar „Corona-Leugner" zu Wort kommen lässt: *Servus TV*. In den USA konnte ebenfalls der einzig Mainstream-kritische Sender *Fox* hohe Zustimmungsraten erzielen, weil er ausnahmsweise zugunsten Trumps berichtete.

Was die gedruckte Presse betrifft, so finden wir im Zeitschriftenbereich ohnehin schon eine Meinungsvielfalt vor, mit der sich leben lässt: Neben den Mainstream-Medien gibt es zum Beispiel die monatlich erscheinenden Nachrichtenmagazine *Compact* und *Zuerst* oder die wöchentlich erscheinenden Zeitungen *Junge Freiheit*, *Preußische Allgemeine Zeitung* und *Wochenblick* (Österreich). Dazu kommen noch eine Reihe von anderen Zeitschriften, die durchaus alternative Meinungen darstellen wie etwa *Zeitenschrift* (Schweiz), *raum&zeit* oder *Deutsche Geschichte*.

Bei den Tageszeitungen bzw. deren Verlegern hat sich allerdings noch nicht herumgesprochen, dass auch für Regierungs-kritische Publikationen durchaus Bedarf besteht. Hier sind mutige Verleger gefordert, die sich – durchaus auch aus Profitgründen – gegen den Mainstream stellen. Staatliche Subventionen sollten auch hier – wie bei Radio und Fernsehen – abgeschafft werden.

Es muss also nicht in typisch deutscher Manier alles eingerissen und zerstört werden, um wieder eine freie Presse aufzubauen. Eine Rückbesinnung auf das eigene Berufs-Ethos bei den Journalisten, Mut zum Anderssein bei den Verlegern und das Ende des zwangsfinanzierten Radios und Fernsehens würden genügen, um die richtige Richtung einzuschlagen. Dann könnte der Bürger wieder frei wählen, wo er sich informieren will, und es gäbe das, was die Herrschenden uns gegenwärtig verweigern: Pressefreiheit.

Quellen und Anmerkungen:

1) medienwoche.ch 21. April 2020
2) Laut einer Blitz-Umfrage von infratest dimap für den ARD-DeutschlandTrend vom 23. März 2020 befürworteten 95 Prozent der Deutschen die zuvor von der Regierung beschlossenen Kontaktverbote. Nur 3 Prozent der Befragten lehnten diese ab.

3) Im ARD-Text vom 23. März 2020 war zu lesen: „Drei Viertel der Bundesbürger sprechen sich für weitergehende Maßnahmen aus."
4) Le Bon, Gustave: Psychologie der Massen. Hamburg 2009, S. 69.
5) Le Bon, a.a.O., S. 71.
6) ebd.
7) Medizinische Universität Wien: Weltweit bis zu 650.000 Influenza-Todesopfer pro Jahr, 3. Januar 2018.
8) Robert Koch Institut: Bericht zur Epidemiologie der Influenza in Deutschland, Saison 2018/19, S. 46f., Tab. 3, S. 47.
9) Le Bon, Gustave: Psychologie der Massen. Hamburg 2009, S. 118.
10) ebd.
11) Le Bon, a.a.O., S. 72
12) Pia Lamberty/Roland Imhoff: Powerful Pharma and its Marginalized Alternatives? Effects of Individual Differences in Conspiracy Mentality on Attitudes Toward Medical Approaches, Mainz April 2018.
13) https://www.rubikon.news/artikel/der-autoritare-planet
14) Dirk Müller: Machtbeben: Die Welt vor der größten Wirtschaftskrise aller Zeiten. München (Random House) 2018
15) https://www.sueddeutsche.de/wirtschaft/dirk-mueller-aktien-dax-1.4219743?reduced=true
16) https://www.cashkurs.com/beitrag/Post/dirk-mueller-wenn-journalisten-rufmord-begehen-eine-fallstudie-in-eigener-sache/
17) https://www.sueddeutsche.de/wirtschaft/dirk-mueller-aktien-dax-1.4219743?reduced=true

Peter Orzechowski hat nach dem Studium der Germanistik, Geschichte und Politologie die journalistische Laufbahn eingeschlagen. Seit 1978 war er zunächst als Redakteur, dann als Ressortleiter und Chef vom Dienst, später dann als Blattmacher und Chefredakteur tätig. Von 1995 bis 2013 war er außerdem Dozent an der Akademie der Bayerischen Presse in München und an der Akademie für Neue Medien in Kulmbach und hat mehr als 5000 Journalisten ausgebildet. Er schreibt Beiträge meist geopolitischen Inhalts für verschiedene Fachpublikationen und hat über 30 Sachbücher veröffentlicht.

DIE AUSRUFUNG DES DEUTSCHEN REICHES

Der Europäische Bürgerkrieg 1871 – 1945

Von Menno Aden

„Wiedererstehung des Reiches" (Hermann Wislicenus)

DIE AUSRUFUNG DES DEUTSCHEN REICHES

I. Der Europäische Bürgerkrieg

Am 18. Januar 2021 jährte sich zum 150. Male der Tag der Ausrufung des (2.) Deutschen Reiches am 18. Januar 1871. Ehemalige Gymnasiasten werden sich an Livius *Ab urbe condita* Buch XXI erinnern: *In parte operis mei licet mihi praefari bellum maxime omnium memorabile, quae umquam gesta sint, scripturum, quod Hannibale duce Carthaginense cum populo Romano gessere. Diesem Teil meines Werkes möchte ich vorausschicken,... dass ich den Krieg beschreiben werde, der von allen je geführten der denkwürdigste ist, nämlich den, welchen die Karthager unter der Führung Hannibals gegen das römische Volk führten.* Zwischen beiden Ereignissen, dem Zweiten Punischen Krieg (218 - 201 v. Chr.), den Livius hier meint, und der Reichsgründung 1871 gibt es Ähnlichkeiten, die uns Deutschen keine gute Prognose stellen.

Der für uns und wohl noch für viele Generationen der künftigen Weltgeschichte denkwürdigste Krieg war der *Europäische Bürgerkrieg*, der 1945 endete. Nolte, von dem dieser Begriff stammt, datiert diesen auf 1917 - 1945. Der Gedanke, die beiden Weltkriege als Einheit zu sehen, dürfte auf den anscheinend erstmals von de Gaulle und dann Churchill gebrauchten Begriff *Zweiter Dreißigjähriger Krieg* für die beiden Weltkriege zurückgehen.[1] In meinem Buch *Imperium Ameri-*

---

1 Ernst Nolte: Der europäische Bürgerkrieg 1917–1945. Nationalso-

*canum*² trage ich die Theorie des dreigliedrigen Staffelkrieges vor. Darin wird der Gedanke verallgemeinert, indem die in der antiken und modernen Geschichte vielfach vorkommenden Dreiphasenkriege als eine aus drei Staffeln bestehende Einheit zu verstehen sind.³ Folgt man dieser Theorie, dann zeigt sich, dass der denkwürdigste Krieg der Neuzeit, der große Europäische Bürgerkrieg, mit seiner ersten Staffel schon 1870/71 begann und über die beiden Weltkriege 1945 endete. Es träfe auf diesen Staffelkrieg von 1870 - 1945 in besonderem Maße das zu, was Livius in seinem Vorwort weiter sagt: Niemals zuvor trafen stärkere und kriegserfahrenere Parteien auf einander *et adeo varia fortuna belli ancepsque Mars fuit ut propius periculum fuerint qui vicerunt - das Kriegsglück schwankte derartig und der Kriegsgott Mars war so unentschlossen, dass die nahe am Abgrund standen, dann doch Sieger blieben.*

Von aller Welt bewunderte, schier einmalige Taten von Mannesmut, Kampfgeist und strategischem Geschick in allen drei Phasen dieses Staffelkrieges auf deutscher Seite brachten unsere Gegner zwar nahe an den Abgrund, aber sie blieben dann doch Sieger. Hannibal, der als einer größten Strategen der Antike gilt, hat Rom schwere Niederlagen bereitet, zuletzt in der existenzbedrohenden Schlacht bei Cannae (216 v. Chr.). Aber diese Siege haben Karthago nichts genützt. Eher im Gegenteil. Hannibal hätte sofort nach Cannae auf Rom marschieren müssen und es erobern müssen. Aber dafür reichten, wie Mommsen ausführt, Hannibals Kräfte nicht. Der 2. Punische Krieg dauerte nach Cannae noch 15 Jahre und verflachte am

---

zialismus und Bolschewismus. 5. überarb. und erw. Auflage. Herbig Verlag, München 1997, ISBN 3-7766-9003-8. - Der Begriff Zweiter dreißigjähriger Krieg scheint erstmals von de Gaulle in einer Radioansprache 1941 benutzt worden zu sein. Churchill verwendet ihn in einem Brief an Stalin 1944. Siegmund Neumann, hat diesen Begriff in einem 1946 erschienenen Buch historisch - inhaltlich gefüllt.

2 Aden, M. Das Werden des Imperium Americanum und seine zwei hundertjährigen Kriege , Graz 2016, ISBN 978-3902732637

3 Samnitenkriege 3. Punische ; 3 Mithradatische, 3. Makedonische 3. Karnatische; 3 Schlesische , 3 britische Marathonkriege zur Eroberung von Indien 3. Burmesische usw. vgl. Aden aaO S.39 ff

DIE AUSRUFUNG DES DEUTSCHEN REICHES

Ende, ziemlich vergleichbar dem Zug Lettow - Vorbecks in damals Deutsch Ostafrika, zu einem planlosen Herumirren, in welchem der Feldherr zwar unbesiegt blieb, aber nichts mehr ausrichten konnte. Die enorme Überlegenheit der römischen Ressourcen schloss den Endsieg des anfänglichen Siegers aus. Ohne diesen Endsieg führte Cannae aber nur dazu, den Rachedurst Roms anzustacheln. Dieser wurde, nachdem sich das Blatt gewendet hatte, in grausamster Weise ausgelebt. Karthago wurde gequält und völlig erniedrigt. Der glänzende Sieg bei Cannae, die römische Furcht, er könne sich einmal wiederholen, war daher ein wesentlicher Grund dafür, dass Rom Karthago spurlos zerstörte.

Ähnlich der deutsche Sieg bei Sedan (2. 9. 1870). Dieser gilt als Meisterleistung des preußischen Generalstabschefs Helmut v. Moltke und entschied diesen Krieg. Kein halbes Jahr später konnte das 2. Deutsche Reich ausgerufen werden. Aber dieser militärisch glänzende Sieg und die Reichsgründung haben, vom Ende des hier postulierten Staffelkrieges gesehen, uns Deutschen eher geschadet. Bismarck sagte am 13. September 1870 dem Korrespondenten einer englischen Zeitung: *Frankreich wird uns nie verzeihen, dass wir es geschlagen, selbst wenn wir ihm die mildesten Bedingungen von der Welt anböten. Es kann auch Waterloo nicht vergessen und es wird Sedan niemals verzeihen.* [4]

So kam es. Frankreich empfand die Niederlage von 1870 als ungeheure Schmach, geradezu als ein Sakrileg der verachteten Barbaren jenseits des Rheins an ihnen, der würdigsten Nation Europas und damit der Welt. Frankreich bekam 1919 in Versailles die Möglichkeit, sich zu rächen, und es nahm sie in einer Weise wahr, wie es jedenfalls in Europa wohl zuvor nicht geschehen war. Deutschland wurde erniedrigt, wie einst Karthago. 1945 am Ende des dreiphasigen Europäischen Bürgerkrieges, noch einmal und noch niedriger. Deutschland war völlig zerstört. Frankreich aber hatte *gloire & grandeur* und England sein Empire verloren.

---

[4] Zitiert nach: Pochinger, H. v. (Hrgb) Fürst Bismarck – Neue Tischgespräche, 2. Aufl. 1895, S. 251; 257

II. Wozu?

Der *Europäische Bürgerkrieg* hätte, so kann fast mit Sicherheit gesagt werden, nicht stattgefunden, wenn wir Deutschen uns mit der nach 1648 entstandenen und in den Napoleonischen Kriegen bestätigten Lage abgefunden hätten, ein politisch nichtiges Volk zu sein. Draufhatte es sich vor 1870 anscheinend auch eingerichtete. Wer zeitgenössische Äußerungen darauf durchsieht, bekommt den Eindruck, dass die Reichsgründung kaum Widerhall in deutschen Landen fand. Ich habe z. B. Briefe Theodor Fontanes nach dem 18. Januar 1871 einmal darauf durchgesehen. Die Gründung des Deutschen Reiches wird überhaupt nicht erwähnt. König Wilhelm von Preußen, nun Kaiser, schrieb nach dem „Kaiserakt" in „moroser" Stimmung einen fast elegischen Brief an seine Frau, dass er und auch sie sich ja nun leider an diesen neuen Titel gewöhnen müssten. Viele Deutsche hatten anscheinend gar kein besonderes Interesse an einem neuen Deutschen Reich. Man liebte die Franzosen nicht, aber man hätte sich wie die Elsässer kaum dagegen gewehrt, von ihnen kulturell aufgesogen zu werden. Die Rheinlande von Köln bis Baden fühlten, Spitze auf Knopf, wohl eher französisch als deutsch. Der Großherzog von Hessen ließ wissen, dass er den Franzosen gerne Mainz überlassen würde, wenn sie ihm dafür die Preußen vom Halse schaffen würden. Bayern und Sachsen neigten nach Österreich, und was so dazwischenlag, „souveräne" Staaten wie Schwarzburg-Rudolstadt, Reuß jüngere und ältere Linie usw. hätten am liebsten alles so gelassen wie es war. Deutschland hatte sich nach 1648 politisch aufgegeben. Empört, aber ergeben nahmen wir die Annexion des Elsass, von Straßburg, und die Wegnahme Lothringens hin. Im sogenannten Pfälzischen Erbfolgekrieg verheerten französische Truppen die Rheinlande, aber man nahm es hin. Im Frieden von Lunéville (1801) trat der deutsche Kaiser das linke Rheinufer an Frankreich ab – und kein Protest erhob sich. Das Problem war Preußen. Dieses stand der französischen Ostpolitik (= Gewinnung der Rheingrenze und Vorherrschaft in Kleindeutschland) seit jeher im Wege. Schon der Große

DIE AUSRUFUNG DES DEUTSCHEN REICHES

Kurfürst von Brandenburg hatte sich im 17. Jahrhundert in Zwei – und Dreifrontenkriegen, in denen Frankreich den Dirigentenstab führte, der drohenden Vernichtung seines Staates erwehren müssen. Friedrich der Große stand 1756 gegen eine Koalition, welche nicht die Rückeroberung Schlesiens, sondern die Vernichtung Preußens offen als Kriegsziel offen benannte hatte.

Frankreichs Ziel, Deutschland politisch und kulturell zu vernichten war in dem 20 - jährigen Krieg Frankreichs (1793 Besetzung von Mainz – 1815 in Waterloo) fast erreicht geworden. Das linke Rheinufer und Norddeutschland bis einschließlich Lübeck waren annektiert und zu französischem Staatsgebet erklärt worden. Der Rest verteilte sich auf die Rheinbundstaaten.

Ganz Deutschland war französisch geworden.

III. Preußen und Deutschland zwischen den zwei Mächten

Preußen stand in der Gefahr, von seinen mächtigen Nachbarn, Frankreich im Westen und Russland im Osten, zerquetscht zu werden. Am Willen, das zu tun, hatte es bei beiden, wie die Geschichte lehrte, nicht gefehlt.

Frankreich war auch immer bereit gewesen, sich mit der östlichen Macht zu verbünden, um gegen Deutschland eine zweite Front aufzubauen. Vor 1680 ermunterte es den türkischen Sultan, zu Wien erobern wollten, um zeitgleich im Westen Straßburg zu erobern. Lothringen mit Nancy war dem deutschen Reich durch über ein kompliziertes diplomatisches Geschäft zwischen Frankeich und Russland entwunden worden. Nach Napoleons Siegen über Deutschland hatte Zar Alexander I. entgegen den Erwartungen, war er doch rein deutscher Herkunft, ganz Deutschland einschließlich Preußens den Franzosen überlassen.

Russland hatte sich seit Peter d. Großen stetig in die kulturell deutschen baltischen Länder vorgeschoben. Das zwar nicht zum deutschen Reich gehörende aber deutsche Herzogtum Kurland wurde um 1740 schleichend annektiert. Im Siebenjährigen Krieg hatte Zarin Elisabeth sich Ostpreußen genommen und sich dort huldigen lassen. Das zerrissene und schwache Deutsche Reich hatte all dem wortlos zusehen müssen. Die rasante Expansion des russischen Reiches im 18. und 19. Jahrhundert in alle Richtungen ließ weiteres befürchten. Nur die geeinte Kraft Deutschlands gab die Möglichkeit, etwaigen Übergriffen Russlands entgegentreten.

IV. Preußens Schwäche

Während England, Frankreich und Russland die Welt unter sich verteilten, lebte Preußen in einer provinziellen Enge, zehrte von dem Mythos Friedrichs d. Großen und der Siege über Napoleon und hielt sich ich für stärker als es war. Konservative Altpreußen, eigentlich auch König Wilhelm, der spätere Kaiser, hielten nicht allzu viel von dem Gedanken der deutschen Einheit. Bismarck war einer der wenigen, die wussten, wie schwach Preußen im Vergleich zu den Mächten wirklich war. Er war zwar niemals in Übersee aber bildlich gesprochen, er wusste, wo Amerika lag und er wusste was in der Welt außerhalb Europas vor sich ging. Die von Bismarck betriebene Einigung der deutschen Stämme war daher weniger dem Streben nach einer preußisch - deutschen Großmachtstellung als der Überzeugung geschuldet, dass Preußen und das deutsche Volk insgesamt unter dem Damoklesschwert standen, dass die Großmächten links des Rheins und rechts der Memel sich zu einem Bündnis vereinigen würden, dem Preußen allenfalls dann würde standhalten können, wenn es sich auf ein Deutsches Reich stützen könnt, vielleicht nicht einmal dann. Immer wieder, etwa In Gesprächen und Briefen mit Baltendeutschen wird diese Furcht des angeblich so Eisernen Kanzlers deutlich.[5]

---

5 Eggers, Alexander (Hrgb). Baltische Briefe – Deutsche Bibliothk Berlin o.J aber nach 1902.

V. Napoleon III. und die deutschen Einheit

Nachdem Sieg über Österreich (1866) hatte Bismarck den Norddeutschen Bund (1867), zustande gebracht, eine erkennbare Vorstufe zu der 1871 erfolgte Reichseinigung. Noch aber fehlten die Süddeutschen. Hierzu sagte Bismarck am 14. Dezember 1868 zu dem Redakteur der Süddeutschen Presse: Deutschland kann noch weniger als in Italien eine rasche Unifikation vertragen. Italien wurde heute stärker sein, als es ist, wenn es den Süden der Halbinsel nicht sogleich mit dem Norden vereinigt hätte. Das lasse sich in noch höherem Grade auf Deutschland anwenden. Die Einigung Deutschlands dürfen nicht von Anfang an dem Keim einer unheilbaren Feindschaft zwischen dem Süden und dem Norden in sich tragen. Der Süden müsse aus freiem Entschluss zum Norden kommen, und wenn es dazu 30 Jahre brauche. In einem Gespräch vom 26. Mai 1869 mit dem Berliner Korrespondenten des *New York Herald* sagte er zu dem Thema: *Wir werden niemals einen Druck ausüben, um diese 8 Millionen anzuschließen, wenn sie nicht selbst den Wunsch zu erkennen geben. Im Falle eines Krieges werden wir gemeinschaftlich mit ihnen kämpfen; oder wenn es anders kommen sollte, ohne sie.*[6]

Das konnte man auch in Paris lesen. Die deutsche Einheit drohte, aber sie war noch zu verhindern. Napoleon III. musste den Krieg gegen Preußen wünschen, um den Deutschen den Wunsch nach Einheit auszutreiben. Ihn leiteten dieselben Gründe, die auch Zar Nikolaus II 1914 den Krieg gegen Deutschland beginnen ließ. Nach einer Serie von Misserfolgen - für Napoleon III. das Debakel in Mexiko für Nikolaus II. der verlorene Krieg mit Japan (1905/06), sollte der wankende Thron durch einen siegreichen Krieg wieder gefestigt werden. Die spanische Kandidatur des Hohenzollernprinzen aus Sigmaringen wurde daher als Kriegsgrund gegen Preußen aufgebauscht. Auch als diese angesichts der französischen Kriegsdrohungen vom Tisch war, bohrte Frankreich weiter und forderte von Preußen, dass man nie wieder der

---

6 Zitiert nach: Pochinger, H. v. (Hrgb) Fürst Bismarck – Neue Tischgespräche, 2. Aufl. 1895,S. 251; 257

Thronkandidatur einen Hohenzoller zustimmen werde.

Bismarck hatte den Krieg mit Frankreich allem Anschein nach nicht gewünscht, ihn aber für politisch notwendig gehalten.

Jetzt war der Zeitpunkt günstig! Wann, wenn nicht jetzt? Th. Mommsen schreibt in seiner Römischen Geschichte (Buch III, Kap.IV) mit Blick auf Karthago.

Wenn einem schwächeren Staat ein *gewisser, aber derzeit nach unbestimmter Vernichtungskrieg bevorsteht, werden die klügeren, entschlosseneren Männer den unvermeidlichen Kampf zu günstiger Stunde aufnehmen und so die politische Defensive durch die strategische Offensive verdecken.*

Bismarck hat mit der Umschreibung der königlichen Pressemitteilung aus Ems zur berühmten *Emser Depesche* Frankreich eine Falle gestellt, die zur Kriegserklärung Frankreichs führte. Die Emser Depesche war eigentlich ein *Va – Banque-Spiel.* Bismarck wusste, dass eine Koalition von Russland und England und vermutlich auch Österreich drohte, die Frankreich zur Hilfe kommen würde, um die Einigung Deutschlands, also die Entstehung eines neuen großen Machtblocks in Europa zu verhindern. Dieser Koalition hätten Preußen und auch ein geeintes Deutschland nicht standhalten können. Das hatte bereits der Wiener Kongress gezeigt, aus welchem Preußen und Deutschland, die Hauptgeschädigten der Napoleonischen Kriege und (Mit-) Sieger von Leipzig und Waterloo (1813 bzw. 1815), als Düpierte hervorgegangen waren, während das besiegte Frankreich sich (neben England und Russland) als Schiedsrichter über die *querelles allemandes* aufspielen konnte.

Aber jetzt, eigentlich nur jetzt, war es wahrscheinlich, dass Russland stillhalten würde. Der Krimkrieg (1855) zwischen Russland und Frankreich/ England, lag noch nicht lange zurück. Die Beziehungen zwischen König Wilhelm I. und Zar Alexander II. - sie waren Vettern - waren persönlich und freundschaftlich. Hätte der Zar allerdings gewusst, dass dieser Krieg kein preußischer, sondern ein deutscher Krieg zur Gründung eines neuen Deutschen Reiches werden würde, ist zweifelhaft, ob der Zar stillgehalten hätte. Zehn Jahre später unter Zar Alexander III. (1881 bis 1894), der unter dem Einfluss seiner dänischen und wegen des Krieges von 1864 stark gegen Preußen eingenommenen Frau die Machterweiterung Preußens schwerlich geduldet. Bismarcks Drängen nach dem Sieg bei Sedan, den Krieg so schnell wie möglich zu beenden, und bevor er noch eigentlich ganz beendet war, am 18. Januar 1871 Fakten zu schaffen, beruhte auf demselben Grunde, mit dem er fast unter Tränen 1866 seinen König angefleht hatte, es mit Sieg bei Königgrätz genug sein zu lassen und schnellstens Frieden zu machen. Bismarck wusste, dass alle Mächte bereit standen, „ihre guten Dienste" anzubieten. Das war die diplomatische Umschreibung dafür, dass sie eine Veränderung Machtverhältnisse in Mitteleuropa infolge eines um ganzen Deutschlands vergrößerten Preußen verhindern würden. Bismarck 1870 hat die Gunst der Stunde erfasst und Glück gehabt.

Deutschland stand 1871 als Sieger da. Aber nicht lange. Es trat ein, was Bismarck noch während des Krieges am 29. August 1870 zu dem Korrespondenten einer englischen Zeitung sagte: „Sie sagen, Frankreich werde uns fürchterlich hassen, wenn wir ihm seine beiden Festungen (=Straßburg und Metz) nehmen und es werde stets suchen, sich an uns zu rächen. Das gebe ich zu. Aber es steht fest, die Franzosen sind schon jetzt so wütend auf uns, dass sie sich auf alle mögliche Weise an uns zu rächen versuchen werden."

So geschah es.

VI. Deutschland - die ungeübte Großmacht

Mehrfach wurde gesagt und immer wieder beobachtet, dass, um ein hohes Amt zu erringen, ganz andere die Fähigkeiten erfordert als die, es auch sachgerecht auszufüllen. Nicht immer treffen beide zusammen. Überträgt man diese Einsicht auf das neue Deutsche Reich und auch auf den von Bismarck selbst, ergeben sich folgende Überlegungen. Zweifellos war Bismarck einer der fähigsten Politiker, Preußen und auch Deutschland seit langen vorzuweisen hatten. In der deutschen Geschichte findet man eigentlich kaum seinesgleichen. Frankreich, England und eingeschränkt auch Russland konnten 1870 aber eine ganze Reihe von Staatsmännern namhaft machen, deren Bedeutung für ihr Land jedenfalls nicht geringer ist als die Bismarcks für Deutschland. Staatsmänner wie Richelieu, Mazarin, um nur diese zu nennen, finden sich in deutschen Landen nicht. Männer von der Statur eines William Pitt, Disraeli, um nur diese beiden zu nennen, sucht man in der deutschen Geschichte vergebens. Die gewaltigen Ausmaße des russischen Reiches und seine seit Iwan Grosnyj im 16. Jhdt. hartnäckig verfolgte Großraum- und Expansionspolitik hatten in Russland ein politisches Denken erzeugt, welches den deutschen Staaten fremd sein musste, und dem nach ehesten vergleichbaren Österreich. Mit dem 18. Januar 1871 waren Deutschland und sein nunmehrige Reichskanzler Bismarck aber in sehr viel größere Verhältnisse getreten. Bismarck musste sich nun nicht mehr mit Menschen die dem württembergischen oder sächsischen Ministerpräsidenten Varnbühler bzw. Beust messen, sondern mit Männern, welche wie der englische Premierminister über ein Weltreich regierten oder französischen Politikern, denen das Bewusstsein, die bedeutendste Nation Europas und damit der Welt zu lenken, mit der Geburt eingegeben war. Der preußische König war nun nicht mehr nur Kollege des Königs von Dänemark, Württemberg usw., sondern er hatte nicht nur den Titel, sondern auch die Bedeutung eines Kaisers. Mit dieser plötzlichen Rangerhöhung wurde Deutschland überfordert, wie jemand, der eine Klasse überspringt, und in dem neuen Umfeld noch nicht richtig weiß, ob er wirklich dazugehört. Entsprechend linkisch pflegt man sich dann zu verhalten, man tappst in eine Falle, die einem die nicht immer wohlwollenden Kollegen stellen, und bei dem Versuch, sich aus diesen zu befreien, begeht man neue Fehler, die dann weitere Missgeschicke nach sich ziehen. So etwa wird man die Geschichte der deutschen Diplomatie zwischen 1871 und 1914 zusammenfassen können.

VII. Die Orientkrise 1876 als Vorbote des 1. Weltkrieges

Das galt anscheinend auch für Bismarck. Seine Entlassung (1890) durch den jugendlichen Kaiser Wilhelm II. hat Bismarck tief verletzt. Zu fragen ist jedoch, ob diese Entlassung nicht zu seinem Glück erfolgte. Die nun folgenden diplomatischen Niederlagen, die das Deutsche Reiches hinnehmen musste, gingen nun nicht mehr auf sein Konto. Hätte er sie vermeiden können? Die Frage, ob Bismarck der neuen Rolle als Kanzler des neben Russland nun wichtigsten Staates in Europa gewachsen war, stellt sich im Zusammenhang mit dem Berliner Kongress von 1876.

Diese Orientkrise 1876 war die erste größere internationale Staatsaffäre, in welche das Deutsche Reich hineingezogen wurde. In dieser Orientkrise wollte Russland offenbar erzwingen, erstens Beherrschung des Balkan und zweitens die Kontrolle über die Meerengen Bosporus und Dardanellen. Österreich wollte dem ersten, England und Frankreich aber besonders dem zweiten Ziel Widerstand leisten. Das Deutsche Reich hatte, wie Bismarck mehrfach betont hatte, dabei keine wesentlichen Interessen.

Preußen/Deutschland hatte den Krieg 1870/71 nur gewinnen können, weil Russland Preußen nicht in den Rücken fiel. Die 1876/77 zwischen Deutschland und Russland ausgetauschten Korrespondenzen und diplomatischen Noten und Vermerke vermitteln jedenfalls den Eindruck, dass Russland dem Deutschen Reich nun die Rechnung für 1870/71 zu präsentierte. Am 25. Februar 1878 notiert der deutsche Außenminister v. Bülow nach einem Gespräch mit dem russischen Botschafter in Berlin (Große Politik, S. 195 f): *Russland hoffe. auf die Hülfe Deutschlands.*[7] Eine Parteinahme des Deutschen Reiches für Russland würde es Österreich erschweren, an den freundschaftlicheren Beziehungen zu Deutschland festzuhalten. Das bedeutete im Klartext: Wenn Deutschland Russland zu weit entgegenkommt, treibt es Österreich in die Arme

---

7 Vgl. Brief des deutschen Staatssekretärs im Auswärtigen Amt v. Bülow an den deutschen Botschafter in London v. 4. Januar 1876 in Große Politik, Bd. I Nr 277

Frankreichs und verdirbt es zugleich mit England. Aber Russland nicht zu helfen, würde Russland in die ausgestreckten Arme des Frankreichs treiben.[8] Das Deutsche Reich war in einer Falle. Der bis dahin so listenreiche Bismarck war an die Grenzen seines „Lateins" gekommen. Bismarck hatte am 14. August 1876 in einem Vermerk niedergelegt:

Ich betrachte es als gefährlich für die Stellung Deutschlands, wenn jetzt ein Kongress stattfindet. An Deutschland würde der Anspruch herantreten, das Schiedsrichteramt zu übernehmen, das Undankbarste, was uns zufallen kann; und da wir nicht geneigt sein können, von Hause aus fest und rücksichtslos eine der beiden Parteien zu ergreifen und festzuhalten, so hätten wir die beste Aussicht, dass unsere drei Freunde, Russland, Österreich, England den Kongress in übler Stimmung für uns verließen, weil keine von uns unterstützt worden, wie er es erwartete. [9]

Gortschakow hatte das, was Bismarck befürchtete, offenbar bewusst gefördert. Er sagte (FN 9 Bd I, S. 196): Er lege keinen Wert auf den Vorsitz in der Konferenz und lehne Wien nur aus wahrer Liebe zu Österreich als Konferenzort ab. Es sei möglich, dass der Kongress Russland in seinen Resultaten nicht befriedigen werde: wenn der Kongress dann in Wien gehalten sei, so werde das russische Nationalgefühl das Österreich nachtragen. Bezogen auf Berlin: Es war offenbar das Ziel des stark zu Frankreich hinneigenden Gortschakow, das russische Nationalgefühl das Deutschland nachtragen werde. Und das wurde auch erreicht. Diese Falle schnappte zu, als Bismarck, von allen Seiten gedrängt, den geforderten Kongress nach Berlin einberief und zwangsläufig dessen Vorsitz zu übernahm. Bismarck nahm nicht für Russland Partei. . Damit begann, wie andernorts dargelegt werden kann, die stetige Verschlechterung der deutsch-russischen Verhältnisse bis zum Krieg 1914.

Deutschland hatte nach 1871 diplomatisch eigentlich keine frohe Stunde mehr, und das lag nicht an Kaiser Wilhelm

---

8 Bismarcks Schreiben v. 14. August an den Staatsekretär v. Bülow; Große Politik Bd II, S. 31 ff
9 Die große Politik der Europäischen Kabinette 1871 – 1914 Bände 1 – 6. Im Auftrage des Auswärtigen Amtes. Hrgb. Von Johannes Lepsius u.a. Berlin 1922, Bd I, 32 f

II. Auch der als genialer 3. Nachfolger Bismarcks angesehene Reichskanzler Bernhard v. Bülow könnte trotz seine herrlichen Französischkenntnisse nicht die Gründung der gegen Deutschland gerichteten *Entente – Cordiale* mit England, die dann zur *Triple – Allianz* mit Russland erweitert wurde, nicht verhindern. Diese aber war die diplomatische Hauptplattform, um Deutschland vorzuführen und die Stimmung zu erzeugen, in welcher 1914 der Ersten Weltkrieg ausbrach. Es ist auch bei Deutschen beliebt, die deutschen diplomatischen Ungeschicklichkeiten und die verbalen Verirrungen von Kaiser Wilhelm II. in das zum Ersten Weltkrieg führende Motivbündel einzuflechten. [10] Das aber liegt fern. Nach der *Daily – Telegraph – Affäre* 1908, also sechs Jahre vor Kriegsausbruch, hat der Kaiser sich kaum noch in der ihm vorgeworfenen Weise geäußert.

VIII. Der Erste Weltkrieg

Den weltweiten Ressourcen, über die das auf Rache gestimmte Frankreich aus eigener Kraft und mithilfe seiner gegen Deutschland in Stellung gebrachten Verbündeten 1914 und 1939 verfügen konnte, war Deutschland nicht gewachsen. Wir hätten 1914 nach Kriegsausbruch ohne Rücksicht auf Verluste sofort Paris ein nehmen müssen und 1940 nach Dünkirchen sofort nachsetzen und in England landen müssen. Aber dazu fehlten uns, wie seinerzeit Hannibal nach Cannae, Kräfte oder auch Kühnheit. Nachdem dieser kairos vorüber war, wirkte sich die Ressourcenüberlegenheit der Gegner immer deutlicher aus.

Die Hoffnung, auf einen Schlag den Sieg durch die Einnahme von Paris zu erzwingen, war nicht abwegig. Als 1914 der Krieg ausbrach, hatte Deutschland aber seit fast 50 Jahren keinen Krieg mehr geführt. Der praktisch völlig unerfahrene deutsche Heerführer v. Moltke , ein Neffe des Siegers von Sedan, traf in der Marne Schlacht 1914 auf Marschall Joseph

---

10 Krügerdepesche, Panthersprung nach Agadir, Pekingeinsatz der europäischen Staaten, Platz an der Sonne Gerede usw.

Joffre und Sir John French, zwei Generäle, die in vielen Kolonialkriegen, mit denen England und Frankreich die damals noch nicht verteilte Welt an sich gebracht hatten, kriegserfahren waren. Sie wussten, dass eine Truppe unter wirklichem Feuer anders reagiert als im Manöver. Deutschland konnte den 1914 ausgebrochenen Krieg nur durch einen raschen Zugriff, wie er Hannibal bei Cannae gelungen war, das feindliche Herr zu entmutigen. Das wäre vermutlich gelungen, wenn Deutschland sich nicht gleichzeitig in der Schlacht an den Masurischen Seen vom 6. bis 14. September 1914 gegen Russland hätte wehren müssen. Nach dem vermutlich durch mangelnde Kühnheit verschenkten Sieg in der Marne Schlacht war der Krieg für uns verloren, kaum dass er begonnen hatte. Denn einen langen Zweifrontenkrieg, der sich zum Drei- und Vierfronten Krieg ausweitete konnte Deutschland mit seinen schwachen Ressourcen gegen die weltbeherrschenden Kolonialmächte nicht durchstehen.

1919 erhielt Frankreich die Gelegenheit zur Rache - und es hat diese weidlich genutzt. Clemenceau wollte mit den Worten von John Maynard Keynes einen Karthago-Frieden. 1919 veröffentlichte er *Economic Consequences of the Peace* – die wirtschaftlichen Folgen des Friedens. Er schreibt: *Clemenceaus Ziel war, Deutschland mit allen denkbaren Mitteln zu schwächen und zu vernichten ... Wenn die Finanzleute Lust hatten, dem Vertrage sehr hohe Forderungen einzuverleiben, mochten sie das tun. Aber die Befriedigung dieser Forderungen durfte dem Karthagofrieden nicht in den Weg treten.* [11] Solche Eindrücke waren auch sonst verbreitet. Am 16. Juni 1921 notiert Graf Kessler in sein Tagebuch von einem Gespräch mit dem italienischen Ministerpräsidenten Nitti: *Frankreich will nicht die Wiedergutmachung, sondern die Desorganisation Deutschlands aus Furcht vor einem militärischen Wiedererstarken Deutschlands* .

---

11 Aden, M Deutsche und Franzosen, Eckartschrift Nr. 234 Wien, 2018, ISBN 978-3-902350-71-8, S. 31 f

DIE AUSRUFUNG DES DEUTSCHEN REICHES

IX. Die dritte und letzte Staffel

Wie sich Karthago nach der Niederlage im Zweiten Punischen überraschend schnell erholt hatte, so auch Deutschland, insbesondere nach 1933 unter einer Regierung, die wirtschaftspolitisch zu ähnlichen Methoden griff wie die USA im allseits gerühmten New-Deal, auch was die Achtung von Recht und Gerichten angeht. Sehr bald sah sich die deutsche Führung derselben Koalition wie im Ersten Weltkrieg gegenüber. Sie wusste, dass die Mächte Rüstungen betrieben, die zumal in der UdSSR jenseits des eigentlich Vorstellbaren waren, und die sich, wie die Dinge lagen, eigentlich nur gegen Deutschland richten konnten. Der 1939 regierende deutsche Reichskanzler wird ungeachtet seiner oft hervorgetretenen rechtsfeindlichen Gesinnung und seiner Verbrechen, als genialer Politiker gesehen. Es ist daher zu vermuten, dass er diese Entwicklungen mit Sorge sah und richtig würdigte. Die politische Korrektheit verbietet es uns Deutschen aber, das mit Blick auf den 2. Weltkrieg zu vertiefen.

X. Die Weltkriege im Orient und in Ostasien

Die Ausweitung der Weltkriege auf das Osmanische Reich, die Eroberung von dessen nahöstlichen Öllagerstätten durch von England, USA und Frankreich sowie die Ausweitung des 2. Weltkrieges auf Ostasien ist hier nicht zu vertiefen. [12]

---

[12] *Die Zerschlagung des Osmanischen Reiches nach dem Ersten Weltkrieg 1919 und ihre Folgen.* In Deutsche Geschichte, Sonderausgabe 4/2018 S. 108 ff

Ergebnis

Zweck der Reichsgründung 1871 war es, Preußen und Deutschland gegen Übergriffe der Nachbarn in West und Ost zu sichern. Dagegen richtete sich der von Frankreich an Preußen erklärte Krieg 1870/71.

Dieser wurde von Deutschland gewonnen. Der deutsche Sieg führte in Frankreich zu grimmigen Rachegelüsten. Es schmiedete Allianzen (Entente Cordiale; Tripel- Entente) zum Rachekrieg. Das gelang auch auf dem Hintergrund einer oft stümperhaften deutschen Diplomatie.

Den gleichzeitig an zwei Fronten gegen kriegserfahrene französische und englische Heerführer zu führenden Kampf hätte Deutschland nur mit Entscheidungsschlacht von der Art wie Cannae (216 v. Chr.) gewinnen können. Einen längeren Krieg konnte Deutschland aufgrund seiner beschränkten Ressourcen nicht gewinnen. Frankreich bekam seine Rache.

Aus demselben Grunde des Ressourcenmangels konnte auch der 2. Weltkrieg trotz größter militärische Erfolge zu Beginn von uns nicht gewonnen werden. Der Sieg über England (Dünkirchen) und Frankreich (1940) kam zwar in seiner Wucht einer Schlacht bei Cannae gleich, dem Zweifrontenkrieg gegen England / USA und UdSSR waren wir nicht mehr gewachsen.

Am Ende dieses *bellum maxime omnium memorabile* war Deutschlands Macht und Ansehen noch hinter die in der Zeit vor 1870 gefallen. War die Gründung des Deutschen Reiches diesen Krieg wert? Was ist von der Reichsgründung am 18. Januar 1871 geblieben? Finis Germaniae.

Bismarck am 14. Dezember 1868 zu Julius Fröbel: *Alles Menschliche ist an sich nur provisorisch.*[13]

---

13 Fußnote 2 : Tischgespräche, S. 253

DIE AUSRUFUNG DES DEUTSCHEN REICHES

Der Verfasser, Dr. jur. Menno Aden, geb. 1942, verheiratet, fünf Kinder ‚Wirtschaftsjurist. Nach Tätigkeiten in der Wirtschaft war der Verfasser zuletzt Präsident des Oberkirchenrates Schwerin, dann bis 2007 Professor an einer Fachhochschule. Zahlreiche Vorlesungen und Experteneinsätze im Ausland. Viele juristische und andere Publikationen zeigen Adens fachübergreifende Vielseitigkeit, die sich in seinen zahlreichen Veröffentlichungen niederschlägt. In unserem Haus hat er 2014 die Studie »DEUTSCHE FÜRSTEN auf fremden Thronen – Das europäische Netzwerk des Hochadels bis 1914« veröffentlicht. Eine erweiterte Neuauflage ist in Vorbereitung.

Die Wehrmachtgerichtsbarkeit

... im Lichte empirischer Studien

Von Martin Pfeiffer

Militärgericht der Wehrmacht

DIE WEHRMACHTGERICHTSBARKEIT

Einleitung

Wenn heutzutage in der Öffentlichkeit über die Wehrmacht im Allgemeinen und deren Gerichtsbarkeit im Besonderen diskutiert wird, dann tauchen in der Regel Begriffe wie „Hitlers Soldaten" oder „Rassekrieger" bzw. „Terrorjustiz" oder „Blutgerichtsbarkeit" auf. Während bis in die 1980er Jahre – mitbeeinflusst durch das Wirken der Vertreter der Erlebnisgeneration im öffentlichen Raum – das Narrativ von der „sauberen Wehrmacht" und den weitgehend „unpolitischen Soldaten" als quasi „Staat in Hitlers Staat" in deutschen Landen vorherrschte, wandelte sich dieses Bild mit dem allmählichen Abtreten der Zeitzeugen und dem Paradigmenwechsel in Bezug auf die Rolle des deutschen Soldaten im Zweiten Weltkrieg. Sein Wirken, sprich seine militärische Leistung, wurde fortan nicht mehr großteils losgelöst von der politischen Führung und deren Zielen betrachtet, sondern vielmehr als wesentlicher Teil des Monstrums Hitler und damit als dessen Erfüllungsgehilfe. Nicht zufällig waren Filme und andere Veröffentlichungen über die Wehrmachtsoldaten mit „Hitlers Krieger" oder „Hitlers willige Vollstrecker" betitelt.

Dabei wurde besonders auf den Russlandfeldzug verwiesen, der ja ganz offiziell von der NS-Führung als „Weltanschauungskrieg" angesehen wurde. So verwundert es auch nicht, dass in den 1990er Jahren erstmals die sog. Wehrmachtausstellung, die schon mit der Überschrift „Vernichtungskrieg. Verbrechen der Wehrmacht 1941 bis 1944" für heftige Diskussionen und bei ihrer Präsentation in der BRD und in Österreich für Aufsehen sorgte, ihren Fokus auf den Ostfeldzug legte. Obwohl der vom Hamburger Institut für Sozialforschung (HIS) unter Jan Philipp Reemtsma zusammengestellten Ausstellung zahlreiche Fälschungen nachgewiesen wurden, ging man kurz nach der Jahrtausendwende damit erneut auf Wanderschaft. Man hatte lediglich einige Korrekturen vorgenommen. Die Saat ging auf. Es wurde vom „Ende der Legende der sauberen Wehrmacht" gesprochen. Am polemischsten reagierte 1999 Schröders Kulturminister Michael Naumann, der die Wehrmacht als „marschierendes Schlachthaus" und „Tötungsmaschine" bezeichnete.

Auch die Justiz änderte allmählich ihre Rechtsprechung durch eine neue Beihilfe-Konstruktion bei KZ-Prozessen. Hierbei wurde die Verurteilung wegen Beihilfe zum Mord möglich, ohne konkret nachweisen zu müssen, dass der Angeklagte an einzelnen Mordtaten direkt beteiligt war. Das Landgericht München II schrieb dabei Geschichte, als es 2011 im Prozess gegen den 91jährigen Ukrainer John Demjanjuk zum ersten Mal einen (ausländischen) KZ-Aufseher wegen Beihilfe zum Mord verurteilte, obwohl kein konkreter Tatnachweis möglich war. 2015 wurde schließlich im Fall Gröning genauso verfahren. Der damals 94jährige ehemalige „Buchhalter von Auschwitz" wurde wegen Beihilfe zum Mord am 300.000 Menschen (!) zu einer Freiheitsstrafe ohne Bewährung verurteilt. Der Bundesgerichtshof (BGH) segnete diese Judikatur durch einen Beschluss im Spätsommer 2016 ab.

Auch wenn dieser neue Weg in der Judikatur grundsätzlich nicht den Wehrmachtsoldaten betraf, so hatte er doch mittelbar Auswirkung auf das Bild des deutschen Soldaten des Zweiten Weltkriegs, weil mittlerweile nahezu alle Uniformträger der damaligen Zeit als zumindest kleine Rädchen im Getriebe des NS-Systems angesehen und folglich kriminalisiert werden. Und selbst der einfache Wehrmachtsoldat

DIE WEHRMACHTGERICHTSBARKEIT

wird inzwischen mit dem Vorwurf konfrontiert, sein Kampf an der Front habe „dazu beigetragen, dass das Morden im Hinterland verlängert werden konnte". Mit dem nunmehrigen Abtreten der letzten Vertreter der Kriegsgeneration, die als Waffenträger diese Zeit erlebten, verschwinden auch die Zeitzeugen und damit die Stimmen, die als Betroffene dieser Entwicklung etwas entgegensetzen können. Demnach stünde eigentlich einer Historisierung dieser Epoche nichts im Wege. Dies würde bedeuten, dieser Zeit nüchtern, also sine ira et studio, entgegenzutreten und nur die Fakten sprich Quellen sprechen zu lassen – für Wissenschaftler normalerweise eine Selbstverständlichkeit.

Doch wie emotional aufgeladen die Causa Wehrmachtgerichtsbarkeit immer noch ist, beweisen Äußerungen von Betroffenen und Wissenschaftlern gleichermaßen. Da tauchen dann sogar in Werken mit wissenschaftlichem Anspruch Ausdrücke wie „Blutgerichtsbarkeit" oder „Blutrichter" auf. Wie problematisch eine Pauschalisierung dieser Gerichtsbarkeit ist, zeigt die Tatsache, dass bei einer Zahl von mindestens 700.000 Kriegsgerichtsverfahren – diese Schätzung machte der ehemalige Militärrichter Univ.-Prof. Erich Schwinge, während der Publizist Fritz Wüllner sogar von drei bis vier Millionen Verfahren sprach – die Komplexität der Materie auf der Hand liegt und somit eine differenzierte Auseinandersetzung mit dieser Problematik unumgänglich ist.

Annäherungsversuch an die Wirklichkeit

Der Autor unternahm daher vor einigen Jahren im Rahmen einer rechtswissenschaftlichen Dissertation[1] den Versuch, etwas mehr Licht ins Dunkel dieser Causa zu bringen. Dies bedeutete, ad fontes zu gehen, also zu den Quellen, sprich einen Teil der Entscheidungen von Kriegsgerichten der deutschen Wehrmacht auszuwerten. Hierbei handelt es sich in erster Linie um Feldurteile, aber auch Strafverfügungen, die man heute in etwa mit Strafbefehlen in Amtsgerichtsverfahren vergleichen kann. Strafverfügungen konnten allein vom

Gerichtsherrn schriftlich und ohne öffentliche Verhandlung erlassen werden, wobei das Strafmaß drei bzw. ab 1942 sechs Monate nicht überschreiten durfte.

Wehrmachtakten gibt es in Archiven in deutschen Landen in Hülle und Fülle. Auch wenn sie teilweise nur noch als sog. Handakten existieren, weil ein großer Teil der Originale durch den Bombenangriff auf Potsdam am 14. April 1945 im dortigen – 1936 gegründeten und aus dem Reichsarchiv ausgegliederten – Heeresarchiv verbrannt ist. Auf der Internetseite des Bundesarchivs (Freiburg) ist demnach auch zu lesen, „Unterlagen der zentralen Dienststellen der Wehrmacht und der Heeresführung, der Dienststellen und der Truppen des Heeres unterhalb der Divisionsebene sowie der Luftwaffe und der Waffen-SS" seien „weitgehend verlorengegangen". Verschont blieb somit nur der Aktenbestand, der bis Kriegsende nicht nach Potsdam überführt oder andernorts ausgelagert worden war.

Der Verfasser sichtete zum Zwecke seiner wissenschaftlichen Studien den umfangreichen Aktenbestand des Staatsarchivs in Wien in Bezug auf Dokumente die deutsche Wehrmacht betreffend. Denn dort lagern unzählige Unterlagen, insbesondere Kriegsgerichtsentscheidungen. Die Dissertation verfolgte primär das Ziel festzustellen, ob das Narrativ von der „verbrecherischen Wehrmachtjustiz" deutlich in den Entscheidungen der Feldurteile erkennbar ist. Denn wenn es stimmen sollte, dass die Kriegsgerichte der Wehrmacht überwiegend ungerechte, überharte, ideologisch motivierte, ja sogar menschenverachtende Urteile gefällt haben sollen, dann müsste sich doch diese Art der „Rechtsprechung" unverkennbar wie ein roter Faden durch die Entscheidungen gezogen haben.

Um also den behaupteten Unrechtscharakter der Wehrmachtgerichtsbarkeit dokumentieren zu können, war es vonnöten, eine Reihe von Kriegsgerichtsentscheidungen zu analysieren. Dabei suchte der Autor nicht gezielt nach bestimmten Einheiten, um seine These bestätigt oder widerlegt zu bekommen, sondern griff sich willkürlich Akten eines Großverbandes heraus. Darüber hinaus war es ihm wichtig, zwischen Front- und Hinterlandtruppe zu differenzieren. Es galt also, auch herauszuarbeiten, ob die Urteilspraxis in der Etappe genauso hart war wie dort, wo sich das blutige Gefecht abspielte. Durch diesen Vergleich sollten mögliche Unterschiede sowohl bei den angeklagten Delikten als auch bei der Strafbemessung erkennbar werden. Ein weiteres Ansinnen war auch, die juristische Qualität der geprüften Kriegsgerichtsentscheidungen unter die Lupe zu nehmen. Insgesamt ging es darum, im Rahmen einer umfassenden Analyse Dutzender Fälle – von Feldurteilen und Strafverfügungen gleichermaßen – herauszuarbeiten, ob nach Untersuchung dieses kleinen Segments zumindest die Negativaussage dergestalt zwingend ist, dass die These von der „Blutjustiz" in diesem Bereich keinen oder jedenfalls kaum Niederschlag findet.

Natürlich ist es unzulässig, auf Grund der Überprüfung Dutzender, Hunderter oder gar weniger Tausender Feldurteile zu dem Schluss zu kommen, die Wehrmachtjustiz sei in toto verbrecherisch oder überwiegend frei von Fehlurteilen gewesen. Denn angesichts von zumindest weit über einer halben Million Militärgerichtsverfahren wäre eine derartige Verallgemeinerung unzulässig, weil das bearbeitete Segment nicht repräsentativ wäre. Hingegen ist es zulässig, deduktiv vor- und von der These der „verbrecherischen Wehrmachtjustiz" auszugehen und diese dann anhand des ausgewerteten Materials zu überprüfen. Sollte nämlich das negative Pauschalurteil stimmen, müsste sich die behauptete Justizpraxis bei einem Großteil der gefällten Entscheidungen widerspiegeln. Um das bejahen oder verneinen zu können, genügt es schon, wenige Dutzend Kriegsgerichtsentscheidungen heranzuziehen und zu untersuchen.

So prüfte der Verfasser 40 Entscheidungen des (Feldkriegs-)Gerichts der 3. Gebirgsdivision als Fronttruppe und 38 der Standortkommandantur Kroatien als Hinterlandtruppe. Korrekt bezeichnet hieß die bei der Standortkommandantur Kroatien in Agram (Zagreb) angesiedelte Justizstelle „Gericht des Befehlshabers der deutschen Truppen in Kroatien" bzw. „Gericht des deutschen Bevollmächtigten Generals in Kroatien", wenn es um Strafverfügungen ging. Letztere konnte (der in Braunau geborene) General Edmund Glaise-Horstenau allein erlassen.

Die 3. Gebirgsdivision wurde ausgewählt, weil es sich um einen typischen Kampfverband handelte, der immer Frontkontakt hatte, und deren Akten vollständig im Österreichischen Staatsarchiv vorhanden sind. Von den 16 Kartons (pro Karton max. 25 Akten), in denen die Feldurteile und Strafverfügungen dieses Großverbandes liegen, wurden nicht gezielt bestimmte Kartons oder gar einzelne Urteile herausgesucht, sondern einfach die ersten vier Behälter zur Hand genommen und ausgewertet. Es fand demnach keine Vorselektion statt. So handelt es sich vorwiegend um Entscheidungen zu Angehörigen des Gebirgsjägerregiments 138 bzw. mit diesem verbundenen Einheiten, deren Soldaten zum großen Teil Steirer waren.

Die Standortkommandantur Kroatien hingegen war eine typische Truppe, die in der Etappe eingesetzt war. Kroatien war ein mit dem Deutschen Reich verbündeter Staat, der vor 1945 kaum Frontberührung hatte, in dem es aber rege Partisanentätigkeit gab. Die deutschen Soldaten dort waren zur Sicherung, Ausbildung und als Verbindungsglied zu den Wehrmachteinheiten am restlichen Balkan eingesetzt. Sie waren – landsmannschaftlich gesehen – unterschiedlicher Herkunft, überwiegend sog. Reichsdeutsche. Im Staatsarchiv gibt es zur Standortkommandantur Kroatien nur vier Kartons mit Kriegsgerichtsentscheidungen, und zwar aus den Jahren 1943/44. Doch aus Datenschutzgründen bekam man lediglich 38 Fälle (sog. 100-Jahre-Regel). All diese wurden für den Bereich der Etappe ausgewertet. Im Gegensatz dazu betrug der Untersuchungszeitraum bei der 3. Gebirgsdivision die gesamte Dauer des Krieges. So gibt es diesbezüglich Urteile von Herbst 1939 bis Frühjahr 1945.

Problematik Bewertungsmaßstab

Bei der Analyse der Urteile (und Strafverfügungen) stellte sich zuerst die Frage, welcher Bewertungsmaßstab heranzuziehen sei. Dabei wurde folgende Vorgehensweise gewählt:

DIE WEHRMACHTGERICHTSBARKEIT

Als ersten Schritt gab es die Prüfung, ob der Sachverhalt grundsätzlich die Verurteilung nach dem angeklagten Delikt rechtfertigte, also ob einerseits die richtige (damals bestehende) Strafrechtsnorm herangezogen und andererseits diese korrekt angewendet wurde (sog. Subsumtion). Ferner war zu klären, ob die Strafbemessung passte, was in die Rubrik Angemessenheit fällt. In einem weiteren Schritt folgte die Untersuchung, ob selbst bei Verwirklichung des Tatbestandes sog. offensichtliches Unrecht vorlag, weil etwa die anzuwendende Verfahrensvorschrift oder das betreffende Strafgesetz allgemein gültigen Normen wie etwa denen des Völkerrechts widersprach. Andernfalls würde man bei der Beurteilung der Rechtmäßigkeit der Kriegsgerichtsentscheidungen allein auf die Einhaltung der seinerzeit gültigen Rechtsvorschriften abstellen, also rein rechtspositivistisch argumentieren, obwohl es sich damals um ein totalitäres Staatswesen handelte, dessen Führung Gesetze jeder Art erlassen konnte.

Als typisches NS-Unrecht („originär nationalsozialistische Rechtsvorschriften") zählt zum Beispiel im Militärstrafrecht die Kriegssonderstrafrechtsverordnung (KSSVO), bei der bei fast allen Delikten als Rechtsfolge zwingend die Todesstrafe vorgesehen war – etwa beim Straftatbestand Spionage (§ 2) oder Freischärlerei (§ 3). Beim Delikt Wehrkraftzersetzung (§ 5) mussten grundsätzlich auch bereits kleine Verstöße mit dem Tode bestraft werden. Eine Ausnahme gestattet nur Absatz 2, der bei Annahme eines minder schweren Falls eine Freiheitsstrafe von mindestens fünf Jahren vorsah. Dazu kam, dass neue unbestimmte Rechtsbegriffe wie „gesundes Volksempfinden" eingeführt und alte Rechtsgrundsätze wie das Rückwirkungs- und Analogieverbot im Jahre 1935 bzw. im Krieg dann solche wie die der Bestimmtheit einer Norm und der Verhältnismäßigkeit zwischen Tat und Strafe schrittweise ausgehebelt wurden. Aus all diesen Gründen muss man aus rechtsstaatlicher Sicht die KSSVO zweifellos als „offensichtliches Unrecht" bezeichnen.

Nun mag eingewendet werden, dass die Feldgerichte damals verpflichtet waren, das seinerzeit geltende Recht anzuwenden und schließlich umzusetzen. Denn auch in der DDR hätten die Grenzsoldaten den Schießbefehl ausführen müssen. Ungeachtet dessen können solche Normen aus heutiger Sicht nicht als rechtsstaatskonform und folglich verbindlich betrachtet werden. Auch wenn der Krieg einen Ausnahmezustand darstellt und in diesem besondere Gesetze gelten, muss es stets Schranken geben, die niemals fallen dürfen. Hier kann man von ewig gültigen und unveränderlichen Recht(sgrundsätz)en sprechen, die über geschriebenem Recht stehen. Es geht sozusagen um ethische Prinzipien. Zu bedenken ist ferner, dass auch im Zweiten Weltkrieg für Deutschland die Haager Landkriegsordnung, die damals geltende Genfer Konvention und die Regeln des allgemeinen Völkerrechts zwingendes Recht waren, es also auch im NS-Staat internationale Normen gab, die zu beachten waren (sog. ius cogens).

Bei der Frage des Bewertungsmaßstabs ließ sich der Autor auch von höchstrichterlichen Entscheidungen leiten, und zwar denen des Bundesverfassungsgerichts (BVerfG) und des Bundessozialgerichts (BSG). Beide hatten sich in finanziellen Fragen mit Normen aus der NS- bzw. DDR-Zeit beschäftigen müssen und verwarfen dabei die Rechtsgültigkeit bestimmter Vorschriften, die sie als „offensichtliches Unrecht" ansahen. Andernfalls wäre es zu einer sog. „Perpetuierung gesetzlichen Unrechts" gekommen. Dabei bezog sich das Karlsruher Gericht schon 1957 auf den Rechtsphilosophen Gustav Radbruch und betonte, „dass unter der nationalsozialistischen Gewaltherrschaft Gesetze mit einem solchen Maße von Ungerechtigkeit und Gemeinschädlichkeit erlassen worden sind, dass ihnen jede Geltung als Recht abgesprochen werden muss".

Schwer zu beurteilen war auch die Frage, inwieweit die Wehrmachtrichter als unabhängig anzusehen waren. Durch die kurz vor Kriegsbeginn in Kraft getretene Kriegsstrafverfahrensordnung (KStVO) wurden ihnen verhältnismäßig viel Freiheit und Flexibilität eingeräumt. Von den erkennenden Richtern blieb zumindest der Verhandlungsleiter, der grundsätzlich ein richterlicher Militärjustizbeamter war und damit die Befähigung zum Richteramt hatte, weisungsfrei. § 7 Abs.

DIE WEHRMACHTGERICHTSBARKEIT

2 Satz 1 KStVO gewährte ihm nämlich (nur!) in seiner Funktion als „Richter im erkennenden Gericht" Weisungsunabhängigkeit. Bei den beiden Beisitzern, die Soldaten waren, war das unklar, weil es dazu keine klaren Vorschriften gab.

Ein weiteres Problem bei der Beurteilung der Frage der Unabhängigkeit des erkennenden Gerichts war die Tatsache, dass das gefällte Urteil erst durch die Bestätigung des Gerichtsherrn in Rechtskraft erwuchs und damit vollstreckbar wurde. Zuvor jedoch hatte dieser grundsätzlich den Verurteilten durch einen richterlichen Militärjustizbeamten oder Offizier schriftlich darüber vernehmen zu lassen, ob bzw. welche Einwendungen jener gegen das gefällte Urteil habe. Verweigerte der Gerichtsherr seine Zustimmung, hatte der ihm vorgesetzte Befehlshaber darüber zu entscheiden. Selbst aufheben konnte der Gerichtsherr damit den Richterspruch nicht. Auch durfte er nicht vor Fällung des Urteils darauf Einfluss nehmen, etwa Vorgaben machen.

Rechtsmittel gab es nicht, lediglich das vom Gerichtsherrn durchgeführte Nachprüfungsverfahren, das mit der Urteilsbestätigung oder -aufhebung durch dessen Vorgesetzten, den Befehlshaber, endete, kann als neuerliche Form der Beurteilung des Falles angesehen werden, das in der Regel unter Hinzuziehung eines Juristen erfolgte, der zum jeweiligen Fall ein Rechtsgutachten erstellte und damit maßgeblich die Entscheidung des Gerichtsherrn beeinflussen konnte.

Im vorliegenden Fall formulierte der Verfasser demnach bei der Prüfung eines Feldurteils folgende Frage: War der vorliegende Richterspruch – unter Einbeziehung der Bestätigungs- oder Aufhebungsentscheidung – nach damaligem nationalen Recht, das durch offensichtliches Unrecht bereinigt und an – auch für den NS-Staat zwingend geltenden – völkerrechtlichen Bestimmungen gemessen wurde, korrekt?

Auswertung von Akten der 3. Gebirgsdivision

Zuerst wurden 40 Gerichtsentscheidungen der 3. Gebirgsdivision untersucht. Bei diesem Großverband dienten fast ausschließlich österreichische Soldaten. Die Tatorte reichten vom Reichsgebiet im Jahre 1939 über Skandinavien und die Sowjetunion (zuerst Heeresgruppe Nord, dann Süd) bis hin nach Rumänien und in die Slowakei, als ab 1944 der Rückzug nach Westen erfolgte. Dabei wurden in den genannten 40 Fällen 53 Straftaten festgestellt.

Deren Gros waren Vermögensdelikte. Diese Entscheidungen unterteilten sich in 25 Feldurteile, gefällt durch jeweils drei Richter, nämlich den Vorsitzenden und zwei Beisitzer, und 15 Strafverfügungen, die allein der Gerichtsherr nach Anhörung des Betroffenen rein schriftlich und ohne Gerichtsverhandlung erließ. Konkret erfolgten in den 25 Urteilen neun Bestrafungen wegen militärischen Diebstahls bzw. militärischer Unterschlagung. Auch bei den 15 Delikten, die durch Strafverfügung sanktioniert wurden, dominierten neun vermögensrechtliche, und zwar militärischer Diebstahl, militärische Unterschlagung, Mundraub und Plünderung.

Am zweithäufigsten, insgesamt neunmal, herrschte der Deliktskomplex der Befehlsverweigerung vor, unter den die Straftaten Gehorsamsverweigerung und Ungehorsam zu zählen sind. Sämtliche Entscheidungen erfolgten durch Feldurteil.

An dritter Stelle rangiert die Straftat der unerlaubten Entfernung. Hierbei handelte es sich quasi um eine mildere Form der Fahnenflucht. Denn diese lag vorlag, wenn der Betreffende mehr als sieben Tage in der Heimat oder über drei Tage an der Front der Truppe ferngeblieben war. Während bei letzterer der Wille zur dauerhaften Entfernung von der Truppe vorliegen musste, wurde bei ersterer lediglich auf die reine (nicht genehmigte) Abwesenheit (nur für eine relativ kurze Zeit) abgestellt.

So war es möglich, dass jemand trotz mehrwöchiger Abwesenheit von seiner Einheit nur wegen unerlaubter Entfernung verurteilt wurde, weil ihm die Absicht der dauerhaften Entziehung vom Wehrdienst nicht nachzuweisen war. Hier hatten die Feldgerichte einen recht großen Spielraum bei der Klärung des subjektiven Tatbestandes, also ob sich der Angeklagte nur zeitweilig entfernen wollte oder für immer. Gab es dazu keine Zeugen(aussagen), die dessen Absicht dokumentierten, lag es im Ermessen des Gerichts, den damaligen Willen des Soldaten zu ergründen.

Der Verfasser machte beim Aktenstudium die Erfahrung, dass in allen Fällen die Richter stets die mildere Variante annahmen und erklärten, man habe dem Angeklagten nicht nachweisen können, dass er sich dauerhaft von der Truppe habe entfernen wollen. Wenn es sich also bei der Masse der Wehrmachtrichter um sog. Blutrichter gehandelt hätte, wäre es für sie ein Leichtes gewesen, bei Überschreitung der Abwesenheitsfrist von sieben bzw. drei Tagen wegen Fahnenflucht zu verurteilen. Denn die Absicht des dauerhaften Entfernens kann man dann dem Angeklagten relativ einfach unterstellen.

Beachtlich bei der Sanktionierung dieser Fälle, von denen es vier unter den 40 untersuchten Gerichtsentscheidungen gab, ist, dass es dazu nicht etwa vier Feldurteile gab, sondern nur zwei; die anderen beiden Entscheidungen wurden nämlich per Strafverfügung erlassen. Dies zeigt, dass der Gerichtsherr in den letzteren Varianten den Unrechtsgehalt dieser Taten für so gering erachtete, dass er keine Hauptverhandlung anberaumen ließ, sondern selbst schriftlich und damit milde bestrafte. Denn bei den (erst 1939 eingeführten) Strafverfügungen durften nicht mehr als drei, nach einer Novellierung 1942 nicht mehr als sechs Monate Freiheitsstrafe verhängt werden. Das läßt den Schluß zu, dass im Bereich der 3. Gebirgsdivision, zumindest bei den ausgewerteten Fällen, die Straftat der unerlaubten Entfernung – immerhin eine Vorstufe zur todeswürdigen Desertion – eher als Bagatelldelikt betrachtet wurde.

Überraschend milde Strafen

In diesem Zusammenhang liegt es nahe, dem Umgang der Wehrmachtgerichte mit Straftaten gegen die Disziplin bzw. „Manneszucht" (damalige Schreibweise auch „Mannszucht") im weitesten Sinne, und zwar Gehorsamsverweigerung, Ungehorsam, unerlaubte Entfernung, unbefugtes Tragen von Auszeichnungen und Plünderung, besondere Beachtung zu schenken, zumal in der veröffentlichten Meinung die Wehrmachtjustiz zunehmend als angeblich „verlängerter Arm des NS-Regimes" gegen straffällig gewordene Soldaten angesehen wird. Dazu nachfolgend einige Fälle, die so gar nicht in das etablierte Horrorbild von der blutrünstigen Wehrmachtgerichtsbarkeit passen:

Zu Beginn des Jahres 1945 wurde ein Wachtmeister wegen Gehorsamsverweigerung mittels Feldurteil mit gerade einmal sechs Wochen geschärftem Arrest bedacht, wobei die Strafvollstreckung vom Gerichtsherrn vollständig zur (Front-) Bewährung ausgesetzt wurde. In diesem Fall war wohl die Alkoholisierung als Ursache des strafbaren Verhaltens entscheidend für die milde Strafe, sodass die Tat als einmalige Verfehlung betrachtet wurde.

Ein weiterer Fall mit moderater Sanktionierung einer schweren Disziplinverletzung war der eines Obergefreiten, der während seiner Stationierung in Graz im Frühjahr 1944 trotz Ausgangsbeschränkung die Kaserne unerlaubt verlassen hatte und erst 58 Stunden später wieder zurückgekehrt war, sodass eine unerlaubte Entfernung vorlag. Per Strafverfügung erhielt er nur vier Wochen geschärften Arrest. In Anbetracht eines Strafrahmens von bis zu zehn Jahren muss die Verhängung einer Arreststrafe nur knapp zehn Monate vor Kriegsende als milde Sanktion angesehen werden. Dabei hatte er lediglich zwei Wochen im Strafvollstreckungszug der Division zu verbüßen.

Ähnlich gelagert war der Fall eines Kanoniers, der Ende Juni 1944 in der Obersteiermark vor Abmarsch seiner Einheit an die Front diese ohne Erlaubnis verlassen hatte, da er sich bei Bauern noch mit Verpflegung eindecken wollte. Nachdem er bei seiner Rückkehr die Truppe nicht mehr vorgefunden hatte, marschierte er in Richtung Graz, wo er nach drei Tagen im Gelände aufgegriffen wurde. Er wurde deshalb Ende 1944 wegen unerlaubter Entfernung per Strafverfügung mit nur sechs Monaten Gefängnis bestraft, wobei er lediglich einen Monat im Strafvollstreckungszug der Division Dienst tun musste.

Und wie hätte eine im Sold des NS-Regimes willfährige Wehrmachtjustiz angesichts dieses Sachverhalts wohl reagiert? Sie hätte eine Desertion konstruiert und nach einem Kriegsverfahren ein hartes Urteil – bis hin zur Todesstrafe wegen Fahnenflucht – gefällt! In der oben beschriebenen Causa entschied jedoch der Gerichtsherr, von einer Anklage vor dem Kriegsgericht abzusehen und statt dessen die Sanktion selbst, nämlich in Form einer Strafverfügung, durchzuführen.

Ein weiteres Beispiel für ein besonders mildes Feldurteil war der Prozess gegen einen Obergefreiten an der Ostfront Ende November 1943, der nach einem erfolglosen Angriff zurücklief, dann als versprengter Soldat bei einer anderen Einheit landete und erst nach anderthalb Wochen zu seinem Truppenteil zurückkehrte. Für die begangene unerlaubte Entfernung wurde er mit gerade einmal drei Monaten Gefängnis bestraft.

Ebenfalls besondere Milde erfuhr ein bei einer Schneeräumkompanie tätiger Feldwebel im Januar 1945, der wegen Ungehorsams lediglich zu sechs Monaten Festungshaft verurteilt wurde, nachdem er beim Rückzug wegen Befehlsverweigerung fahrlässig den Verlust von Pferden und Lastkraftwagen verursacht hatte. Da die Tat im Felde begangen worden war, hätte das Gericht auch auf Todesstrafe oder Zuchthaus erkennen können; dies unterblieb jedoch, weil man von einem einmaligen „Ausrutscher" ausging. Und all dies spielte sich nur wenige Monate vor Kriegsende ab!

Auch äußerst moderat war das Strafmaß für einen Obergefreiten 1941 für eine fahrlässig begangene Gefangenenbefreiung, bei der ein zum Tode Verurteilter entkam. Der verantwortliche Soldat erhielt gerade einmal drei Monate Gefängnis, wobei die Tat per Strafverfügung sanktioniert wurde. Hätte es sich um einen „übereifrigen" Gerichtsherrn gehandelt, dann wäre es auf Grund des Sachverhalts problemlos möglich, ja auch juristisch vertretbar gewesen, den Vorsatz zu bejahen und damit dem Angeklagten zu unterstellen, er habe es zumindest billigend in Kauf genommen, dass der Todeskandidat entweicht. Denn der Obergefreite war nicht nur bei der Bewachung sehr nachlässig und ungeschickt, sondern auch bei der darauffolgenden Suche nach dem Entwichenen sehr langsam, was durchaus als gewollte Hilfe hätte gedeutet werden können. Folglich hing die Beurteilung der subjektiven Tatseite von der Einschätzung des Gerichtsherrn ab, der schließlich von einer Anklage absah und die Sache „auf dem kurzen Dienstweg" mittels Strafverfügung regelte.

Zu guter Letzt sei noch auf eine Entscheidung mit einem sehr milden Strafmaß hingewiesen, die im Herbst 1944 erging. Damals war gegen zwei Soldaten wegen Plünderung und Sachhehlerei ein Verfahren eingeleitet worden, das schließlich durch Strafverfügung und somit eine äußerst moderate Strafe, nämlich drei Monate Gefängnis, endete. Wenn man bedenkt, dass der Strafrahmen der Plünderung, die einem der beiden Soldaten vorgeworfen wurde, von Gefängnis oder Festungshaft bis – bei einem besonders schweren Fall – Zuchthaus oder Todesstrafe reichte, war es überraschend, dass die verwirklichten Delikte ohne ein Kriegsgerichtsverfahren sanktioniert wurden.

Die Auswertung der Fälle ergab eine weitere Überraschung. Es konnte nämlich in puncto Verurteilung keine Tendenz zu härteren Strafen mit zunehmender Nähe zum Kriegsende hin festgestellt werden. So seien neben der oben angeführten Entscheidung aus dem Jahre 1945 noch zwei andere aus den letzten Kriegsmonaten genannt, wo das Gericht besondere Milde walten ließ: Es verurteilte einen Soldaten wegen Gehorsamsverweigerung zu sechs Wochen geschärftem Stubenarrest und erließ gegen einen Unteroffizier wegen Plünderung eine Strafverfügung, die drei Monate Gefängnis zum Inhalt hatte.

Andererseits hatte ein Soldat wegen Gehorsamsverweigerung im Herbst 1939 sechs Monate Gefängnis bekommen. Im Jahre 1940 hatte ein Soldat wegen Ungehorsams sogar zwei Jahre Gefängnis erhalten. Dieser kleine Ausschnitt aus Delikten jedenfalls erlaubt für das untersuchte Gebiet nicht den Schluß, dass Feldkriegsgerichte gegen Ende des Krieges durchwegs härtere Urteile bei Verstößen gegen die Disziplin bzw. „Manneszucht" fällten.

In diesem Zusammenhang muss aber betont werden, dass es bei dieser oben definierten Deliktsgruppe, in der mehr oder weniger alle Verstöße gegen die Disziplin erfasst wurden, auch harte Urteile gab. Als Beispiele seien diese Fälle ange-

DIE WEHRMACHTGERICHTSBARKEIT

führt: Mitte 1944 wurde ein Obergefreiter, der innerhalb von drei Tagen mehrere Befehle verweigert hatte, wegen Gehorsamsverweigerung zu drei Jahren Gefängnis verurteilt. Das Gericht wertete hierbei den beharrlich gezeigten Unwillen des Angeklagten, die ihm gegebenen Befehle auszuführen, als besonders verwerflich. Hinzuzufügen ist jedoch, dass besagtes Verhalten gemäß einem im Akt angeführten psychiatrischen Gutachten möglicherweise auf einer krankhaften Störung basierte. Und dieser Umstand fand im Strafmaß kaum Berücksichtigung. Das Gericht lehnte es aber andererseits ganz bewusst ab, den Angeklagten auf Grund von „Angst vor dem Fronteinsatz" wegen Feigheit zu verurteilen, deren Strafrahmen sich zwischen Zuchthaus und Todesstrafe bewegte. Es schenkte vielmehr den (nicht überprüfbaren) Angaben des Soldaten Glauben.

Auch sehr hart bestrafte das Feldkriegsgericht einen Soldaten, der 1940 einen Brief an seine Braut geschrieben hatte, den er nicht – wie vorgeschrieben – per Feldpost, sondern mit ziviler Post geschickt und in dem er Einzelheiten über Weg, Ausstattung und Stationierung seiner Einheit mitgeteilt hatte. Da er durch seine Tat die Gefahr heraufbeschworen hatte, dass dem Feind diese geheimen Informationen zur Kenntnis gelangen, wurde der Angeklagte wegen Ungehorsams zu zwei Jahren Gefängnis verurteilt.

Ebenfalls hart fiel die Strafe unter anderem wegen Ungehorsams gegen einen Soldaten aus, der im Jahre 1941 in einem Schützengraben an der Eismeerfront auf Grund von Alkoholisierung gelärmt und damit die Gefahr eines Granatwerferbeschusses durch die direkt gegenüberliegende sowjetische Einheit heraufbeschworen hatte, obgleich das Gericht bewusst von der Verhängung der Todesstrafe absah und den Angeklagten „lediglich" zu drei Jahren Gefängnis verurteilte.

All diese angeführten Fälle widerlegen das Narrativ von einer generell hart und gnadenlos urteilenden Wehrmachtgerichtsbarkeit, die Verstöße gegen die Disziplin bzw. „Manneszucht", besonders in den letzten Kriegsjahren, undifferenziert mit unverhältnismäßig hohen Strafen belegt habe. Die wenigen dargestellten Fälle zeigen vielmehr ein stets auf den Einzelfall bezogenes und abgestuftes Strafverhalten des Kriegsgerichts.

Ein weiterer Aspekt ist die Frage nach einer möglichen ideologischen Prägung des Gerichts im Sinne der NS-Ideologie. Hierzu sei nach Durchsicht der 40 Fälle der Fronttruppe gerade einmal eine Entscheidung angeführt, bei der ein deutscher Soldat einen im Dienste der Wehrmacht stehenden russischen Hilfswilligen erschossen hatte und nur eine Anklage wegen fahrlässiger Tötung bekam. Das in der Folge durchgeführte Kriegsgerichtsverfahren in Form der Hauptverhandlung kann geradezu als Musterbeispiel eines unabhängig und frei von ideologischen Scheuklappen handelnden Gerichts genannt werden. Es war nämlich im betreffenden Fall um eine schonungslose Aufklärung des Sachverhalts bemüht und ließ sich dabei weder durch fragwürdige Angaben im Akt noch in der Anklageverfügung stören. Dabei kritisierten die Richter in ihrer Urteilsbegründung die Verschleierungstaktik der Einheit des Angeklagten folgendermaßen: „So liegt nach Überzeugung des Gerichts entgegen der Darstellung der Kompanie, die in ihrem Bemühen, dem Angeklagten zu helfen, sogar so weit ging, die wesentlichste Tatsache des Todes des Hiwi im Tatbericht zu verschweigen, der Fall auch hier." Es folgte ein Urteil wegen Körperverletzung mit Todesfolge, dessen Strafe zwei Jahre Gefängnis war.

Beachtlich sind hierbei die im Urteil niedergeschriebenen Ausführungen der Richter, die sogar gar nicht dem damaligen Zeitgeist entsprachen. Dort steht nämlich, dass ein Menschenleben „nach deutscher Auffassung auch im Kriege und ohne jede Rücksicht auf fremde Nationalität heilig ist". Denn in der NS-Zeit war doch – wie heutzutage von Historikern stets betont wird – der Topos vom „russischen Untermenschen" in bezug auf den Russlandfeldzug allgegenwärtig! Selbst der Gerichtsherr hatte gegen das Urteil – in Einklang mit dem Vorschlag des Rechtsgutachtens – keine Einwände und bestätigte es. Daraus kann man folgenden Schluß ziehen: Wäre das Feldkriegsgericht der 3. Gebirgsdivision hingegen ein williges Werkzeug der „NS-Führung" gewesen, hätte es entsprechend der Anklageverfügung wohl nur fahrlässige

Tötung angenommen und damit eine viel geringere Strafe verhängt, womöglich sogar unter Verweis auf das widerspenstige Verhalten des russischen Opfers ein noch milderes Urteil verkündet.

Zwischenergebnis zur Fronttruppe

Die Auswertung der 40 Fälle ergibt das Bild einer redlich um Gerechtigkeit bemühten Wehrmachtjustiz, die in zahlreichen Fällen milde, in manchen aber auch harte Strafen verhängte, wobei jedoch größtenteils sachbezogene Gründe angeführt wurden. Vereinzelt konnten bei der Prüfung der Akten Fehler bei der Subsumtion, Strafbemessung und sonstigen Rechtsanwendung, zum Beispiel die unzulässige Heranziehung von reichsdeutschem statt österreichischem Strafrecht im Fall des Vorwurfs homosexueller Handlungen, festgestellt werden, die jedoch keine bedeutenden Folgen hatten.

Nur einmal kann bei einer Entscheidung wegen der Argumentation in den Urteilsgründen und der äußerst milden Bestrafung (auf Grund unzulässiger Annahme eines minder schweren Falls) von einem ideologisch geprägten Urteil gesprochen werden. In besagtem Fall, in dem das Verbrechen der Fledderei gegenüber einem gefallenen Sowjetsoldaten mit der geringmöglichen Strafe sanktioniert wurde, da nach Auffassung des Gerichts „das brutale und rücksichtslose Vorgehen der Russen im Kriege das Gefühl der Ehrfurcht vor dem toten Feind" schwäche, wurde nämlich der feindliche Soldat als Mensch herabgewürdigt und damit auf eine niedrigere Stufe gestellt.

Resümierend ist demnach zu sagen, dass lediglich in einem der bearbeiteten 40 Fälle von „offensichtlichem Unrecht", das vom Feldkriegsgericht der 3. Gebirgsdivision begangen wurde, gesprochen werden kann. Hierbei handelte es sich um den Fall eines in einer Krankensammelstelle liegenden Soldaten, der kleine Seifenstückchen und ungelöschten Kalk auf einen mit Wasser benetzten Stoffverband drapierte und diesen sodann um seinen Unterschenkel wickelte, um ein Anschwellen des Beines und folglich eine Verlängerung seines Lazarettaufenthaltes zu erreichen. Das führte zu Geschwürbildungen und einem längeren Ausfall infolge Krankenstandes.

Das Gericht verurteilte den Soldaten daher wegen Wehrkraftzersetzung nach § 5 KSSVO. Dieser Paragraph sah als Sanktion grundsätzlich die Todesstrafe vor. Obwohl von den Richtern ein minder schwerer Fall angenommen und nur eine Gefängnisstrafe – nicht einmal eine im Strafvollzug härtere, weil unbequemere Zuchthausstrafe – von fünf Jahren verhängt wurde, um das Strafmaß abzumildern, muss dennoch legislatives Unrecht bejaht werden, da sich das Gericht – auch wenn es formal an die bestehende Rechtslage gebunden war – auf originär nationalsozialistisches (Un-) Recht stützte. Selbst wenn in diesem Fall der Angeklagte im Resultat milder als im Regelfall (Todesstrafe) behandelt wurde, muss man „offensichtliches Unrecht" bejahen.

Wegen der doch begrenzten Zahl an ausgewerteten Kriegsgerichtsentscheidungen kann man zwar kein Pauschalurteil über das Gebaren des Gerichts der 3. Gebirgsdivision fällen, aber zumindest schlußfolgern, dass die geprüften Fälle in ihrer großen Mehrzahl juristisch korrekt oder jedenfalls rechtlich vertretbar entschieden wurden und lediglich einmal „legislatives Unrecht" begangen wurde.

Auswertung von Akten der Standortkommandantur Kroatien

Die 38 juristisch analysierten Fälle des Gerichts des Befehlshabers der deutschen Truppen in Kroatien, die fern der Front und damit im Hinterland eingesetzt waren, gliedern sich in 30 Urteile des Feldkriegsgerichts und acht Strafverfügungen des Gerichtsherrn dieses Truppenteils – letzterer war Edmund Glaise-Horstenau (Militärhistoriker, Honorarprofessor, Ex-Vizekanzler, Publizist) als „Deutscher Bevollmächtigter General in Kroatien" mit Sitz in Agram (Zagreb) – auf. Wegen teils mehrerer Bestrafter in einem Verfahren und oft mehrerer sanktionierter Delikte in einem Urteil oder einer Strafverfügung betrug die Zahl der verwirklichten Straftatbestände daher nicht 38, sondern fast doppelt soviel, nämlich 70.

In diesem Bereich der Hinterlandtruppe herrschten Vermögensdelikte vor, die mehr als ein Drittel aller Straftaten ausmachten: Es gab in 30 Urteilen 20 Strafen wegen militärischen Diebstahls oder militärischer Unterschlagung, nur drei Bestrafungen diesbezüglich erfolgten in Form von Strafverfügungen. Genauso oft wie der (militärische) Diebstahl kam der Ungehorsam vor, weswegen es 15 Verurteilungen sowie fünf Bestrafungen per Strafverfügung gab. Dann folgt die Wachverfehlung, die fünfmal sanktioniert wurde, nämlich dreimal durch Feldurteil und zweimal per Strafverfügung.

Unerlaubte Entfernungen wurden nur drei gezählt – allesamt durch Feldurteil entschieden. Das Gericht sah dabei immer von einer Verurteilung wegen Fahnenflucht ab, auch wenn dies in allen Fällen rechtlich durchaus vertretbar gewesen wäre. Einmal wurde Fahnenflucht vom Gericht sogar erwogen und in einem anderen Fall trotz einer solchen Anklage letztlich abgelehnt. In letzterem Fall wurde dies so begründet, dass dem Angeklagten eine Fahnenfluchtabsicht „doch nicht mit Sicherheit nachzuweisen" gewesen sei, auch wenn er sich „wochenlang ziellos in Agram herumgetrieben" habe. Die Conclusio des Gerichts in bezug auf den Angeklagten war, die vorgebrachten Argumente ließen es „nicht unmöglich erscheinen, dass er immer noch eine Truppenrückkehr beabsichtigte". Ideologisch im NS-Sinne geprägte Richter hätten in diesem Fall sicher ein anderes Urteil gefällt.

Ebenfalls mit einer milden Bestrafung endete ein Verfahren gegen einen Wehrmachtsoldaten, der nach übermäßigem Genuss von Alkohol in einer Kneipe das deutsche Staatsoberhaupt in kroatischer Sprache mit den Worten „Was ist für mich Hitler? Ein Esel, ein Dreck!" beleidigte und dafür nur wegen Beschimpfung des Reiches angeklagt und damit zu sechs Monaten Gefängnis verurteilt wurde. Das Gericht sah dabei nämlich von einer Verurteilung wegen Wehrkraftzersetzung nach § 5 KSSVO, worauf grundsätzlich die Todesstrafe stand, ebenso ab wie von der Anwendung des § 5a KSSVO, der eine Überschreitung des regelmäßigen Strafrahmens bei

Straftaten gegen die Manneszucht erlaubte und die Verhängung der Todesstrafe zuließ. Richter mit NS-Gedankengut hätten sicher von dieser Möglichkeit der äußerst harten Bestrafung Gebrauch gemacht.

Bei der Auswertung wurden aber auch einige Urteile von großer Härte gesichtet. Dabei wurde jedoch lediglich in einem Fall die Grenze zum „offensichtlichen Unrecht" überschritten. Bei diesem Verfahren wurde ein Feldwebel, der über einen längeren Zeitraum seine privilegierte Stellung dazu mißbraucht hatte, verbotenen Handel mit Zivilisten zu treiben, indem er in großem Stile Geschenke für Gefälligkeiten angenommen, mehrfach Wehrmachteigentum verkauft und sich daran bereichert hatte, wegen Ungehorsams zum Tode verurteilt und hingerichtet. In diesem Fall wurde der berüchtigte § 5a KSSVO angewendet. Das damals geltende Recht sah vor, dass diese Norm bei allen die „Mann(e)szucht" gefährdenden Delikten – und damit auch bei Ungehorsam – zum Zweck einer Strafverschärfung bis hin zur Todesstrafe, und zwar im Wege einer Strafrahmenverschiebung zu Lasten des Angeklagten, Anwendung finden konnte. Im vorliegenden Fall hätte das Gericht die Verhängung der Todesstrafe auch mit dem „unproblematischeren" § 92 Abs. 2 MStGB (Ungehorsam) begründen können, weil die Tat „im Felde" begangen worden war. Das Strafmaß erscheint jedoch trotz der umfassenden Schiebereien des Feldwebels unangemessen hoch.

Genauso problematisch ist das Urteil, womit verbotener umfangreicher Schweinehandel und Verkauf von Wehrmachteigentum mit 15 Jahren Zuchthaus sanktioniert wurde. Obwohl das Strafmaß vom Gesetz gedeckt war und häufig ausufernde illegale Geschäfte im Hinterland eingedämmt werden mussten, ist die festgesetzte Höhe der Strafe, die wohl besonders aus generalpräventiven Gründen ergangen war, dennoch als unverhältnismäßig zu betrachten. In dieser Causa, bei der auch ein Armeebefehl des Befehlshabers eine bedeutende Rolle spielte, der für die Anklagevertreter, nicht aber für das Gericht, klare Vorgaben enthielt, war jedoch die höher anzusetzende Grenze zum „offensichtlichen Unrecht" noch nicht überschritten.

DIE WEHRMACHTGERICHTSBARKEIT

Bei den vorliegenden Fällen konnte eine aus politischer Opportunität agierende oder von NS-Gedankengut durchdrungene Militärjustiz nicht erkannt werden. Mit Ausnahme eines Falles, bei dem der Einsatz des Angeklagten „für die nationalsozialistische Bewegung noch vor der Eingliederung Oesterreichs" als strafmildernd angerechnet wurde, konnten ideologisch gefärbte Formulierungen in den geprüften Urteilen nicht gefunden werden.

Zwischenergebnis zur Hinterlandtruppe

Bezüglich der ausgewerteten Entscheidungen im Gerichtsbezirk des Befehlshabers der deutschen Truppen in Kroatien kann damit folgender Schluss gezogen werden: Abgesehen von der oben genannten Ausnahme sind alle Feldurteile und Strafverfügungen sowohl als grundsätzlich vereinbar mit dem damaligen Recht als auch als frei von „offensichtlichem Unrecht" zu bezeichnen. Zu ergänzen ist dabei noch, dass das Gericht Milde dort zeigte, wo es von einem einmaligen Fehlverhalten ausging, jedoch harte Sanktionen verhängte, wenn der Angeklagte beharrlich gegen geltende Vorschriften verstoßen und eine sehr hohe kriminelle Energie an den Tag gelegt hatte, besonders dann, wenn er sich bereichert hatte. Der Umstand, dass lediglich gut 20 Prozent der erlassenen Entscheidungen mit einer Strafverfügung beendet wurden, erlaubt die Schlußfolgerung, dass entweder der Gerichtsherr eher milderen Strafen (maximal sechs Monate Freiheitsstrafe) abgeneigt war oder es weniger Bagatelldelikte in dieser Zeit zu verfolgen gab. Für erstere Annahme spricht, dass der Gerichtsherr in zwei Fällen ein Urteil wegen seiner Meinung nach zu großer Milde nicht bestätigte, dieses aber dann vom übergeordneten Befehlshaber als angemessen betrachtet und somit „abgesegnet" wurde.

Ein Beispiel dafür, dass höhere Kommandostellen keineswegs immer die Verhängung härterer Strafen forderten, war das Verfahren gegen einen Offizier, der wegen Feigheit zu einer Zuchthausstrafe samt Wehrunwürdigkeit verurteilt wurde. Die mit der Prüfung des Falles betraute zuständige Stelle, das Oberkommando des Heeres in Berlin, das bei Offizieren zu entscheiden hatte, milderte den Urteilsspruch in der Person des Generalfeldmarschalls Wilhelm Keitel als Vertreter des Oberbefehlshabers des Heeres (!) – denn zu dieser Zeit war Adolf Hitler OKH-Chef und damit der OKW-Chef Keitel sein Vertreter – dergestalt ab, dass die Zuchthausstrafe in eine Gefängnisstrafe und die Aberkennung der Wehrwürdigkeit in Rangverlust (Degradierung) umgewandelt wurde.

Auch für den Bereich der Standortkommandantur Kroatien gilt damit, dass all die angeführten Beispiele ein vielfältiges Bild der Wehrmachtgerichtsbarkeit zeichnen. Schon die Analyse von gut drei Dutzend Entscheidungen reichte aus, um erkennen zu können, dass Schwarz-Weiß-Malerei selbst in diesem kleinen Segment der Kriegsjustiz nicht zielführend ist. Denn die dort ergangenen Feldurteile und Strafverfügungen sind zu heterogen, um sie pauschal in die Kategorie „Terrorurteile", „unbarmherzige Richter" oder „milde Justiz" einzureihen.

Auswertungsergebnisse im Vergleich

Nach Vergleich der beiden Auswertungsergebnisse kann man feststellen, dass lediglich in ganz wenigen Fällen, nämlich zwei, „offensichtliches Unrecht" bejaht werden konnte, und zwar bei der 3. Gebirgsdivision bei einer von 40 und im Bereich der Standortkommandantur Kroatien bei einer von 38 Entscheidungen. In beiden Fällen handelte es sich um die Anwendung von „legislativem Unrecht". Einerseits wurde die berüchtigte Vorschrift „Wehrkraftzersetzung" (§ 5 KSSVO) herangezogen und andererseits § 5a KSSVO, der eine deutliche Strafrahmenverschiebung bis zur Todesstrafe erlaubte.

Wie schon jeweils am Ende der Auswertung beider Bereiche festgestellt, waren die untersuchten Entscheidungen der Wehrmachtgerichte – und zwar sowohl die Feldurteile der Feldkriegsgerichte als auch die Strafverfügungen der Gerichtsherr(e)n (in den Akten ohne „e") – bezüglich des herangezogenen Bewertungsmaßstabs nahezu frei von Beanstandungen. Klare Rechtsmängel, die jenseits des juristisch Vertretbaren lagen, waren die Ausnahme. Die Entscheidungen wiesen zum größten Teil eine gute juristische Qualität auf.

Nachfolgend werden nun komprimiert die sich beim Vergleich der Urteilspraxis offenbarten Gemeinsamkeiten angeführt:

- Bei Verfahren wegen Abwesenheit von der Truppe wurde immer das meist anklagbare oder teils sogar angeklagte Delikt Fahnenflucht abgelehnt und lediglich der mildere Straftatbestand der unerlaubten Entfernung bejaht. Und weil der Unterschied zwischen beiden überwiegend im subjektiven Bereich lag – es ging um die Frage der Feststellbarkeit des Vorsatzes in der Form der Absicht, sich dauerhaft dem Wehrdienst zu entziehen –, war allein die Überzeugung des Gerichts entscheidend. Dabei glaubte dieses stets den Ausführungen des Angeklagten und erklärte wohlwollend, dem Angeklagten sei ein derartiger Vorsatz nicht nachzuweisen.

- Bei den Straftaten in beiden Bereichen herrschten ganz deutlich Vermögensdelikte vor: im Hinterlandbereich mit über einem Drittel aller sanktionierten Delikte sogar noch deutlich mehr als bei der Fronttruppe.

- Abgesehen von jeweils einer Passage im Urteil, wo einerseits die nationalsozialistische Betätigung des Angeklagten in Österreich vor dem „Anschluss" als Strafmilderungsgrund positiv berücksichtigt und andererseits nach einer Fledderei gegenüber einem gefallenen Sowjetsoldaten diesem quasi die Ehre abgesprochen und daher wegen der Wegnahme einiger Habseligkeiten lediglich ein minder schwerer Fall angenommen worden war, gab es keine Hinweise auf eine NS-affine Gesinnung des Gerichts.

- Die analysierten 78 Feldkriegsgerichtsverfahren liefen, abgesehen von zwei Fällen, ohne Verteidiger ab. Dabei hatte es diesbezüglich auch keine Ersuchen um Beistellung eines Verteidigers gegeben, die vom Gericht abgelehnt wurden.

- Zieht man vergleichbare Fälle der beiden Untersuchungsgebiete heran, vor allem identische Straftaten in ähnlichem Zeitraum, dann kann man feststellen, dass die Entscheidungen der Wehrmachtgerichte im Frontbereich nicht härter waren als die in der Etappe. Beispielsweise erhielt ein Soldat der 3. Gebirgsdivision 1943 ein Jahr Gefängnis, da er aus einem ihm für einen Kameraden anvertrauten Päckchen eine Armbanduhr entnommen hatte. Demgegenüber fasste ein beim „Deutschen Ausbildungskommando beim Deutschen Schulregiment Agram" stationierter Soldat im Jahre 1944 ein Jahr und sechs Monate Gefängnis aus, weil er als Kurier fünf reparierte Uhren seiner Kameraden, die er in deren Auftrag vom Uhrmachertrupp abgeholt hatte, ohne Erlaubnis verkauft und den Erlös einbehalten hatte.

- Das Strafmaß bei militärischem Diebstahl war ähnlich, wie eine Gegenüberstellung zweier sehr gut vergleichbarer Fälle zeigt. So bekam ein Soldat der 3. Gebirgsdivision, der in der Schreibstube arbeitete und von dort Sachen weggenommen hatte, 1943 per Strafverfügung drei Monate Gefängnis, während ein Soldat im Bereich der Standortkommandantur Kroatien 1944 wegen Wegnahme von Sachen aus der Schreibstube zu zwei Monaten Gefängnis als Einzelstrafe verurteilt wurde.

- Auch die Strafvollzugspraxis war sehr ähnlich. Grundsätzlich wurde lediglich die Verbüßung eines kleinen Teils der Strafe befohlen, während der Rest zur Frontbewährung ausgesetzt wurde. Ausnahmen von diesem Prinzip gab es meistens bei Wiederholungstaten und innerhalb der Bewährungszeit begangenen Straftaten.

DIE WEHRMACHTGERICHTSBARKEIT

- Bei der Bestrafung von Fahrlässigkeitsdelikten konnte man auch keine Unterschiede feststellen: in beiden Bereichen wurde sehr moderat sanktioniert. Im Untersuchungsgebiet der 3. Gebirgsdivision waren drei derartige Entscheidungen auffällig, die durchwegs mit Strafverfügungen endeten, nämlich zwei Fälle von fahrlässiger Gefangenenbefreiung, wofür mit sechs bzw. vier Wochen geschärftem Arrest bestraft wurde. Für eine unvorsichtige Behandlung von Waffen, wobei sich beim Waffenreinigen ein Schuss gelöst hatte, der einen Kameraden an der Hand verletzte, bekam der Verursacher (nur) acht Wochen Festungshaft. Sehr ähnlich war es im Untersuchungsgebiet der Standortkommandantur Kroatien, wo das Urteil für die unvorsichtige Behandlung von Waffen, in deren Folge es zwei verletzte Kameraden gab, lediglich drei Monate Gefängnis war. Ferner gab es zwei Strafverfügungen (keine Urteile!) für zwei fahrlässige Tötungen, wobei eine Entscheidung sechs Monate Festungshaft zum Inhalt hatte und die andere nur zwei Monate Gefängnis.

Anders als bei den ausgewerteten Wehrmachtgerichtsentscheidungen bei der Fronttruppe wurden bei denen im Hinterlandbereich nicht nur (deutsche) Soldaten verurteilt. In der Etappe wurden nämlich auch zwei Verfahren gegen (kroatische) Zivilisten durchgeführt, denen man Vermögensdelikte zur Last legte. Außerdem wurde ein kroatischer Soldat vor einem deutschen Militärgericht angeklagt. Es gibt jedoch keine Anhaltspunkte auf eine strengere Bestrafung von Ausländern. Bei zwei der drei Urteile dieser Art kam es zu milden Sanktionen. Dabei lautete die Strafe für den kroatischen Soldaten für einen Totschlag und eine in Tatmehrheit begangene Körperverletzung sogar nur elf Monate und zwei Wochen Gefängnis. Im dritten Fall hatte das hartnäckige Insistieren eines mit der Überprüfung des Urteils betrauten Oberstaatsanwalts in Wien zur Folge, dass die verbotenerweise in bezug auf die beiden Hauptangeklagten – diese waren Zivilisten – verfügte Nichteinrechnung der in die Zeit des Kriegszustandes fallenden Strafvollzugszeit in die Strafzeit vom zuständigen Befehlshaber nachträglich durch Abänderung der Entscheidung revidiert wurde.

All diese Erkenntnisse, die durch Gegenüberstellung von jeweils gut drei Dutzend Fällen gewonnen wurden, erlauben das Resümee, dass hinsichtlich der Arbeit der Wehrmachtgerichte – bezogen auf die beiden untersuchten Bereiche – keine spürbaren Unterschiede zwischen Front- und Hinterlandbereich feststellbar sind.

Zusammenfassung

Im Rahmen der Auswertung von Entscheidungen von Wehrmachtgerichten wurden 40 Fälle aus dem Bereich der 3. Gebirgsdivision und 38 aus dem Bereich der Standortkommandantur Kroatien untersucht. In bezug auf das Ergebnis der Falluntersuchung ist auffällig, dass die Anzahl der Entscheidungen mit moderaten Strafen klar überwog. Urteile mit eindeutigem Unrechtsgehalt („offensichtliches Unrecht") – das sind Entscheidungen, die rechtsstaatlichen Anforderungen in extremer Weise zuwiderliefen – konnten lediglich zweimal gefunden werden, und zwar in Form von „legislativem Unrecht". Dabei ging es um die Anwendung von zwei Vorschriften der KSSVO – zum einen § 5 (Wehrkraftzersetzung), zum anderen § 5a (Überschreitung des regelmäßigen Strafrahmens, sodass eine willkürliche Verschiebung der Höchststrafe nach oben möglich war) – in Urteilen von Feldkriegsgerichten.

Aus all dem ist zu folgern, dass zum überwiegenden Teil qualitativ gute Entscheidungen vorlagen. Das Gros der Entscheidungen zeigt eine faire Behandlung der Angeklagten und das aufrichtige Bestreben, dem jeweiligen Fall gerecht zu werden. Die große Ausnahme waren Fehler in der Rechtsanwendung, wie Subsumtionsfehler oder nicht nachvollziehbare bzw. nicht mehr vertretbar erscheinende Erwägungen im Rahmen der Strafbemessung.

Es sind auch diejenigen Fälle, in denen der Gerichtsherr die vom erkennenden Feldkriegsgericht verhängte Strafe als zu moderat zurückwies und eine Strafschärfung beabsichtigte, sehr gering. Dies kam lediglich zweimal vor, und zwar stets im Bereich der Standortkommandantur Kroatien.

Die vergleichende Auswertung der Entscheidungen der Wehrmachtgerichte im Front- und Hinterlandbereich ergab, dass es keine strengere Strafpraxis im Frontbereich gab. Diese Erkenntnis war eigentlich nicht zu erwarten und überrascht daher. In einigen Fällen waren die vom Gerichtsherrn bestätigten Strafaussprüche sogar moderater. Dies geschah etwa dadurch, dass dieser das Feldurteil bestätigte, dabei aber die Vollstreckung der Gefängnisstrafe zwecks Frontbewährung zur Bewährung aussetzte und/oder von einer Dienstgradherabsetzung absah.

Auch wenn die Zahl der analysierten Entscheidungen mit insgesamt 78 im Vergleich zur Zahl aller Entscheidungen der in den Fokus genommenen Wehrmachtgerichte, nämlich der 3. Gebirgsdivision und der Standortkommandantur Kroatien, doch recht gering ist, so kommt dem oben genannten Ergebnis auf Grund der Ausführungen zum methodischen Vorgehen doch eine gewisse Aussagekraft zu. Dabei ist zu berücksichtigen, dass nicht gezielt ganz bestimmte Fälle herausgesucht wurden, sondern die Auswahl zufällig erfolgte, um ergebnisoffen recherchieren zu können. So ließ sich letztlich die von einigen prominenten Autoren vorgenommene pauschale Bewertung der Wehrmachtjustiz als „Terrorjustiz" im untersuchten Bereich jedenfalls nicht bestätigen.

Das Untersuchungsergebnis deckt sich hierbei mit den Erkenntnissen, die der Jurist Christian Thomas Huber im Rahmen seiner 2006 verfassten Dissertation „Die Rechtsprechung der deutschen Feldkriegsgerichte bei Straftaten der Wehrmachtssoldaten gegen Angehörige der Zivilbevölkerung in den besetzten Gebieten" aus der umfangreicheren Auswertung von 523 Kriegsgerichtsakten gewann. So habe es mehrere Fälle gegeben, über die man sich mit Recht hätte empören können, in denen unglaubliche Sachverhalte verharmlost und mit moderaten Strafen belegt worden seien. All diese Fälle seien jedoch Ausnahmeerscheinungen gewesen, denen viele positive Entscheidungen gegenüberstünden, die man unter den damaligen Umständen in dieser Form nicht erwartet hätte: So habe es Urteile gegeben, in denen Mitgefühl mit dem Opfer deutlich erkennbar gewesen sei. Huber zog das Resümee, dass zumindest die Fälle, die „auf den Instanzenweg" gekommen seien, im Bereich des Untersuchungsgegenstandes in etwa neun von zehn Fällen sachlich korrekt beurteilt und im Resultat auch angemessen entschieden worden seien. Die gefällten Strafen seien mit Augenmaß festgesetzt worden und fast immer passend in der Relation zur Schuld des Täters.

Dabei seien die Begründungen der Feldurteile immer äußerst umfangreich gewesen und stets dem klassischen Aufbau eines Strafurteils gefolgt. Bei den Strafbemessungserwägungen hätten sich die Richter in erster Linie an der (militärischen) Persönlichkeit des Soldaten und den Auswirkungen der Tat auf das Ansehen der Wehrmacht bei der Zivilbevölkerung orientiert. Demgegenüber habe die Aufrechterhaltung der „Mannszucht" bei den geprüften Urteilsbegründungen lediglich eine untergeordnete Rolle gespielt.

Ein Charakteristikum der Militärjustiz sei außerdem gewesen, dass sie besonders auf Truppenbelange fokussiert gewesen sei. So habe ein Täter, der in der Schlacht sich bewährt oder sein strafbares Verhalten aus Übereifer im Zusammenhang mit dienstlichen Belangen verwirklicht hatte, grundsätzlich mit größter Milde rechnen können. Das militärische Element habe immer dominiert, was sich etwa darin manifestiert habe, dass sich eine Ungleichbehandlung nicht so sehr nach der Nationalität des Opfers als vielmehr nach der Stellung des Täters im militärischen Leben gerichtet habe.

Die Urteile waren nach Ansicht Hubers umfangreich und vielfach auch juristisch nachvollziehbar begründet; das Ziel sei in der Regel gewesen, den Täter schnell und effektiv seiner Strafe zuzuführen. Oftmals sei die Verhandlung bereits wenige Tage nach der Straftat erfolgt. Das Gros der Erkenntnisse Hubers kann man nach Auswertung der 78 Entscheidungen in den beiden Untersuchungsgebieten auch auf diese übertragen. Demnach ist der Autor auf Grund seiner hierbei gewonnenen Erkenntnisse zu dem Schluß gelangt, dass es sachlich verfehlt sei, die Wehrmachtgerichtsbarkeit in ihrer Gänze undifferenziert in eine Ecke zu rücken. Deshalb sollte man

DIE WEHRMACHTGERICHTSBARKEIT

vielmehr dem Beispiel des Verfassers folgen und durch Erlangung empirischer Daten versuchen – durchaus wesentlich umfangreicher, als es dieser im Rahmen seiner Dissertation tun konnte –, ein differenziertes Bild dieser besonderen Justiz zu erlangen, um so den zahlreichen Facetten deren Handelns gerecht zu werden.

Der Verfasser, Martin Pfeiffer, Diplom-Jurist, Dr. iur., Mag. iur. utr., geb. 1966 in Schweinfurt/Unterfranken, ledig, Abitur, Wehrdienst (letzter Dienstgrad Hauptmann d. R.), Studium der Rechtswissenschaften. Nach dem Referendariat 1998 Übersiedelung nach Wien. 1999 Ableistung des österreichischen Gerichtsjahrs und Aufnahme der redaktionellen Mitarbeit bei der Wiener Wochenzeitung *Zur Zeit*. Dort zuletzt als Leitender Redakteur tätig. 2003 Übersiedelung nach Graz und von 2004 bis 2018 Schriftleiter der Monatszeitschrift *Die Aula* und Geschäftsführer des *Aula-Verlages*. Langjähriger Kolumnist der *Zur Zeit* und Autor zahlreicher Publikationen im gesamten deutschen Sprachraum. Buchveröffentlichungen im Jahrbuch DEUTSCHE ANNALEN 2005, 2006, 2010, 2017, in der Zur Zeit-Edition Band 9 (2007) sowie im *GfP-Report* „Vierzig Jahre Volkszerstörung – ‚1968' und die Folgen" (2008). Herausgeber der Stronach-Biographie „Wer das Gold hat, bestimmt die Regeln" (2013) und Autor des im ARES Verlag erschienenen Werkes „Die Praxis der Wehrmachtgerichtsbarkeit an der Front und im Hinterland – Ein Vergleich von Entscheidungen der Wehrmachtgerichte der 3. Gebirgsdivision und der Standortkommandantur Kroatien" (2020). Seit 2010 Vorsitzender der *Gesellschaft für freie Publizistik* (GfP) und seit 2012 Obmann des von Primarius Dr. Otto Scrinzi 1992 gegründeten *Kulturwerks Österreich*. Seit 1997 Mitglied der FPÖ und langjähriger kommunaler Funktionär in Graz, von 2004 bis 2020 Vorstandsmitglied des *Freiheitlichen Akademikerverbandes* (FAV) Steiermark und seit 2016 Vorsitzender des 1985 von Waldemar Schütz gegründeten Vereins „Kultur- und Zeitgeschichte - Archiv der Zeit". Der vorliegende Beitrag ist eine Zusammenfassung seiner im Jahre 2017 verfaßten und 2020 in Buchform erschienenen rechtswissenschaftlichen Dissertation.

1941 – Das explosive Jahr mit ungewissem Ausgang

Von Manfred Kaufeld

Landser während des Russland-Feldzuges 1941

1941 – DAS EXPLOSIVE JAHR

Infolge der Blitzkriege im Westen befand sich das Deutsche Reich 1940 auf der Straße des Sieges, auch wenn die Luftschlacht um England für die Luftwaffe nicht von durchschlagendem Erfolg gekrönt war. Angesichts der angestrebten Ziele musste sie eine Niederlage einstecken.

Die zahlreichen Friedensbemühungen der Deutschen fanden 1940/41 bei den Briten kein Gehör, denn sie wollten den deutschen Konkurrenten endgültig ausschalten. Zu diesem Zeitpunkt stand fest, dass die Vereinigten Staaten von Amerika unter Führung von Präsident Roosevelt an der Seite Großbritanniens offen in den Krieg eintreten würden.

Der spätere Präsident John F. Kennedy bereiste im Sommer 1937 mehrere Staaten Europas. Auf einer Fahrt in Westdeutschland hielt er in seinem Reisetagebuch eine treffende Bemerkung fest: „... Die Deutschen sind wirklich zu gut – deshalb rottet man sich gegen sie zusammen, um sich zu schützen..."[1].

Folglich waren die angespannten Erwartungen auf einen vernünftigen friedvollen Ausgleich in Europa nicht erfolgsversprechend.

An der Schwelle des eingeläuteten Jahres 1941 wussten die Deutschen nicht, welche Aufgaben auf sie zukommen würden.

---

1 Eintragung vom 21. August 1937, Württemberg- Köln, in: Lubrich, Oliver: John F. Kennedy unter Deutschen, S.110.

Rüstung

Zum Stichtag 31.5.1941 waren in Deutschland 33,1 Millionen zivile Arbeitskräfte beschäftigt, wovon 14,1 Millionen zum weiblichen Geschlecht gehörten. Zusätzlich waren rund drei Millionen Ausländer und Kriegsgefangene in der deutschen Wirtschaft tätig. Die durchschnittliche wöchentliche Arbeitszeit betrug in der Industrie rund 49,5 Stunden je Beschäftigten. 7,4 Millionen dienten in den Streitkräften[2].

Die Personenstärke der Sowjets 1941 nach Mobilmachung belief sich auf 8.682.827 Mann[3]. Im Juni 1941 besaß das Vereinigte Königreich eine Heeresstärke von 2.221.000 Mann, die noch von 1,6 Millionen Mann der „Home Guard" ergänzt wurde[4].

Ein Stärkevergleich von einigen Schiffsklassen am 15.8.1941 soll als anschauliches Beispiel hervorgehoben werden: Die zur Zeit in Dienst gestellten Schlachtschiffe waren zwei in Deutschland, 17 in Großbritannien und 17 in den USA. Sowohl Großbritannien als auch die USA verfügten über jeweils 10 Flugzeugträger. Hingegen wurde in Deutschland kein einziger fertiggestellt. Noch deutlicher war der Unterschied bei den Zerstörern. Besaß Deutschland lediglich 22, waren es in Großbritannien 199 und in den USA 220. Nur bei den Unterseebooten war der zahlenmäßige Unterschied nicht so krass: Deutschland 43, Großbritannien 42, USA 114[5].

Die Rüstungsproduktion war von 1940 auf 1941 „kaum gestiegen"[6]. Ihr Wert erhöhte sich „nur um 1 bis 2 vH"[7]. Dies lässt den Schluss zu, dass die militärische Planung nicht mit der wirtschaftlichen abgestimmt sein konnte. Diese langsame Ausdehnung der Rüstungsproduktion hat sich letztendlich verhängnisvoll auf die militärische Lage ausgewirkt.

---

2 Ploetz, Geschichte des Zweiten Weltkrieges, S.5.
3 Schwipper, Bernd: Deutschland im Visier Stalins, S.124.
4 Ploetz, Geschichte des Zweiten Weltkrieges, S.495.
5 Zahlen nach Nauticus 1942, S.387.
6 Wagenführ, Rolf: Die deutsche Industrie im Kriege 1939- 1945, S.30.
7 Ebd.

1941 – DAS EXPLOSIVE JAHR

Zu diesem Zeitpunkt rüstete die USA bereits gewaltig auf. Schon bis September 1941 hatte der amerikanische Kongreß 63 Mrd. Dollar an Rüstungskrediten bewilligt, was drei Viertel eines Jahreseinkommens des amerikanischen Volkes entsprach!"[8]

Die Steinkohlenförderung belief sich 1940/41 insgesamt auf 410,7 Tonnen. Da der Bedarf gedeckt war, konnten 1940/41 sogar 40 Tonnen ausgeführt werden[9].

Von den Eisenkontingenten standen 1941 rund 44,27% für die direkte Rüstung zur Verfügung. Neutrale Staaten wie Schweden, Portugal, Spanien und die Türkei versorgten Deutschland mit den wichtigen Rohstoffen Eisenerz, Zellstoff, Zinn, Wolfram und Chromerz.

Die drei Großmächte USA, Großbritannien und die Sowjetunion gaben 1941 insgesamt 19,5 Milliarden Dollar für die Rüstungsproduktion aus, hingegen beschränkten sich Japan und Deutschland auf 8 Milliarden Dollar[10]. Das Verhältnis der Rüstungsausgaben verschlechterte sich fortan zu Ungunsten Deutschlands.

In Großbritannien belief sich die Steinkohlenförderung im Jahr 1941 auf rund 206 Millionen Tonnen[11]. Ein Jahr zuvor förderte die UdSSR 166 Millionen Kohle zutage[12]. Die Alliierten verfügten reichlich über Rohstoffe, die eine immense Rüstungsproduktion ununterbrochen ermöglichte.

Kollaboration

Das nach Ende des Zweiten Weltkrieges negativ belegte Wort Kollaboration erlebte in allen besetzten Gebieten im Sommer „einen unerhörten Aufschwung"[13]. Esten, Letten, Litauer sowie Ukrainer begrüßten die deutschen Soldaten als

---

8 Ebd., S.31.
9 Ebd., S.167.
10 Ebd., S.87.
11 Ploetz, Geschichte des Zweiten Weltkrieges, S.72.
12 Ebd., S.64.
13 Seidler, Franz W.: Die Kollaboration 1939-1945, S.11.

Befreier. Jugoslawien zerfiel nach dem Einmarsch der deutschen Truppen und es entwickelte sich ein erbarmungsloser Kampf zwischen den einzelnen Völkern, die auch die Besatzungsmacht zu spüren bekam. Hunderttausende Volksdeutsche arbeiteten mit den Deutschen zusammen.

Die Zusammenarbeit mit der deutschen Besatzungsmacht war in Frankreich unter Pétain und Laval besonders ausgeprägt, da sie sowohl von den Parteien als auch von der Öffentlichkeit stark unterstützt wurde. Der Industrielle Louis Renault produzierte Militärfahrzeuge für Deutschland.

Dänemark blieb weitgehend unabhängig und war „kooperationswillig wie ein verbündeter Staat"[14].

Zahlreiche Belgier, Niederländer und Franzosen sowie andere Europäer kämpften freiwillig ab 1941 an der Seite des Deutschen Reiches gegen den Bolschewismus.

Einsatz der „Bismarck"

Vor dem Auslaufen ging Hitler am 4. Mai 1941 in Gotenhafen an Bord der „Bismarck", um sich „ein Bild von der Besatzung und Bewaffnung zu machen"[15]. Bei dieser Gelegenheit führte er mit dem Flottenchef ein längeres Gespräch.

Im Rahmen des Unternehmens „Rheinübung" verließen am 18.5.1941 das Schlachtschiff „Bismarck" (45.170 BRT) und der schwere Kreuzer „Prinz Eugen" unter Flottenchef Admiral Günther Lütjens Gotenhafen, um den Atlantischen Ozean zu erreichen. Sechs Tage später versenkte es in der Dänemarkstraße den britischen Schlachtkreuzer „Hood", mit 42.000 t das bisher größte Kriegsschiff der Welt, und beschädigte das Schlachtschiff „Prince of Wales" schwer. Die Besatzung von 1.341 Mann der „Hood" ging bis auf drei Mann mit in die Tiefe. „Der Munitionsverbrauch der ‚Bismarck' gegen beide Schiffe betrug nur 93 Schuß der schweren Artillerie"[16].

---

14 Ebd., S.15.
15 Wolf, Reinhold: Die Hitler-Chronik 1889-1945, S.332.
16 Hansen, Gottfried (Hrsg.): Nauticus 1942, S.5.

1941 – DAS EXPLOSIVE JAHR

Die leicht beschädigte „Bismarck" wurde auf dem Wege nach Brest manövrierunfähig. „Damit hat die Operation der ‚Bismarck' eine entscheidende unglückliche Wendung genommen"[17]. An der Jagd beteiligten sich insgesamt 21 große britische Schiffseinheiten. Die „Bismarck" sank am 27.5.1941 nach mehreren Torpedotreffern. Admiral Lütjens ging mit 2.271 Mann unter. Nur 118 Besatzungsmitglieder konnten gerettet werden.

Die beiden Schlachtkreuzer „Gneisenau" und „Scharnhorst" sowie das Panzerschiff „Admiral Scheer" und der schwere Kreuzer „Admiral Hipper" hatten trotz gewaltiger Unterlegenheit „dem Gegner zur See Paroli bieten können, ohne große Verluste zu erleiden"[18].

Insgesamt wurden in den ersten vier Monaten des Jahres 1941 „durch Unterseeboote 978.000 BRT, durch Überwasserstreitkräfte 493.000 BRT" durch die Kriegsmarine versenkt[19].

Auch im 2. Halbjahr lag der Schwerpunkt der U-Boot-Waffe im Atlantik, um erfolgreich den Zufuhrkrieg gegen England führen zu können. Der ausdrückliche Wunsch Hitlers, U-Boote im Mittelmeer einzusetzen, erfuhr Widerspruch bei dem Oberbefehlshaber der Marine. Hitler eilte mit dem Afrikakorps den Italienern zur Hilfe. Die Deutschen mussten jedoch schwere Verluste bei den Transporten hinnehmen, so dass Hitler am 17. September „kategorisch die sofortige Entsendung von sechs deutschen U-Booten ins Mittelmeer"[20] befahl. Diese U-Boote fehlten natürlich im Atlantik, was die dortige Versenkungszahl in den Keller trieb.

---

17 Eintragung vom 26.5.41, in: Kriegstagebuch der Seekriegsleitung 1939-1942, Teil A, Bd. 21, Mai 1941, S.390.
18 Kurowski, Franz: So war der Zweite Weltkrieg: 1941- Der Weg zum Weltkrieg, S.52.
19 Archiv der Gegenwart 1941, vom 11. Juni 1941, S.5058.
20 Kurowski, Franz: So war der Zweite Weltkrieg: 1941- Der Weg zum Weltkrieg, S.362.

Bombenkrieg

Am 13. Mai 1941 endete die „Luftschlacht um England" mit 41.294 getöteten Briten, „ohne daß das deutsche Ziel, England friedensbereit zu machen, erreicht worden wäre"[21]. Bis März 1941 waren 2.265 eigene Maschinen ausgefallen, da die Jäger den Bombern keinen ausreichenden Schutz bieten konnten.

Mit insgesamt 363 alliierten Luftangriffen gehörte Berlin zum Hauptziel, das am 25.8.1940 zum ersten Maile angeflogen wurde. Erst am 7. September 1940 befahl Hitler Luftangriffe auf London, die nach dem Beginn des Russlandfeldzuges deutlich nachließen.

Es soll nicht unerwähnt bleiben, dass die deutschen Jäger recht hohe Abschusszahlen erreichen konnten. Als Beispiel sei Oberstleutnant Werner Mölders erwähnt, der am 16.7.41 von Hitler als erstem Soldaten die höchste Tapferkeitsauszeichnung, das Eichenlaub mit Schwertern und Brillanten, nach 101 Luftsiegen, überreicht bekam.

Deutsche Afrikakorps

Nachdem die Italiener in Libyen eine Offensive begonnen hatten, aber empfindliche Rückschläge erlitten, bat im Januar 1941 Mussolini Hitler um Hilfe, die er ihm zusagte.

Am 6.2.1941 erfolgte die Aufstellung des Deutschen Afrikakorps unter General Rommel, der sofort zum Angriff überging und der bis zum Gegenangriff der Briten am 18.11.1941 erfolgreich verlief. Rommel zog sich mit seinen Truppen zurück und durch die dreitägige Panzerschlacht bei Agedabia Ende Dezember 1941 bannte der „Wüstenfuchs" die Gefahr und konnte in Ruhe seine Truppen auffrischen für die nachfolgenden Jahre.

---

21 Schütz, Waldemar: Lexikon Deutsche Geschichte im 20. Jahrhundert, S.266.

Der Balkanfeldzug

Deutschland verfolgte auf dem Balkan keine territorialen Interessen, bemühte sich jedoch, die wirtschaftlichen Beziehungen zu vertiefen. Sowohl Jugoslawien als auch Griechenland waren mit großem Abstand Deutschlands größte Handelspartner. Das galt für die Einfuhr und Ausfuhr. Deutschland bemühte sich vergeblich, die Kriegsausweitung zu verhüten und den Frieden in diesem Teil Europas zu erhalten. Der vom 6. April bis zum 30. April 1941 deutsche Feldzug gegen Jugoslawien und Griechenland, das mit Großbritannien verbündet war, hatte seinen Ursprung im italienischen Angriff am 28. Oktober 1940, der ohne Absprache mit Deutschland erfolgte. Die griechische Armee konnte die Italiener weit nach Albanien zurückdrängen.

Im Dreimächtepakt, der 1940 ursprünglich von Deutschland, Italien und Japan unterzeichnet worden war, verpflichteten sich die Staaten „mit allen politischen, wirtschaftlichen und militärischen Mitteln gegenseitig zu unterstützen..."[22]. Mehrere europäische Staaten traten diesem Pakt später bei, u.a. Jugoslawien am 25. März 1941 in Berlin. Nach dem Beitritt Bulgariens zum Dreimächtepakt am 1.3.1941 betraten deutsche Truppen dieses Land, um schneller gegen die sich drohende Gefahr durch die englischen Landungen auf dem griechischen Festland vorgehen zu können.

Hitler befürchtete, dass die in Griechenland festgesetzten britischen Truppen die rumänischen Ölfelder, auf die Deutschland angewiesen war, bombardieren könnten. Darüber hinaus wollte er seinen Verbündeten nicht im Stich lassen.

Zwei Tage nach dem Beitritt Jugoslawiens zum Dreimächtepakt wurde die jugoslawische Regierung durch fremde Einmischung Großbritanniens, der Sowjetunion und der USA gestürzt.

Am 5. April 1941 erfolgte die Unterzeichnung eines Freundschafts- und Nichtangriffsvertrages zwischen Jugoslawien und der Sowjetunion. Dieser unfreundliche Akt, der Hitlers

---

22 Vertrags-Ploetz, S.194.

letzte Zweifel gegen einen Präventivkrieg zerstreute, zeigte offenkundig, dass Moskau am Belgrader Putsch beteiligt war. Hitler hatte zu Recht die Zuverlässigkeit jugoslawischer politischer Verhältnisse misstraut.

Churchill war bestrebt, die Deutschen zum Kampf in Südeuropa zu zwingen, wobei die USA Pate standen. Im März 1941 empfing Churchill den US-Amerikaner Colonel William Donovan, der gerade vom Balkan zurückgekehrt war. Churchills Sekretär John Colville notierte unter dem 4. März in seinem Tagebuch: „Die Bühne dort ist vorbereitet, und der Vorhang kann sich jederzeit heben"[23].

Diese überraschende Entwicklung „zwang zu sofortigen militärischen Maßnahmen"[24].

Am 17. April kapitulierte die gesamte jugoslawische Wehrmacht, vier Tage später folgte ihr die griechische Armee. Ende Mai konnte Kreta mit großen Verlusten hauptsächlich aus der Luft erobert werden. Wegen der Verluste wollte Hitler nie wieder eine Luftlandeaktion unternehmen.

„,Mit Rücksicht auf die allgemein tapfere Haltung dieser Soldaten' wurden die griechischen Kriegsgefangenen - ebenso wie auch von den Angehörigen der jugoslawischen Wehrmacht die volksdeutschen, kroatischen, ungarischen, rumänischen und mazedonischen Soldaten – sofort nach den Kampfhandlungen in ihre Heimat entlassen..."[25].

Laut seiner Reichstagsrede Hitlers vom 4. Mai 1941 wurden rund 8.000 griechische Offiziere und 210.000 Mann gefangen genommen[26].

Verhältnis zur Türkei

Hitler legte großen Wert auf ein vertrauenswürdiges und freundschaftliches Verhältnis zur Türkei, die im ersten Welt-

---

23 Colville, John: Downing Street Tagebücher 1939-1945, S.255.
24 Six, Franz Alfred: Dokumente der deutschen Politik: Der Kampf gegen den Osten 1941, S.30.
25 Ebd., S.51.
26 Ebd., S.122.

1941 – DAS EXPLOSIVE JAHR

krieg mit Deutschland verbündet war und nach dessen Niederlage erhebliche Verluste hinnehmen musste. In der bereits erwähnten Rede vom 4. Mai lobte der Reichskanzler, dass die Türkei „die Unabhängigkeit des eigenen Entschlusses"[27] wahrte. Seine Worte fanden „in den Herzen aller Türken die wärmste Aufnahme"[28].

Die Türkei hielt an der Neutralität fest, obgleich sie durch die Briten wegen des Einmarsches deutscher Truppen in Bulgarien zu einer Intervention gedrängt wurde. „Doch die Beziehungen mit Deutschland sollten auf eine feste Basis gestellt werden"[29]. Der am 18. Juni 1941 abgeschlossene Deutsch-Türkische Freundschaftsvertrag verpflichtete beide Staaten, sich „gegenseitig die Integrität und Unverletzlichkeit ihres Staatsgebietes zu respektieren..."[30].

Im Oktober 1941 schlossen Deutschland und die Türkei ein Abkommen zur Regelung des Warenverkehrs für die Zeit bis zum 31. März 1943, das einen Warenaustausch von fast 200 Millionen Reichsmark in jeder Richtung vorsah. Die deutschen Lieferungen umfassten vor allem Erzeugnisse der Eisen- und Stahlindustrie und der eisenverarbeitenden Industrien, was auch Kriegsmaterial einschloss. Die Türkei lieferte Rohstoffe und Nahrungsmittel wie Olivenöl, Tabak und Baumwolle. „Nach einer Mitteilung des deutschen Verhandlungsleiters sind auch türkische Lieferungen von Chromerz und Kupfer vorgesehen, womit das bisherige englische Bezugsmonopol für türkisches Chromerz gebrochen worden wäre"[31].

Wenige Wochen vor dem Kriegsende in Europa jedoch erklärte die Türkei am 23.Februar 1945 dem Deutschen Reich den Krieg.

---

27 Ebd., S.114.
28 Äußerung des Ministerpräsidenten Saydam am 4.7.1941; zit. nach ebd., S.114, Fußnote 1.
29 Vertrags-Ploetz, S.197.
30 Ebd.
31 Archiv der Gegenwart vom 9.Oktober 1941, S.5226.

Einmarsch in den neutralen Iran

Am 25. August 1941 marschierten britische, indische und sowjetische Truppen in den Iran ein und beriefen sich darauf, „daß dies zur Unterbindung deutscher Machinationen geschehe"[32].

Drei Tage später gaben die Perser ihren Widerstand auf. Am 27. August wurde eine neue iranische Regierung gebildet.

Vielsagend klang die Eintragung von Colville in seinem Tagebuch vom 25.8.41: „Heute begann unser seit langem geplanter Einmarsch in Persien. Ich fürchte, dies ist ein aggressiver und nicht ganz gerechtfertigter Akt, nur zu begründen durch das – hier allerdings auch zweifelhafte – Prinzip Salus populi supra lex"[33].

Mitte August waren Engländer und Sowjets bei den Persern vorstellig geworden über den Aufenthalt Deutscher in diesem Land und forderten Maßnahmen. Ein iranischer Gesandter teilte der Presse mit, dass die Gesamtzahl der Deutschen im Iran ungefähr 700 Personen betrage und dementierte die Existenz einer deutschen fünften Kolonie.

Offiziell wurde der Einmarsch mit „Vorsichtsmaßnahmen militärischer Natur, zur Bekämpfung deutscher Attentatsversuche gegen die Sicherheit Irans und englischer Interessen in Iran und Mittelost"[34] begründet.

Der Schah wurde nach „Südafrika deportiert"[35].

Was die Alliierten später den Deutschen vorwarfen, praktizierten sie schon 1941. „Persische Zwangsarbeiter mußten zwischen Abadan und der Südküste des Kaspischen Meeres eine Trasse für den Kraftwagentransport von Leih-Gütern bauen"[36].

---

32 Ploetz, Auszug aus der Geschichte, S.834.
33 Colville, John: Downing Street Tagebücher 1939-1945, S.306.
34 Archiv der Gegenwart vom 25. August 1941, S.5164.
35 Dahms, Hellmuth Günther: Der Zweite Weltkrieg in Text und Bild, S.149.
36 Ebd.

Heß- Flug nach Großbritannien

Der sowjetische Botschafter in London, Maiski, notierte unter 3. Juni 1941 in sein Tagebuch, dass anlässlich eines Besuches von Baron Beaverbrook dieser ohne Zögern sich äußerte: „Ach, Heß ist natürlich Hitlers Sendbote"[37].
Bemerkenswert ist Beaverbrooks Einlassung zu Hitlers Plänen: „Hitler wolle zweifellos Frieden: er hat schon unmittelbar nach dem Zusammenbruch Frankreichs über Schweden ein Friedensangebot (‚zu ehrenhaften Bedingungen') unterbreitet. Er hat sich jetzt durch Heß ein Friedensangebot geschickt und ist dabei, in den Vereinigten Staaten eine große ‚Friedensoffensive' zu lancieren; daraus ist bis jetzt nichts geworden; und daraus wird nichts werden!"[38].
Churchill betonte wiederholt mit Entschlossenheit, den Krieg bis zum bitteren Ende fortzusetzen. Eine Verständigung mit Deutschland kam gar nicht in Frage.
Am 10. Mai 1941 flog Rudolf Heß in einer geheimen Friedenskommission in einer Jagdmaschine des Typs Me110 nach England. Allein diese fliegerische Tat mit dem Fallschirmabsprung kann als eine meisterhafte Leistung bezeichnet werden. „Es besteht nach Lage der Dinge kein plausibler Grund für die Annahme, daß Hess diese Entscheidung eigenmächtig ohne Hitlers Wissen getroffen haben könnte"[39].
Ein Ereignis kurz vor seiner Friedensmission bekräftigt diese Schlussfolgerung. In den ersten Maitagen trafen sich Hitler und Heß in der Berliner Reichskanzlei zu einem vierstündigen Gespräch unter vier Augen. Ein „Ohrenzeuge" berichtete vor seinem Tode folgendes: „Die vierstündige Unterredung sei zeitweise so erregt gewesen, erklärte der im Vorzimmer wartende Polizeibeamte, daß die Stimmen deutlich zu vernehmen, wenn auch einzelne Wörter nicht zu verstehen waren. Ganz deutlich hörte Portner jedoch, als die beiden lebhaften Gesprächspartner das Zimmer verließen, wie sich Hitler von seinem Stellvertreter verabschiedete, als er ihn hinaus-

---

37 Gorodetsky, Gabriel: Die Maiski-Tagebücher, S.525.
38 Ebd., S.526.
39 Schwarze, Ulrich: Kein Ende des Sonderweges 1939-1990, S.131.

begleitete. Er hatte ihn den Arm um die Schultern gelegt und sagte ihm, er sei doch ‚ein rechter Dickkopf'"[40].

In einem Brief vom 15. Mai 1941 an Präsident Roosevelt schilderte Tony Biddle jr. seinen Eindruck, „daß, während Herr Heß erkennbar ein Flüchtling vor einem Konflikt innerhalb der Nazipartei im Ergebnis der Gegnerschaft zu einer engen Zusammenarbeit mit Rußland sein dürfte, sollte die Möglichkeit nicht übersehen werden, daß sein plötzliches Eintreffen hier einerseits eine untergründige, von Hitler gespielte Karte sein könnte, um in England Verwirrung und Zweifel sowie Verwirrung in der Türkei, in Spanien und Frankreich zu schaffen, und andererseits als Ansporn für die Isolationisten in den Vereinigten Staaten"[41].

Drei Tage nach der Landung von Heß in Großbritannien fasste der Privatsekretär von Churchill, Colville, die damalige Situation treffend zusammen: „Am Vormittag, mit dem Premierminister aus dem Parlament zurückgekehrt, sah ich einen Bericht über die Unterredung, die Kirkpatrick mit Heß führte; nur Eden, Attlee und Beaverbrook werden ihn lesen. Aus dem Bericht geht hervor, daß Heß kein Verräter ist, sondern aufrichtig glaubt, er könne uns davon überzeugen, daß der Krieg für uns nicht zu gewinnen und ein Kompromißfrieden erreichbar sei"[42].

Kurz nach dem Heß-Flug empfing Hitler am 12. Mai den Geopolitiker Albrecht Haushofer. „Dieser soll persönlich die Möglichkeiten für Verhandlungen mit England ausloten"[43].

Von Papens Sondierungen

Kurz anzumerken bleibt, dass der deutsche Botschafter in Ankara, von Papen, in der Türkei Friedenssondierungen vornahm, nachdem der deutsch-türkische Freundschaftsver-

---

[40] Heß, Rudolf Heß: „Ich bereue nichts", S.65.
[41] Biddle an FDR zu R. Heß vom 15.5.41 aus London; Kopie im Besitz des Verfassers.
[42] Colville, John: Downing Street Tagebücher 1939-1945, S.274.
[43] Wolf, Reinhold: Die Hitler-Chronik 1889-1945, S.333.

trag abgeschlossen worden war. Letztendlich verliefen die Gespräche des türkischen Außenministers Saracoglu mit der britischen Botschaft im Sande. Heftigen Gegenwind blies von Papen seitens des Reichsaußenministers von Ribbentrop entgegen, da der deutsche Botschafter eigenmächtig seine Kompetenzen überschritten hatte. Von Ribbentrop wies ihn an, „diesen Gedanken keinesfalls weiter zu verfolgen und auch in Gesprächen mit dortigen Diplomaten nicht zu erörtern"[44].

Weitere Ausgleichsversuche blieben in den Anfängen stecken und wurden nicht weiter verfolgt.

Unternehmen „Barbarossa"

Angesichts der Greuel der russischen Revolution und des Regimes unter Stalin sowie der Okkupation von sechs Nachbarstaaten ließ eine begründete Furcht gegen eine Bolschewisierung weiterer Teile Europas aufkommen, so dass Hitler im bevorstehenden Kampf mehrere Verbündete an seiner Seite vereinen konnte.

Bei der Einnahme Belgrads am 13.4.1941 fand eine deutsche Einheit in der unverschlossenen sowjetischen Gesandtschaft ein aufschlussreiches Dokument, das mit folgenden Sätzen begann: „Die UdSSR wird erst im gegebenen Moment reagieren. Die Achsenmächte haben ihre Streitkräfte weitgehend verzettelt, und deshalb wird die UdSSR plötzlich gegen Deutschland losschlagen..."[45].

Zahlreiche Maßnahmen der Roten Armee beweisen den Offensivcharakter ihres Aufmarsches, die im Rahmen dieser Arbeit nur andeutungsweise dargelegt werden können. Die starke Massierung der russischen Kräfte in den nach Westen vorspringenden Bereichen bei Lemberg und Bialystok deutete auf einen Überraschungsangriff in das Generalgouvernement hin. Die Masse der russischen Kavallerieverbände war in Grenznähe versammelt. Die frontnahen Truppenkontin-

---

44 ADAP, Serie D, Band XIII. 1, Dok.145, S.174.
45 Unveröffentliches Manuskript über die Vorgeschichte des Rußlandfeldzuges vom Verfasser, um 1978.

gente waren mit einer außergewöhnlich starken Ausstattung von Panzerverbänden versehen. Die Hauptvorratslager der Armee und die Mobilmachungsreserven wurden unmittelbar an der Grenze massiert angelegt. Der Aufmarsch einer relativ starken Gruppe gegenüber der ungarischen Grenze ließ sich mit Verteidigungsmaßnahmen nicht in Einklang bringen.

Die Nationalsozialisten haben wiederholt betont, dass sie nicht daran dächten, ihre Ideologie ins Ausland auszuführen, was eine Verbreitung der NS-Ideologie als Motivierung für den Ostkrieg ausscheidet.

Außerdem muss in Erinnerung zurückgerufen werden, dass Hitler nachweislich einen Zweifrontenkrieg für falsch und gefährlich hielt.

Generaloberst Jodl führte in Nürnberg aus, dass dieser Feldzug nur aus rein strategischen Gründen geführt worden sei. Eine Erweiterung des Lebensraumes oder als Ernährungsbasis spielten dabei keine Rolle.

Einerseits war Stalin vor Hitlers Absicht gewarnt worden, andererseits rechnete Stalin mit Krieg, wie er am 5. Mai 1941 vor Absolventen der Militärakademie geäußert hatte.

Im Laufe des Gesprächs mit Harry Hopkins sagte Stalin: „die russische Armee sei mit einem Überraschungsangriff konfrontiert gewesen: er selbst habe nicht gedacht, daß sie losschlagen würden, aber er habe alle möglichen Vorbereitungen zur wirksamen Mobilisierung seiner Armee getroffen..."[46].

Anzumerken bleibt, dass zum Zeitpunkt dieses Gespräches die Besetzung des neutralen Irans bereits zwischen London und Moskau abgesprochen war.

Die militärische Auseinandersetzung der beiden konträren Weltanschauungen wurde wahrlich ein Kampf um Leben und Tod, der mit einer Härte geführt wurde, die den anderen Kriegsschauplätzen weitgehend fremd blieb. Stalin rief am 3.7.1941 die Völker der Sowjetunion zum Partisanenkampf auf und proklamierte gleichzeitig den „Vaterländischen Krieg", aus dem er 1945 schließlich als Sieger hervorging.

Die große Anzahl der Gefangenen, die in den ersten

---

46 Konferenz am 31.7.1941 zwischen Stalin und Hopkins im Kreml; Kopie (engl./dt.) im Besitz des Verfassers.

Schlachten gemacht worden waren, und die Erbeutung von vielen Panzern und Geschützen bewiesen die Größe der bolschewistischen Angriffsvorbereitungen.

Aufschlussreich ist eine Aussage des chinesischen Botschafters, Dr. Wellington Koo, gegenüber Colville über die Wirksamkeit der Taktik der „‚Verbrannten Erde...', die die Russen jetzt gegenüber den deutschen Eindringlingen anwenden"[47].

Die US-Regierung machte im Sommer 1941 deutlich, dass sie die antideutschen Kräfte unterstützen würden, wozu auch die kommunistische Sowjetunion gehörte. Am 2. August wurde ein Handelsvertrag abgeschlossen, der die Lieferung von kriegswichtigen Materialien zusagte. Der erste Transport verließ am 6. August die USA in Richtung Wladiwostok.

Position Japans

Hitler rechnete mit der Beteiligung Japans gegen die Sowjetunion; eine Rechnung, die nicht aufging.

Bei der Unterredung mit dem japanischen Außenminister Matsuoka in Berlin am 27.3.1941 setzte von Ribbentrop ihm die Forderungen Molotows auseinander und machte Andeutungen auf einen kommenden Konflikt zwischen den beiden Staaten, falls die Sowjets Deutschland bedrohen würden. „Der japanisch-sowjetische Nichtangriffsvertrag wurde daher in Berlin nicht gerade mit Erleichterung aufgenommen, denn er ermöglichte es den Sowjets, ihre in Südostasien stehenden Truppen ohne Risiko nach Europa zu verlegen"[48].

Lage Ende 1941

Die kritische Lage an der Ostfront war im Dezember 1941 nicht zu übersehen, die zu unüberbrückbaren Meinungsverschiedenheiten führten, in dessen Verlauf Generalfeldmar-

---

47 Eintragung vom 16.7.1941, Colville, ebd., S.295.
48 Unveröffentliches Manuskript über die Vorgeschichte des Rußlandfeldzuges vom Verfasser, um 1978.

schall von Brauchitsch und Generaloberst Guderian entlassen wurden. Guderian hatte über mangelnden Nachschub und fehlende Winterbekleidung Klage geführt, so dass er zur Einschätzung kam, dass ein Sieg im Osten nicht mehr wahrscheinlich sei. Den Oberbefehl des Heeres übernahm der Reichskanzler selbst.

Der deutsche Feldherr ließ die Standfestigkeit vermissen, als seine Generäle unbedingt Moskau angreifen wollten. Die Einnahme der russischen Hauptstadt, an der schon Napoleon gescheitert war, blieb ihnen verwehrt. Der strenge Winter machte einen geordneten Rückzug unmöglich, so dass Hitler das Stehenbleiben befahl, was letztendlich die Front rettete.

Präventivschlag

„Es war der deutsche Angriff vom 22. Juni 1941, der die Pläne Stalins und den Aufmarsch gegen Europa zunichte gemacht hat. Dieser Angriff, ob Präventivkrieg oder nicht, hat Deutschland und Europa aus einer Gefahrenlage gerettet, von der man hier gar keine Ahnung gehabt hatte. Der Angriff bedeutete nicht weniger als die Rettung des Abendlandes"[49].

Ein ehemaliger Richter bringt es auf den Punkt: „Daß Stalin Europa nicht bis zur Atlantikküste überrennen und vereinnahmen konnte, bleibt das Verdienst der Wehrmacht"[50].

Schwipper, Generalmajor a.D., kommt zum Fazit: „Aus heutiger Sicht und nach Kenntnis der veröffentlichten Dokumente – Ja, der Angriff der Wehrmacht war ein Präventivschlag!"[51]

Atlantik-Charta

Am 12. August 1941 verfassten Churchill und Roosevelt auf dem US-Kriegsschiff „Augusta" eine acht Punkte umfassende

---

49 Heinrich Beisse, Überlegungen zum Rußlandfeldzug 1941, an Dr. Alfred Schickel, S.8, undatiert; Kopie im Besitz des Verfassers.
50 Schwarze, Ulrich: Kein Ende des Sonderweges 1939-1990, S.145.
51 Schwipper, Bernd: Deutschland im Visier Stalins, S.535.

Grundsatzerklärung, in der einige ihrer Kriegsziele genannt wurde wie der Verzicht der Sieger auf Gebietsansprüche und das Selbstbestimmungsrecht der Völker. Es wurde bekannt gegeben, dass die Punkte Deutschland nicht zugutekommen sollen.

Zwei Tage später wurden gleiche Erklärungen in London und Washington abgegeben.

Von deutscher Seite wurde ausgeführt: „... Nur habe man vergessen, daß ein Plagiat der Wilsonschen Punkte – und dazu noch ein schlechtes – schon deshalb keine Zugkraft finden könne, weil ihre Verfasser einmal die gleichen seien, die schon damals, vor kaum 25 Jahren, die Welt durch Vorspiegelung nicht ernst gemeinter Versprechungen betrogen hätten und weil sie ferner seitdem durch ihre Handlungen längst wieder bewiesen hätten, wie es in Wahrheit um ihre eigentliche Gesinnung und politische Zielsetzung bestellt sei..."[52].

Wohlgemerkt, diese Übereinkunft fand statt, als die USA noch als neutral galt und noch nicht aktiver Kriegsteilnehmer war. Sie war die Eintrittskarte für den bald folgenden Weltenbrand.

Churchills Kriegswillen

Der sowjetische Botschafter in London, Iwan Maiski, hielt in seinem Tagebuch fest: „Eine ebenso große Leidenschaft Churchills ist der Krieg"[53]. Wenige Zeilen später fährt Maiski mit seiner Einschätzung fort: „Er hat ‚seinen' Krieg, einen gigantischen Krieg, in dem er wie ein fanatischer Schachspieler mit aller Entschlossenheit darangeht, Hitler mattzusetzen"[54].

Die Kriegsentschlossenheit geht schon auf das Jahr 1936 zurück. „Nach Mitteilung des amerikanischen Generals Wood vor dem Auswärtigen Ausschuß des USA-Senats am 4. Februar 1941 hatte Churchill im Jahre 1936 ihm gegenüber in

---

52 Archiv der Gegenwart, ebd., vom 18.8.1941, S.5156.
53 Gorodetsky, Gabriel: Die Maiski-Tagebücher, S.521.
54 Ebd.

einer Unterredung geäußert: ‚Deutschland wird zu stark: wir müssen Deutschland vernichten'"[55].

Auf eine offene Kriegsführung durch die USA musste Churchill noch warten. Zur Beruhigung erklärte der amerikanische Präsident jedoch: „Es kann sein, daß ich keinen Krieg erklären werde, aber ich werde einfach einen Krieg führen. Wenn ich den Kongreß auffordern würde, den Krieg zu erklären, dann diskutiert er erst mal drei Monate lang!"[56]

Krieg mit den USA

„Am 15. April 1941 erklärte Senator Wheeler nach einem Bericht der ‚New York Times' in Denver, Colo., daß Tausende in den Blutbädern Europas und Afrikas wegen der Zusicherung geopfert worden sind, die die Gesandten und Vertreter Präsident Roosevelts ihren Regierungen gegeben haben. Amerikas Versprechungen militärischer Hilfe an Jugoslawien und Griechenland konnten nicht erfüllt werden, aber sie haben diese Staaten den blutigen Weg zum Kriege geführt. Unsere Garantien für den Balkan sind ebensowenig verwirklicht worden wie die Englands und Frankreichs an Polen"[57].

„Ein ABC-1-Staff-Agreement vom März 1941 enthielt – als Report getarnt – strategische Leitlinien des künftigen Koalitionskrieges gegen die Dreierpaktmächte. Zuerst sollte Deutschland, dann Japan niedergeworfen werden"[58].

---

55 Six, Franz Alfred: Dokumente der deutschen Politik: Der Kampf gegen den Osten 1941, S.103, Fußnote 3.
56 zit. nach Kosiek, Rolf/Rose, Olaf (Hrsg.): Der Große Wendig, Bd.1, S.619.
57 Hedin, Sven: Amerika im Kampf der Kontinente, S.110.
58 Dahms, Hellmuth Günther: Der Zweite Weltkrieg in Text und Bild, S.126.

Roosevelts Provokationen

Am 6. Juni 1941 erließ Präsident Roosevelt eine eindeutige völkerrechtswidrige Anordnung, dass alle deutschen, italienischen, französischen, rumänischen, spanischen und baltischen Schiffe zu beschlagnahmen seien. Die Guthaben der Achsenmächte wurden eingefroren. Ein paar Wochen später – am 25. Juni – erklärte er, dass die Besetzung Islands seitens Amerikas – es wurden 15.000 US-Soldaten stationiert – erfolgt sei, um einer deutschen Besetzung Islands zuvorzukommen. Roosevelt ließ Grönland im September von amerikanischen Truppen besetzen und unterstellte es der US-amerikanischen Verwaltung. Protest der dänischen Regierung drang nicht durch.

Am 16. Juni forderte die Regierung der USA die Schließung der deutschen Konsulate. Die deutschen Gegenmaßnahmen folgten auf dem Fuße.

Als eine provozierende Maßnahme muss sein Schießbefehl vom 11.9.1941 gewertet werden, ohne Warnung deutsche Kriegsschiffe im Atlantik anzugreifen (shoot on sight). Der US-Zerstörer „Greer" versuchte erfolglos einen Angriff auf ein deutsches U-Boot.

US-Bewacher griffen am 29.9. ein deutsches U-Boot östlich von Grönland mit Wasserbomben an.

Ein weiterer provokativer Zwischenfall ereignete sich am 17.10., als der US-Zerstörer „Kearney" ein deutsches U-Boot mit Wasserbomben angegriffen haben soll. Die amerikanische Seite berichtete jedoch, dass „Kearney" angegriffen worden sei, was Vermisste und Verletzte gefordert habe. Ein Protest der amerikanischen Regierung unterblieb jedoch.

Sonstige Ereignisse mit der US-Marine hat das Kriegstagebuch der deutschen Seekriegsleitung festgehalten, deren Wiedergabe den Rahmen dieser Arbeit sprengen würde.

Am 6. November enterte ein amerikanischer Kreuzer den deutschen Dampfer „Odenwald" (5.000 Tonnen), schleppte ihn nach San Juan (Puerto Rico) und setzte die Besatzung gefangen. Wegen illegaler Benutzung der Hoheitszeichen entschied wenige Tage später das Bundes-Distriktgericht, dass das Schiff der „Regierung der Vereinigten Staaten zugesprochen wurde"[59].

Bereits am 15. Juli hatte die schwedische Zeitung „Aftonbladet" berichtet, dass Roosevelt der US-Flotte befohlen habe, „ohne Warnung auf jedes deutsche U-Boot Flugzeug oder Kriegsschiff das Feuer zu eröffnen. Sollte eine auf diese Weise ohne Warnung und überraschend angegriffene deutsche Einheit in der Lage sein, über den amerikanischen Angriff nach Deutschland Meldung zu erstatten, so beabsichtige die amerikanische Regierung den Angriff zu leugnen und die Sache so klarzustellen, als wenn eine Verwechslung mit englischen Streitkräften vorläge..."[60].

Am 17. September ersuchten Raeder und Dönitz Hitler um die Erlaubnis, amerikanische Schiffe anzugreifen, die England beliefern. Ihr Ersuchen wurde abgelehnt, um eine Provokation des amerikanischen Präsidenten auch weiterhin zu vermeiden.

„Hitlers Bereitschaft zur duldenden Hinnahme von Provokationen wurde Mitte November noch nicht einmal von der Verabschiedung eines Zusatzes zum ‚Neutrality Act' von 1939 erschöpft, worin die Bewaffnung von Handelsschiffen und deren Weiterfahrt bis in britische Häfen gestattet wurde. Deutschland konnte an den offenen Ausbruch von Feindseligkeiten mit den Vereinigten Staaten nichts liegen"[61].

Krieg durch die Hintertür

Roosevelt gelang es nicht, Hitler zum Krieg herauszufordern und musste daher versuchen, sein Augenmerk auf Japan zu richten. Inzwischen hatte sich der japanisch-amerikanische Konflikt durch provokative Handlungen Roosevelts zugespitzt, die die japanische Wirtschaft in den Würgegriff nahm.

---

59 Archiv der Gegenwart, ebd., S.5282.
60 Ebd., S.5122.
61 Sautter, Udo: Geschichte der Vereinigten Staaten von Amerika, S.448.

1941 – DAS EXPLOSIVE JAHR

Japan sah in einem Befreiungsschlag auf den amerikanischen Stützpunkt Pearl Harbor die einzig verbliebene Möglichkeit, die Streitkräfte weiterhin kampffähig zu erhalten. Anzumerken bleibt, dass die Amerikaner den Code der japanischen Marine geknackt hatten.

„Zehn Tage vor Pearl Harbor vermerkte Kriegsminister Henry L. Stimson in seinem Tagebuch, Roosevelt habe ihm gegenüber geäußert, es sei amerikanische Politik, Japan dazu zu bringen, die USA anzugreifen"[62].

Obgleich der Dreimächtepakt laut Artikel 3 im vorliegenden Konflikt keinen Bündnisfall vorsah, erklärten Deutschland und Italien am 11. Dezember 1941 den USA den Krieg, die lange Zeit vorher die Neutralität ohnehin verletzt hatten. Am selben Tag schlossen Deutschland, Italien und Japan ein vier Artikel umfassendes Abkommen über eine gemeinsame Kriegsführung, die nur bis zum Abfall Italiens Bestand hatte. Der von Washington ersehnte Krieg war endlich Realität geworden, so dass die beiden Wirtschaftskonkurrenten Deutschland und Japan vernichtet werden konnten.

Roosevelt ist es zu keinem Zeitpunkt gelungen, die wiederholt aufgestellte Behauptung zu beweisen, dass die Dreimächtepaktmächte eine drohende Gefahr für die Staaten der westlichen Hemisphäre darstellen würden.

Roosevelts Krieg

Die am 2. Dezember 1823 verkündete Monroe-Doktrin wurde unter Roosevelt „umgeprägt in eine politische Doktrin, die alle Möglichkeiten amerikanischer Machtentfaltung ausschöpfte"[63].

Ursächlich hing die kriegerische Auseinandersetzung mit den Vereinigten Staaten mit der schwungvollen Wirtschaftspolitik des Dritten Reichs zusammen, da es mit vielen Staaten Südosteuropas und Südamerikas bilaterale Handelsverträge abschloss, wodurch das Wirtschaftssystem Roosevelts ihr Nachsehen hatte.

---

62 zit. nach Kosiek, Rolf/Rose, Olaf: Der Große Wendig, Bd.1, S.626.
63 Hansen, Gottfried (Hrsg.): Nauticus 1944, S.105.

Am 27. Mai 1941 wandte sich Roosevelt unter dem Titel „Plauderei am Kamin" an die amerikanische Nation und erklärte erneut, dass Deutschland sowohl die USA und die südamerikanischen Staaten bedrohe, da die Deutschen die Weltherrschaft beabsichtigen. Er hob die Bedeutung der Meere hervor. „Wir haben daher unsere Patrouillen in den Gewässern des Nord- und Südatlantik ausgedehnt"[64]. Wenig später wurde er noch deutlicher: „Wir lassen unsere Streitkräfte an den strategisch wichtigen Punkten Aufstellung nehmen..."[65].

Bei einem Empfang des amerikanischen Botschafters für Belgien und Luxemburg, John Cudahy, am 23. Mai entkräftete Hitler die Behauptung, dass Deutschland den amerikanischen Kontinent angreifen wollte. „Hitler weist alle Behauptungen eines deutschen Angriffs auf den amerikanischen Kontinent als völlig haltlos zurück"[66].

In einem offenen Brief an das amerikanische Volk wies Oberst Lindberg am 21.3.1941 warnend daraufhin, „daß die Vereinigten Staaten mit steigender Schnelligkeit und perfiden Mitteln in den Krieg hineingetrieben würden"[67].

Roosevelt kündigte in seiner Jahresbotschaft Anfang 1941 bereits das Verleihen von Kriegsmaterial an. In der Vorlage hieß es, „daß der Präsident ermächtigt werden sollte, jederzeit, wenn es seiner Ansicht nach im Interesse der nationalen Verteidigung liege, den Marine- und den Kriegsminister sowie jeden anderen Minister zu beauftragen, in den Arsenalen Kriegsmaterial für jedes Land herstellen zu lassen, dessen Verteidigung der Präsident als lebenswichtig für die Verteidigung der Vereinigten Staaten betrachtet. Weiter soll der Präsident ermächtigt werden, dieses Kriegsmaterial den genannten Regierungen zu verkaufen, zu leihen, es auszutauschen oder es ihnen sonst wie zur Verfügung zu stellen und anderes Kriegsmaterial im Interesse dieser Regierungen überprüfen und reparieren zu lassen. Ferner soll der Präsident ermächtigt werden, diesen auslän-

---

[64] Archiv der Gegenwart, ebd., S.5044.
[65] Ebd.
[66] Wolf, Reinhold: Die Hitler-Chronik 1889-1945, S.334.
[67] Archiv der Gegenwart, S.4942.

dischen Regierungen militärische Informationen zukommen zu lassen und alle Arten von Kriegsmaterial für den Export zuzulassen..."[68]. Das entsprechende „Lend-lease"-Gesetz trat im März 1941 in Kraft, das als „ein recht unverblümter Schritt zu weiterem amerikanischen Engagement im Krieg"[69] empfunden wurde. Im Laufe des Krieges beliefen sich die Unterstützungsleistungen auf rund „50 Milliarden Dollar"[70].

Nach einem Bericht Roosevelts an den Kongress vom 12. Juni hatten die USA für mehr als 75 Millionen Dollar bereits Kriegsmaterial exportiert. Am 26. April lieferte er 20 Schnellboote an die Briten.

Am 16. September gab das Staatsdepartment bekannt, dass US-Schiffe Kriegsmaterial und Passagiere nach überseeischen Gebieten Englands befördern dürfen, was vorher den amerikanischen Handelsschiffen verboten war[71].

Am 18. August wurde die Militärdienstzeit auf 18 Monate verlängert.

Hitlers Kriegserklärung

Am 11. Dezember 1941 hielt Hitler eine entscheidende Rede im Reichstag, in der er den Vereinigten Staaten öffentlich den Krieg erklärte. Zuvor ging er ausführlich auf die deutsch-amerikanischen Beziehungen seit 1917 ein und zählte eine Reihe von Neutralitätsverletzungen auf. Er kam dann zum Fazit: „Dadurch ist das aufrichtige und von beispielloser Langmut zeugende Bestreben Deutschlands und Italiens, trotz den seit Jahren erfolgten unerträglichen Provokationen durch den Präsidenten Roosevelt, eine Erweiterung des Krieges zu verhüten und die Beziehungen zu den Vereinigten Staaten aufrechtzuerhalten, zum Scheitern gebracht worden"[72].

---

68 Archiv der Gegenwart vom 11.1.1941, S.4848.
69 Sautter, Udo: Geschichte der Vereinigten Staaten von Amerika, S.446.
70 Ebd.
71 Archiv der Gegenwart, ebd., S.5199.
72 Ebd., S.5310.

Nach einer durchschlagenden Argumentationskette, die schwerlich zu entkräften ist, kommt Hedin zur logischen Schlussfolgerung: „Dieser Krieg wird in die Geschichte eingehen als der Krieg des Präsidenten Roosevelt"[73].

Der deutsche Reichskanzler nahm ausdrücklich Bezug auf Roosevelts Rede vom 5. Oktober 1937 in Chicago, in der der Präsident öffentlich mit einer Art von Quarantäne gegen die autoritären Staaten drohte, die er aber namentlich nicht benannte.

Kultur

Hitler plante für die Zeit nach dem unnötigen Krieg den Aus- und Umbau mehrerer Großstädte. Ende Januar 1941 setzte er sich mit Frau Troost und Prof. Giesler in München zusammen, um die Gestaltung der bayerischen Metropole zu erörtern.

Im Laufe des Jahres ergingen Erlasse über städtebauliche Maßnahmen in den Städten Breslau, Bochum, Danzig, Klagenfurt, Lüneburg, Reichenberg, Hannover und Heidelberg sowie über die Neugestaltung von Frankfurt am Main, Stadt des deutschen Handwerks.

Trotz des Kriegsgeschehens eröffnete Dr. Goebbels am 26. Juli die große Deutsche Kunstausstellung in München.

Am 15. November unterzeichnete Hitler den Erlass über die Deutsche Akademie, die die Aufgabe zugewiesen bekam, die deutsche Sprache im Inlande zu erforschen und zu pflegen sowie ihre Förderung und Verbreitung im Auslande. Ferner sollte sie das deutsche Kulturgut in Vergangenheit und Gegenwart erforschen und pflegen.

Am 24. April wurde anlässlich des hundertjährigen Bestehens des Mozarteums in Salzburg die Hochschule zur ersten Reichsmusikhochschule erhoben[74].

Im Schulwesen gab es Neuerungen, die zum Teil noch heute gelten. Ein in ganz Deutschland einheitlicher Anfang des

---

[73] Hedin, Sven: Amerika im Kampf der Kontinente, S.202.
[74] Archiv der Gegenwart, ebd., S.5012.

Schuljahres wurde von Ostern nach Beendigung der großen Sommerferien verlegt[75].

Der Reichsminister Rust verfügte am 1. September durch einen Runderlass, „daß künftig an allen deutschen Schulen nur noch eine einzige Schrift, die ‚deutsche Normalschrift' gelehrt werden soll"[76]. Somit wurden sowohl die Sütterlin- als auch die Fraktur-Schrift weitgehend zurückgedrängt.

Wirtschaftspolitik

Reichswirtschaftsminister Funk führte am 12. Juni in Wien aus, „wie sehr die Wirtschaftsentwicklung in dem letzten Jahr das Vertrauen in die werdende Einheit Europas gerechtfertigt habe, die in wirtschaftlicher Beziehung schon vielfach eine Realität sei"[77].

1941 wurden Vereinbarungen mit Ungarn, Italien, Finnland, Kroatien, Mandschukuo, Rumänien, der Türkei und der Schweiz getroffen.

Auf der deutschen Ostmesse in Königsberg am 12. Oktober bekräftigte Funk die feste Absicht, „daß der Schwerpunkt des Europahandels, vor allem in den Ernährungsgrundstoffen und den lebenswichtigen Rohstoffen, im europäischen Machtbereich bleibe; denn künftige Kriege würden am sichersten dadurch unterbunden, daß wirtschaftliche Kampfmaßnahmen keine Aussicht auf Erfolg mehr böten"[78].

Vor der Wirtschaftskammer Sachsen in Dresden unterstrich er abermals die Anerkennung des Privateigentums[79].

Als eine Neugründung von Unternehmen ist die Ostfaser GmbH mit ihren Tochtergesellschaften zu nennen, die sich mit dem Woll-, Baumwoll-, Flachs- und Hanfeinkauf und der Verspinnung und Verwebung dieser Rohstoffe befasste[80]. „In

---

75 Ebd., S.4848.
76 Ebd., S.5187.
77 Ebd., S.5094.
78 Ebd., S.5234.
79 Ebd., S.5212.
80 Kehrl, Hans: Krisenmanager im Dritten Reich, S.229.

den Jahren 1941 bis 1943 kamen insgesamt etwa 300 Betriebe mit etwa 30000 Arbeitern in die Verwaltung der Ostfaser. Sie war der größte ‚Textilkonzern' Europas"[81].

Sozialpolitik

Mit dem Gesetz über die Verbesserungen der Leistungen in der Rentenversicherung vom 24. Juli 1941 wurde „die beitragsfreie Krankenversicherung der Rentner in den gesetzlichen Krankenkassen erstmals eingeführt"[82].

Die Rentenversicherungsträger zahlten an die Krankenkassen je Rentner einen monatlichen Pauschalbeitrag in Höhe von 3,30 Reichsmark.

Diese bedeutsamen Bestimmungen behielten nach 1945 ihre Gültigkeit und wurden durch Gesetz vom 12.6.1956 neu geregelt und seit dieser Zeit wiederholt geändert und ergänzt.

Rückwirkend ab 1. Juli wurden die Invalidenrenten und Ruhegelder ungekürzt um 6 RM, die Witwen- und Waisenrenten um 5 RM sowie die Waisenrenten um 4 RM erhöht. Ebenfalls erhöhten sich die Reichszuschüsse für Kleinrentner um 5 bis 8 RM monatlich, die nach der Größe der Gemeinden berechnet wurden[83].

Anfang 1941 regelte das Reichsfinanzministerium im Einzelnen den Ausbau der Fürsorge für Kriegerwaisen und die Kinder von Schwerbeschädigten in Form von „Ausbildungsbeihilfen", die beispielsweise beim Besuch einer mittleren oder höheren Schule bis zu 50 RM monatlich betragen konnten. Der tragende Gedanke bestand darin, dass diese Kinder in dem Bewusstsein aufwachsen sollten, „daß für ihre Ausbildung in jeder Hinsicht gesorgt wird"[84].

Das Gesamtaufkommen des Kriegswinterhilfswerks 1940/41 betrug 916.240.000 Reichsmark, gegenüber 681.000.000 im ersten Kriegs-WHW. Dabei stand das Hilfswerk „Mutter und

---

81 Ebd., S.231.
82 Kellenter, Theodor: Das Erbe Hitlers, S.289.
83 Archiv der Gegenwart 1941, S.5172.
84 Ebd., S.4924.

1941 – DAS EXPLOSIVE JAHR

Kind" im Mittelpunkt, dem 23.000 NSV- Kindergärten zur Verfügung standen. Infolge des Bombenkrieges wurden in der erweiterten Kinderlandversicherung „eineinhalb Millionen Kinder aus den luftgefährdeten Gebieten in andere Gaue des Reiches und zum Teil auch ins Ausland verschickt"[85].

Auch im Gesundheitswesen herrschte kein Stillstand. Am 25. Juli 1941 erließ der Reichsgesundheitsführer, Dr. Conti, eine Anordnung über die Diphtherieschutzimpfung, die er als das „wirksamste Mittel im Kampf gegen die Diphtherie" bezeichnete. Sie soll „auf der Grundlage der Freiwilligkeit durchgeführt werden"[86].

1939 sind im Deutschen Reich noch insgesamt 4.617 Personen an Diphtherie gestorben[87].

Am 15. August 1941 ordnete Hitler die Errichtung einer Reichsanstalt für Vitaminprüfung und Vitaminforschung an. Darüber hinaus wurden das „Arbeitstherapeutische Institut" der DAF in Friedrichsruh bei Öhringen/Stuttgart und das „Institut für Arbeitspsychologie und Arbeitspädagogik" gegründet, die eine moderne Betriebsführung den Weg geebnet haben.

Erwähnenswert ist noch die am 3. April 1941 erfolgte Beauftragung der DAF mit der Errichtung von Unterkünften für ausländische Arbeiter durch den Reichsarbeitsminister Seldte.

Zusammenfassend kann als Ergebnis angemerkt werden, dass die Kriegsausweitung zu einer Überdehnung der deutschen Streitkräfte geführt hat, die mit vergleichsweise schweren Verlusten einherging.

Angesichts der gewaltigen militärischen, personellen und wirtschaftlichen Überlegenheit der Gegner mussten sich die Deutschen ihnen mit Kampfgeist, Rüstungssteigerung und einer ungebrochenen Zuversicht entgegenstemmen, um nicht durch ein drohendes unerbittliches Schicksal ereilt zu werden. Der sehnlichst ersehnte Friede rückte in weite Ferne.

---

85 Ebd., S.5241.
86 Hauptamt für Volksgesundheit der NSDAP: Die Gesundheitsführung, Heft 9, September 1941, S.320.
87 Statistisches Jahrbuch 1941/42, S.82.

Literaturverzeichnis

Akten zur Deutschen Auswärtigen Politik 1918-1945, Serie D. 1937-1941, Band XIII.1, Göttingen (1970).
Archiv der Gegenwart 1941, Wien o.J.
Colville, John: Downing Street Tagebücher 1939-1945, Berlin (1988).
Dahms, Hellmuth Günther: Der Zweite Weltkrieg in Text und Bild, München/Berlin (1989).
Gorodetsky, Gabriel: Die Maiski-Tagebücher, München (2016).
Hansen, Gottfried (Hrsg.): Nauticus 1942, Berlin (1942).
Hansen, Gottfried (Hrsg.): Nauticus 1944, Berlin (1944).
Hauptamt der Volksgesundheit der NSDAP: Die Gesundheitsführung- Ziel und Weg, 1940-1942, Berlin o.J.
Hedin, Sven: Amerika im Kampf der Kontinente, Leipzig (1942).
Heß, Wolf Rüdiger: Rudolf Heß: „Ich bereue nichts", Graz/Stuttgart (1994).
Kehrl, Hans: Krisenmanager im Dritten Reich, Düsseldorf (1973).
Kellenter, Theodor: Das Erbe Hitlers, Kiel (2010).
Kosiek, Rolf/Rose, Olaf (Hrsg.): Der Große Wendig, Tübingen (2006).
Kurowski, Franz: So war der Zweite Weltkrieg: 1941- Der Weg zum Weltkrieg, Berg/Starnberger See (1991).
Lubrich, Oliver (Hrsg.): John F. Kennedy unter Deutschen, Reisetagebücher und Briefe 1937-1945, Berlin (2013).
Ploetz, Karl: Auszug aus der Gesichte, Bielefeld (1951).
Ploetz: Konferenzen und Verträge, Teil II, Band 4A: Neueste Zeit 1941-1959, Würzburg (1959).
Ploetz: Geschichte des Zweiten Weltkrieges, 2.Teil: Die Kriegsmittel, Würzburg (1960).
Rahn, Werner/ Schreiber, Gerhard (Hrsg.): Kriegstagebuch der Seekriegsleitung 1939-1945, Teil A, Band 21, Mai 1941, Herford (1990).
Sautter, Udo: Geschichte der Vereinigten Staaten von Amerika, Hamburg (2020).

Schütz, Waldemar: Lexikon Deutsche Geschichte im 20. Jahrhundert, Rosenheim (1990).
Schwarze, Ulrich: Kein Ende des Sonderweges 1939-1990, Tübingen (2013).
Schwipper, Bernd: Deutschland im Visier Stalins, Gilching (2015).
Seidler, Franz W.: Die Kollaboration 1939-1945, Selent (2019).
Six, Franz Alfred: Dokumente der Deutschen Politik 1941, Berlin (1944).
Statistisches Reichsamt (Hrsg.): Statistisches Jahrbuch für das Deutsche Reich 1941/42, Berlin (1942).
Wagenführ, Rolf: Die deutsche Industrie im Kriege 1939-1945, Berlin (2006).
Wolf, Reinhold: Die Hitler-Chronik 1889-1945, Gilching (2017).

Die Verfasser, 1946 in Einbeck (Niedersachsen) geboren, kehrte nach 8-jährigem Aufenthalt in Westkanada 1965 alleine nach Deutschland zurück und ergriff einen Beruf, den er bis 2006 ausübte. Er ist verheiratet, hat zwei erwachsene Söhne und wohnt in Westdeutschland Mit Geschichte befaßt er sich seit seinem 12. Lebensjahr. Zur Zeit arbeitet er an einem ausführlichen Werk zur Geschichte der ersten Hälfte des 20. Jahrhunderts.

Dichterfürst von Goethe versus Dramatiker von Kotzebue

Eine literarisch-intrigante Fehde um 1800 in Weimar

Zum 260. Geburtstag von August von Kotzebue

Von Frank Hildner

Ermordung August von Kotzebues

VON GOETHE VERSUS VON KOTZEBUE

August Ferdinand von Kotzebue war der erfolgreichste Dramatiker seiner Zeit. Seine rund 230 Schauspiele wurden weltweit gespielt, von St. Petersburg bis New York, in allen europäischen Residenzstädten, aber auch mittels Wanderbühnen in Dörfern. Komponisten vom Rang eines Beethoven, Schubert und Weber vertonten seine Opernlibretti und schrieben zu seinen Schauspielen Musik. Bereits zu Lebzeiten ehrte der Wiener Verleger Anton Doll den Erfolgsautor mit einer 56 Bände umfassenden Gesamtausgabe der dramatischen Werke. Während Goethes Theaterleitung (1791-1817) wurde im Weimarer Hoftheater an 451 Abenden Kotzebue gegeben. Goethes Bühnenwerke standen im gleichen Zeitraum hingegen nur 164-mal auf dem Programm. Der die Theatergesetze genial Beherrschende wurde seitens des preußischen Königspaares, Napoleons, der russischen Zaren, des Kaisers in Wien und sogar von der Königin von Neapel in Privataudienz empfangen. August von Kotzebue (1761-1819) wurde zweimal ermordet: einmal durch den radikalen Studenten Carl L. Sand und dann noch einmal durch die deutsche Literaturgeschichtsschreibung.

Kaum ein anderer Dramatiker um 1800 konnte sich mit seinem Werk einer derartigen Präsenz auf europäischen Bühnen erfreuen wie August von Kotzebue. Dies hängt mit seiner schier unvorstellbaren Produktivität zusammen, mit seinem sicheren Gespür für aktuelle Themen und nicht zuletzt mit seinem Instinkt für die Bühnenwirksamkeit seiner Dramen. Letztere gründet sich wesentlich auf die Tatsache, dass Text, Szene, Aktion und Musik in Kotzebues Dramen untrennbar miteinander verbunden sind. Wegen seiner präzisen Hinweise zur Integration der Musik stießen sie auch in einem ungewöhnlichen Maße auf das Interesse bei berühmten zeitgenössischen Komponisten. Andererseits gibt es wohl kaum einen Schriftsteller, dessen Popularität zu Lebzeiten in einem so krassen Gegensatz zu seiner nachmaligen Vergessenheit steht.

Erfreulicherweise wird wieder sichtbar, dass, nach einer langen Phase literaturgeschichtlicher Abwertung und Ausgrenzung, August von Kotzebue seit seinem 250. Geburtstag, eine Art leichte Renaissance erlebt. Der meistgespielte Dramatiker der Goethezeit - heute würde man sagen: Popstar der Goethe-Ära - ist nicht länger zu übergehen. Das setzte aber voraus, dass man ihn heutzutage, eher nach seiner kulturgeschichtlichen Bedeutung, nach der Repräsentation des Zeitgeistes, nach den Interessen des Publikums oder den Eingriffen ins politische Geschehen fragt, als ihn allein nach Maßstäben literarischer Qualität zu beurteilen. Kotzebues ungeheurer Publikumserfolg hat von Anbeginn zänkische Neider und literarische Gegner auf den Plan gerufen. Sie gingen von namhaften Persönlichkeiten, insbesondere von den Jenaer Frühromantikern August Wilhelm und Friedrich Schlegel aus und zogen rasch weite Kreise. Für die Brüder Schlegel und gleichgesinnte Verfechter einer progressiven Universalapoesie - und dieses Netzwerk war groß – wurde Kotzebue gleichsam zu einer Art Sündenbock, auf den man bequem alles der eigenen Ideologie Andersartige projizieren konnte, ohne sich rechtfertigen zu müssen.

Während Kotzebue in der russischen, englischen und französischen Kulturgeschichte hoch geschätzt wurde, in Frankreich sogar als Autor für die Schullektüre geehrt, galt er in der deutschen Literaturgeschichte bis dato, als das „schwarze Schaf", das sich erdreistete in den Weimarer Musenhof einzudringen. Ohne sich mit dem Schaffen des Dichters und

Schriftstellers genauer auseinander zusetzen, wurde er von der Forschung in der Regel pauschal abgeurteilt. Die deutsche Historiographie hat einfach bestimmt, wer ein *schwarzes Schaf* und wer eine *heilige Kuh* ist: August von Kotzebue und Johann Wolfgang von Goethe. Insofern ist ein wissenschaftlichen Symposium von 1998 interessant, auf dem Simone Winko den Begriff der *„Negativkanonisierung"* ins Spiel gebracht hat, welcher anschaulich belegte, dass hier eine überwiegend einvernehmliche, abgesprochene, mehrheitliche Meinung vorliegt, die den *„Autor als negatives Muster etabliert."* hat.[1] Und Jörg Schönert ergänzte: *„Die Ausgrenzung von Kotzebue ist in der Literaturgeschichtsschreibung seit ihren Anfängen im 19.Jahrhundert wohlbedacht und zielgerichtet organisiert worden."*[2]

Trotzdem, die Rezensenten können es nicht lassen. Der überwiegend Erfolg, den Kotzebues Dramen hatten, die wegen ihres bürgerlich-fortschrittlichen Stils *„teilweise nicht oder nur in zensierter Fassung gespielt werden durften"*, wird zwar *nicht geleugnet*, aber *pejorisierend* (bedeutungsabwertend, d. V.) erklärt. Das liest sich dann so: *„Nicht sein schriftstellerisches Genie hat die Theatersäle gefüllt, vielmehr sei es Kotzebue gelungen, durch eine glückliche Verbindung der Frivolität mit der Sentimentalität den Zeitgenossen auf das empfindlichste zu schmeicheln […] und daher trotz Schiller und Goethe der Liebling des Publikums zu werden. Er machte den Parnass (Musenberg der Dichtkunst, d. V.) zum Bordelle und übernahm die Kupplerwirtschaft."*[3] Wie ersichtlich, sind im günstigsten Fall die Haltungen sowohl zu dem Menschen als auch zu dem Autor Kotzebue bewusst zwiespältig formuliert.

Die Art und Weise, wie Kotzebue die Zankereien gegen die Brüder Schlegel und den mit ihnen verbundenen Geheimrat Goethe führte, brachten ihn allerdings in den vorbereiteten Ruf, ein oberflächlicher Querulant zu sein. Der Dichter Hein-

---

1 Simone Winko: Negativkanonisierung. A.v. K. in der Literaturgeschichtsschreibung, in: Renate Heydebrandt: Kanon-Macht-Kultur (Symposium),Stuttgart/Weimar 1998, S. 341f.
2 Jörg Schönert: in: Renate Heydebrandt, a. a. O., S. 318.
3 Sven Lachhein: A.v.K. Ein polit. Schriftsteller mit Geist und Herz, Weimar 2015, S. 14.

rich von Collin, den Kotzebue aus seiner Wiener Zeit im Burgtheater kannte, urteilte diesbezüglich recht objektiv: *„Dieser Schriftsteller wird von allen Rezensenten zum Sudler herabgewürdigt, von dem Publikum hingegen vergöttert. Seine Stücke werden in London, Paris, Philadelphia, Berlin, Wien und Warschau, in verschiedenen Sprachen, mit gleichem Beifall gegeben. Wer mag nun Recht haben, die Rezensenten oder das Publikum? […] Die Rezensenten sehen nur auf das, was dem Herrn Kotzebue mangelt, das Publikum nur auf die Vorzüge, die er besitzt. Witz, glühende Phantasie und leidenschaftliche Wärme sind Eigenschaften, durch welche Kotzebue unterhält; Mangel an Räsonnenents* (vernünftige Überlegungen, d. V.) *und Studiums der Grund, warum er dem Kunstkenner missfällt."*[4]

So blieb es für die meisten deutschen Literaturwissenschaftler, die sich mit Kotzebue befassten, leider dabei: *„ein Publikumsliebling des frühen 19. Jahrhunderts […] hat seine endgültige Ruhestätte im Reihengrab der Literaturgeschichte gefunden, und die Pflege, die man der Parzelle angedeihen lässt, ist kaum der Rede wert."*[5]

Zum Glück, wie schon angedeutet, blieb das nicht so, findet eine zaghafte Rückbesinnung bei jüngeren Literaturkritikern statt. Das die meisten Werke Kotzebues heute vergessen sind, hat weder allein mit ihrer Zeitverhaftetheit noch mit mangelnder Qualität zu tun, die die zeitgenössischen Rezensenten ihnen oft zu Unrecht unterstellten. So existiert doch eine Reihe von Werken, denen man auch heute noch Gewinn abringen kann. Genannt seien neben dem Lustspiel *Die Kleinstädter*, Stücke wie das von Bernhard Anselm Weber großartig vertonte Schauerdrama *Deodata* oder *Das Gespenst*, ferner das vaterländische Schauspiel mit Chören, *Die Hussiten vor Naumburg*, das Historiendrama *Gustav Wasa*, das Lustspiel *Der Rehbock*, aus dem später Albert Lortzing seine Oper *Der Wildschütz* ableitete, oder die *Legende vom Schutzgeist*, die selbst Goethe so sehr schätzte, dass er sie für das Weimarer Theater mehrfach

---

[4] Heinrich Joseph v. Collin: SW, Wien 1813, Bd. 5, S. 263.
[5] Dietmar Jacobsen: „Was ist aus dem schlechten Kerl K. geworden?". Zum 175. Todestag, Literarisches Journal aus Thür., Jena 1994, Heft 2, S. 107.

bearbeitete. Für die Gegenwart zeigte sich der Musikwissenschaftler Axel Schröter leicht optimistisch: *„Ob sich derartige Stücke auch noch zu Beginn des 21. Jahrhunderts lohnen würden, bedürfte eines Experiments. Die Bühnenwirksamkeit wäre gewiss allein schon bei einer gebührenden Musikalisierung gesichert."*[6]

Bei all den richtigen und wichtigen Wiederbelebungsversuchen, so der Historiker Dietmar Jacobsen, beschlich ihn doch stets ein bedrückendes Gefühl, dass *„wer immer sich mit ihm (Kotzebue) auseinandersetzen will, [...] sich um Rechtfertigung zu bemühen habe."*[7] Diesem Gefühl zum Trotz, meldete sich die junge Generation. Einer davon, Otto-Heinrich Elias, hat den bisherigen Negativkanon Kotzebues durchbrochen und den politischen Schriftsteller der Aufklärung in seiner Bedeutung gründlich revidiert und im Gegensatz zu früheren Untersuchungen unvoreingenommen beleuchtet. In seiner jüngsten Arbeit über den Dichter, hat Elias, sowohl objektive als auch folgerichtige Schlüsse gezogen: *„ Weltweit gilt Kotzebue als interessanter und beachtenswerter Autor, während die deutschen Literaturhistoriker sich nach Kräften bemüht haben, ihn aus dem Tempel der deutschen Kunst hinauszuwerfen." Kotzebue ist in den Augen der deutschen Germanisten vor allem wegen seiner Kritik an Goethe unbeliebt, wird häufig für einen Unterhaltungsschriftsteller gehalten und ins Abseits gedrängt."* Anlässlich einer ehrenden Tagung zu Kotzebus 250. Geburtstag im Jahre 2011, holte ihn der Historiker Elias aus dem Abseits und charakterisierte Kotzebue als *„verschollene(n) Großliterat(en) deutscher Sprache, Dramatiker, Verfasser vieler Romane, Vermittler französischer Aufklärungsphilosophie und vor allem als politischen Journalist gegen die Napoleonische Herrschaft."*[8]

Nur ein kleines Beispiel soll zeigen, wie ungenau und tendenziös Kotzebue von damaligen Germanisten oder „Freiheitspatrioten", wie Ernst Moritz Arndt, beurteilt und damit Unrecht angetan wurde. Kotzebue, der die Eroberungsam-

---

6 Axel Schröter: A.v.K. Erfolgsautor zwischen Aufklärung, Klassik und Frühromantik, Weimar, 2011, S. 9.
7 Dietmar Jacobsen: a. a. O., S. 102.
8 8. Otto-Heinrich Elias: A. von Kotzebue als russischer Beamter. Seine Theaterstücke als Texte der Aufklärung, Berlin 2010, S. 77.

bitionen Napoleons verabscheute, gab die gegen Napoleon gerichteten Zeitschriften *Die Biene* (1808-1810) und *Die Grille* (1811/12) mit klarem politischem Inhalt heraus. Und Goethe? Der erste Dichter Deutschlands ersuchte zur gleichen Zeit in Erfurt um eine Audienz bei Napoleon. Und als dieser Goethe empfing und ihm nicht mal einen Sitzplatz anbot, jedoch seinen *Werther* gnädig lobte, verfiel Goethe in äußere Begeisterung.[9] Von da an trug er stolz, auch während der napoleonischen Befreiungskriege, den verliehenen Orden. Dagegen Kotzebue, der Napoleon auch persönlich getroffen und Beethoven, beide waren von dem revolutionären Aufsteiger anfangs begeistert, wurden aber schnell nach der Selbstwahl Napoleons zum Kaiser und dessen Eroberungskriegen zu seinem Gegner. Ich darf daran erinnern, dass Beethoven seine Sinfonie *„Eroica"* zunächst Napoleon gewidmet und diese nach der Kaiserkrönung wieder wütend ausradierte, also zurücknahm.

August Kotzebus Leben fiel in eine Zeit, die durch große Umschwünge in der Gesellschaft sowie in der Kultur und im Kunstverständnis gezeichnet war. Kotzebue als neugieriger, unruhiger und empfindsamer Geist hat die Ent- und Verwicklungen seiner Zeit miterlebt und mitgemacht, und sie als Genie des Performativen (handlungsbestimmte Sprache fürs Theater, d. V.) auf die Bühne gebracht. In vielen Fällen hat er die Schmerzpunkte der Gesellschaft getroffen, ohne seinen aufklärerischen Optimismus zu verlieren. Er wuchs in ein Zeitalter hinein, in dem die Grundlagen für die moderne Unterhaltungsindustrie, ein weit gespanntes und allen zugängliches Kommunikationsnetz, geschaffen wurden. Durch die Einführung der allgemeinen Schulpflicht im 18. Jahrhundert verbreitete sich die Fähigkeit des Lesens und Schreibens über die geistlichen und aristokratischen Stände hinaus. Ein erhöhter Bedarf an Lesematerial, Zeitungen, Journalen, Flugblättern und Büchern war die Folge.

Mit der Demokratisierung des Lesens für alle, veränderte sich auch der Anspruch an die Literatur. Die religiöse und moralische Erbauungsliteratur trat samt lateinischer Schrift

---

9 Aug. v. Kotzebue im estnisch- dt. Dialog, hrsg. v. Klaus Gerlach, Hannover 2016, S.18.

in den Hintergrund. Die ethische Erziehung und Bildung erfolgte zunehmend über die säkularisierte belletristische Literatur. In dieser Zeit erlebte Kotzebuh, dass der Trend von der Bildung zur Unterhaltung nicht mehr aufzuhalten war. Und hier begann die Auseinandersetzung des jungen Kotzebue mit den Ansichten der etablierten „Klassiker", eine Zeit, in der die Begriffe Unterhaltungs- oder Trivialliteratur langfristig zur Wirkung kamen.

Mit anderen Worten – der Konflikt und der geistige Wettbewerb mit Goethe, der bereits in Kotzebues Studentenzeit begann, wurde später für die Bewertung der gesamten Biographie Kotzebues bestimmend. Goethe und Kotzebue waren zwar beide Kinder der Aufklärung, entwickelten aber verschiedene Lebens- und Poetikkonzeptionen. Äußerst knapp kann man sagen: die Dramen von Goethe sind in erster Linie zum Lesen gedacht, die Dramen Kotzebues zur Aufführung auf der Bühne. Goethes Dramen sind in Dialoge gegossene philosophische Gedanken. Kotzebues Dramen sind performativ, einfache Bühnensprache, die allzu schnell mit Flüchtigkeit gleichgesetzt wurde. Unter seinem Schaffen sind aber so wichtige Werke wie das Singspiel *Die väterliche Erwartung*, *Menschenhass und Reue*, *Die Indianer in England* und *Die Negersklaven* oder die Komödie *Die deutschen Kleinstädter*. Auch übersetzte Kotzebue Molières *L'ecole des femmes* zum ersten Mal in deutsche Verse und schrieb Opernlibretti, z. B. für den königlich-preußischen Hof-Komponisten Johann Friedrich Reichardt. Tatsächlich sind sowohl Moliere als auch Kotzebue schwer zu lesen, aber wie sie auf der Bühne zum Leben erwachen, ist staunenswert.

Übrigens, wenn man an den Vielschreiber Kotzebue denkt, fallen einem der französische Alexandre Dumas, auch ein fruchtbarer Vielschreiber und seine Rivalität mit Victor Hugo ein. Aber wer zweifelt in Frankreich an der Bedeutung von Dumas? Selbstverständlich sind das subjektive Vergleiche, aber sicherlich sind diese nicht unbegründet. Damit soll auch keineswegs die Bedeutung Goethes in der deutschen Literaturgeschichte geschmälert werden, aber andersdenkende Schriftsteller in die Schmuddelecke zu stellen, hat nur in

Deutschland seit Goethes Zeit eine gewisse Tradition. Begleiten wir nun diesen August von Kotzebue, der sich mit Goethe anlegte, der Schiller liebte, von diesem auch geschätzt wurde, ihn als den Größeren bezeichnete und der die echte Freundschaft zwischen Schiller und Goethe bezweifelte?

Eine facettenreiche, bewegende Vita

August Ferdinand Kotzebue wurde am 3. Mai 1761, als Sohn des herzoglichen Legationsrates Levin Carl Christian Kotzebue, im gelben Schloss zu Weimar geboren. Er entstammte also einer angesehenen bürgerlichen Familie. Sein Vater war zunächst braunschweigscher Kanzleisekretär und folgte 1758 der ehemaligen Prinzessin von Braunschweig-Wolfenbüttel, der späteren Herzogin Anna Amalia von Sachsen-Weimar-Eisenach, die ihn kurz nach dem Tod ihres Gemahls Herzog Ernst August, von Braunschweig nach Weimar berief und als Kabinettssekretär für öffentliche und private Angelegenheiten anstellte. Sie schätzte ihn während ihrer Regentschaft nicht nur als einen tätigen, umsichtigen Staatsdiener, sondern wurde auch Patin seiner 1759 geborenen Tochter. August Kotzebues Mutter Anna Christina, geb. Krüger, stammte ebenfalls aus Braunschweig und war ihrem Mann nach Weimar gefolgt. Nach dem frühen Tod ihres Gatten im Alter von nur 34 Jahren, widmete sich die Fünfundzwanzigjährige ganz der Erziehung ihrer drei Kinder Carl Ludwig Anton, Karoline Amalie und August Friedrich Ferdinand. Der junge Kotzebue konnte so, abgesehen dass er vaterlos aufwuchs, eine vergleichsweise unbeschwerte Kindheit und Adoleszenz (Jugendalter, 17. bis 20. Lebensjahr, d. V.) genießen.

Die Mutter ließ ihren Sohn August bis zum Jahre 1776 das Weimarer Herzog-Ernst-Gymnasium besuchen und durch eine Hausgouvernante, vorzügliche französische Sprachkenntnisse vermitteln. Ein besonders inniges Verhältnis hatte er zu seinem Onkel mütterlicherseits, dem Märchen- und Sagenerzähler Johann Carl August Musäus, der ihm Vaterersatz war und ihn gleichsam für die Dichterlaufbahn empfänglich machte. August Kotzebue schätzte ihn so sehr, dass er nach dessen Tod eine Ausgabe seiner Schriften herausgab. Sein erstes Theatererlebnis machte er im Alter von neun oder Zehn Jahren. Als Knabe hatte er mit Enthusiasmus *Romeo uns Julia*, *Don Quixote* und *Robinson Crusoe* gelesen. Musäus, mit pädagogischem Feingefühl ausgestattet, hatte ihm die Begegnung mit dem Theater zu einem prägenden Erlebnis werden lassen. Diesbezüglich rückblickend schrieb Kotzebue: „*Die vielen Lichter, die versammelte Menge, die Schildwachen, die geheimnisvolle Gardine, alles das spannte meine Erwartung aufs höchste. Man gab den Tod Adams von Friedrich Gottlieb Klopstock. […] Der Vorhang rollte auf, ich war ganz Auge und Ohr, mir entging kein Wort, keine Bewegung, ich wurde unwillig, wenn jemand hustete, oder sich ausschnaubte. […] Nein, nie! Nie habe ich wieder einen mächtigern Eindruck auf meinen Geist empfunden.*"[10]

In der Folgezeit erlebte Kotzebue in Weimar all die namhaften Schauspielertruppen, die das Schlosstheater bespielten. In dieser Hinsicht war nicht nur die bewegende Epoche, in die er hineingeboren wurde, sondern auch der Geburtsort für seine Schriftstellerkarriere ausschlaggebend. In Weimar konnte Kotzebue bereits als Heranwachsender aus nächster Nähe die Auseinandersetzungen um den Auftrag der Literatur verfolgen. Hier fand er in Wieland, Musäus und anfangs auch in Goethe Mentoren, die sich für seine ersten schriftstellerischen Versuche wohlwollend interessierten. Hier entwickelte sich auch seine Bewunderung für die Ideale der klassischen Literatur. Der frühe enge Kontakt zu den Exponenten dieser Literatur vermittelte Kotzebue zugleich den Einblick in die technischen Aspekte literarischer Produktion, was ihn schon im Jugendalter dazu bewegte, seine ersten dichterischen Versuche zu veröffentlichen.

Niemand nahm ihm dabei übel, dass er sich weniger von der klassischen Mythologie als von exotischen Robinsonaden inspirieren ließ. „*Sein jugendlicher Drang nach farbiger Anschaulichkeit, die er durch neue Impulse der Darstellungen auf der Bühne des Weimarer Hoftheaters empfing, weckte Kotzebues eigentliches*

---

10 Karl Müchler: August von Kotzebues Gedanken, Bemerkungen und Witzworte, Berlin 1819, S.VIII.

Talent zur dramatischen Unterhaltung. In den Schauspielern sah er Götter, denen es gegeben wart, sich wie durch Zauber aus unscheinbaren Mitmenschen in gewaltige Despoten, todesverachtende Helden oder betörende Prinzessinnen zu verwandeln."[11] Zeit seines Lebens stand Kotzebue der Bühne nahe, trat als Amateur auf, interessierte sich vor allem aber für die literarischen und technischen Mittel der Illusion, die das Publikum von den Romanen weg in die Schauspielhäuser lockte. Seinem Blick für komische Situationen verdankte Kotzebue schließlich die Fähigkeit zur Satire und Parodie. Doch *„bald gestaltete sich, nach dem Goethe an dem „heitern Knaben" wohlwollend Anteil genommen hatte, das Verhältnis unerfreulich."*[12]

Zunächst aber studierte er zum Broterwerb an den Universitäten Jena und Duisburg erst Sprach-, dann Rechtswissenschaften, legte anschließend das juristische Examen ab und wird 1781 in Weimar als Advokat zugelassen. Schon während seiner Studienzeit hatte er sich Liebhaberbühnen angeschlossen und wendete in Weimar, wo er sein erstes Lustspiel schreibt, sein Interesse weit mehr dem Theaterwesen als der Anwalttätigkeit zu. Da, mit Blick auf einen beruflichen Aufstieg, die Situation ziemlich unbefriedigend war, alle seine Versuche, am herzoglichen Hof eine Festanstellung zu erlangen, fehl schlugen, war er selbstbewusst genug, sein Leben eigenständig zu bestimmen. Wie zuvor die Dichter Jakob Michael Lenz und Friedrich Maximilian Klinger, ging er im Herbst 1781 nach Russland. Diese Reise wurde ihm durch einen Freund seiner Familie, dem Grafen Johann von Görtz vermittelt, der im Dienst der Herzogin Anna Amalia stand und preußischer Gesandter am russischen Hof in St. Petersburg war.

Russland, mit der aufgeklärten Zarin Katharina II. (1729-1796) als Regentin, schien in dieser Zeit für erfolgsorientiert Denkende ein vielversprechendes Terrain zu sein. Und der junge Kotzebue hatte Glück. Zunächst als Sekretär im Hause des **Generalingenieurs Friedrich Wilhelm von Bauer**, welcher von Katharina II. persönlich ins Amt berufen worden

---

11 Heinrich Döring: A.v.K. Leben und Wirken, Weimar 1830, S. 55/56.
12 Frithjof Stock: Kotzebue im literarischen Leben der Goethezeit. Polemik-Kritik-Publikum, Düsseldorf 1971, S. 34.

war. Da dieser die Leitung des deutschen Theaters in St. Petersburg innehatte und das enorme Engagement Kotzebues für die Bühne bemerkte, war es nur folgerichtig, dass ihm sein Vorgesetzter die Theatergeschäfte übertrug. In kürzester Zeit entsteht die Tragödie *Demetrius, Zar von Moskau* und das Lustspiel *Die Nonne und das Kammermädchen*. Diese Werke waren Achtungserfolge und wichtige Bausteine seine Karriere.

1783, nach Bauers Tod, ernannte Katharina II., nachdem sie zur Verbesserung der Verwaltung 50 neue Gouvernements eingeführt hatte, den Juristen Kotzebue zum Assessor am Ober-Appellationsgericht des Gouvernements Estland. Kotzebue tritt damit in den russischen Staatsdienst und zieht in die Hauptstadt Reval (heute Tallin). Dort heiratete er 1784 die einer einflussreichen Adelsfamilie entstammende Friederike Julie Dorothea von Essen. (1763-1790) Ein kurzes idyllisches Familienglück, denn Friedericke starb wenige Wochen nach der Geburt ihres vierten Kindes. Der Witwer war nun für vier Kinder, die da waren: 1785 Friedrich-Wilhelm, 1787 Otto, 1789 Moritz-August und 1790 Caroline-Luise, verantwortlich. Neben seiner beruflichen Tätigkeit als russischer Justizbeamter, betreibt er eine eigene Liebhaberbühne in Reval. Hier fand auch 1788 die Uraufführung seines Schauspiels *Menschenhass und Reue* statt. Mit durchschlagendem Erfolg nachgespielt, dringt der Ruhm des Autors binnen kurzer Zeit über Deutschland hinaus; im Ausland brach sich eine bis dahin einmalige Erfolgsgeschichte Bahn. *Menschenhass und Reue* wurde gleichermaßen in London wie in New York, Paris, Madrid, Berlin, München, Hamburg, Wien oder Tobolsk (Sibirien) aufgeführt und ins Englische, Französische, Spanische, Dänische, Italienische, Holländische und Russische übersetzt. Der Korrespondent des in Weimar verlegten *Journals des Luxus und der Mode* berichtete über die Londoner Aufführung: *„Es ist seit der ersten Aufführung bis heute 22 mal gegeben worden, und immer ist das gegen 3000 Zuschauer bequem fassende Haus gestopft voll. [...] Jedermann wird von den rührenden Situationen, in der Kotzebue die Eulalia zu setzen wusste, ergriffen und erschüttert."*[13]

---

13 Axel Schröter: a. a. O., S. 30.

Mit Zustimmung der Zarin Katherina II. wurde Kotzebue 1787 vom estnischen Gouverneur zum Präsidenten des Revaler Gouvernement-Magistrats ernannt, was mit der Verleihung des personengebundenen Adelstitels verbunden war. Die umfangreiche Bühnenarbeit und die politische Repräsentanz ließen Kotzebue ernsthaft erkranken. Mehrfach reiste er ins Starbad Pyrmont um Heilung zu suchen. Deshalb brachte er, seine mit dem vierten Kind schwangere Frau, nach Weimar zu seiner Mutter, sodass seine Tochter Caroline Luise dort auch geboren wurde. Die folgende Krankheit und die am Sterbelager seiner ersten Frau empfangenen Eindrücke, waren für ihn ein harter Schicksalsschlag, mit dem er nicht umgehen konnte. Selbst erst genesen, ergriff er die Flucht und reiste nach Paris. Nach zwei Monaten kehrte 1790 in seine Wahlheimat Reval zurück.

Nach dem Tod Friederikes, heiratete August Kotzebue 1794 Christine von Krusenstern (1769-1803), Schwester des legendären deutsch-baltischen Admirals Adam Johann von Krusenstern, dem die erste russische Weltumseglung gelang. Kotzebues zweite Frau brachte aus erster Ehe zwei Kinder mit in die Familie, das erste gemeinsame Kind, Amelie Sophie, wurde 1795 geboren. Zusammen mit seinen vier Kindern aus erster Ehe, die nach dem Tod ihrer Mutter zunächst in Weimar geblieben waren, umfasste die Familie Kotzebue zu diesem Zeitpunkt nun neun Personen.

Katharina II. war inzwischen verstorben, sodass Kotzebue als russischer Staatsbeamter, nur mit Einverständnis des neuen Zaren Paul I. (1754-1801), einer Einladung nach Wien folgen konnte. Hier wurde er von Kaiser Franz II. (1792-1806) in Audienz freundlich empfangen und in die Musikszene integriert. Engagiert leitete er das Wiener Burgtheater und hatte beim Publikum mit seinem neuen Schauspiel *Die silberne Hochzeit* und später mit der Komödie *Die beiden Klingsberg* außerordentlichen Erfolg. Infolge fortgesetzter Intrigen seitens der Hofschauspieler (Kotzebue wollte die labilen Schauspieler disziplinieren und fachgerecht einsetzen), legte er 1799 die Theaterleitung nieder. Gleichwohl ernannte ihn Kaiser Franz II. zum kaiserlichen Hoftheaterdichter, behielt ihn in seinen Diensten und spendierte ihm eine Jahrespension von 1000 Gulden auf Lebenszeit.

Da der Kaiser ihm außerdem die freie Wahl des Aufenthaltsortes gewährte, entschied sich Kotzebue für einen Zwischenaufenthalt in Weimar. Hier stieß er mit seiner spätaufklärerisch geprägten Vorstellung, wie das moderne Theater beschaffen sein soll, vor allem bei den Frühromantikern in Jena auf Granit, wie weiter vorn schon angedeutet. Seine Ablehnung durch die Frühromantiker um die Brüder August Wilhelm- und Friedrich Schlegel sowie Ludwig Tieck, die in der *Jenaischen Allgemeinen Literaturzeitung* seine Stücke verrissen, führte dazu, dass Kotzebue insbesondere gegen die Brüder Schlegel opponierte. In seiner Polemik argumentierte er aus der Sicht der Interessen der Theaterbesucher, die seines Erachtens ohne große Anstrengung unterhalten und nicht belehrt sein wollten. *„Es ist drollig zu sehen, wie die Rezensenten sich martern, um das Einzige, was sie mir nicht absprechen können, weil es Tatsache ist - den Beifall des Publikums – zu einer geringfügigen Sache herabzuwürdigen, dass man sich dessen beinahe schämen möchte. Über den allgemeinen Beifall zucken sie die Achseln, oder seufzen, beklagen den verdorbenen Geschmack; prophezeien, dass es die Nachwelt nicht werde begreifen können, wie man solche Stücke so hoch erhoben; dass es unserem Jahrhundert zur Schande gereiche; [...] kurz, sie plaudern soviel und schreien so laut, dass man endlich selbst misstrauisch werden müsste, wenn man nicht aus Erfahrung wüsste, dass der Neid sich zu allen Zeiten so gebärdet hat".*[14]

Darüber hinaus veröffentlichte er noch eine einaktige Literatursatire *Der hyperboräische Esel oder die heutige Bildung*, gegen die Brüder, in welchem er die frühromantische Weltanschauung ad absurdum zu führen versuchte. Ein diesbezügliches Pamphlet von August W. Schlegel *Ehrenpforte und Triumphbogen für die Rückkehr des Theaterpräsidenten August von Kotzebue ins Vaterland* erschien postwendend. Der Spott Schlegels richtete sich gegen Kotzebues Sendungsbewusstsein als Theaterdichter, das aufgrund seiner internationalen Erfolge zu Recht bestand, *zweitens* gegen die auf ein breites,

---

14 Ebenda, S. 49/50.

nicht aber auf ein literarisch anspruchsvolles Publikum zielende Wirksamkeit seiner Dramen, *drittens* gegen Kotzebues patriotische Gesinnung, *viertens* gegen seine Vorliebe, die eigenen Schauspiele mit besonderer Rücksicht auf den Einsatz von Musik zu konzipieren sowie *fünftens* gegen den aufrichtigen Glauben des Dichters, er habe es verdient, mit Ehre und Ruhm überhäuft zu werden. Genährt wurde diese *„ästhetische Prügelei"*[15] auch dadurch, dass Kotzebue ebenso streitsüchtig und provokant war und sich nur allzu gern zu Gegendarstellungen hinreißen ließ, verschärfte sich die bestehende Brisanz der literarischen Gegner

All das sind Gründe dafür, dass gerade in Weimar-Jena, der Wiege der Frühromantik und Deutschen Klassik, heute, abgesehen von einer Gedenktafel am Weimarer Haus Schlossgasse 6, nichts mehr an August von Kotzebue erinnert. Die Rezeptionsgeschichte, das sei hier betont, hat gründlich aufgeräumt, aber auch verzerrt, wenn nicht gar verleumdet. *„Verehrt, Verdammt, Vergessen"*, nannte Jörg F. Meyer daher sein jüngstes Werk, dass eine historisch-kritische Neubewertung leistet: *„Oft genug rüttelte Kotzebue an den moralischen Grundpfeilern des 'nachrevolutionären' Bürgertums, das die Revolution nur aus der Entfernung verfolgt hatte. [...] Die Doppelmoral, die von dem anderen Unterordnung verlangte, wo man sich selbst die größten Freiheiten nahm, ist oftmals das Ziel der Kotzebueschen Kritik. Ob es wie in „Menschenhass und Reue" die Rechte der Frau oder wie in den „Deutschen Kleinstädtern" die des unverwechselbaren Individualismus sind, die verteidigt werden, immer kommt dabei die Übermacht und Kontrollfunktion der rigiden Sittengesetze einer unfreien Gesellschaft zum Ausdruck. Ein Gratwanderer ist Kotzebue dabei sicher gewesen, ein Opportunist oder Wendehals (wie man heute sagen würde) aber nicht.*[16]

---

15 Vgl. Rainer Schmidt (Hrsg.) Die ästhetische Prügelei. Streitschrift der antiromantischen Bewegung, Göttingen 1992.
16 Jörg Meyer: Verehrt, Verdammt, Vergessen. A.v.K. Werk und Wirkung, Frankfurt .a. M. 2005, S. 197/198.

Das Phänomen August von Kotzebue

August Ferdinand von Kotzebue war und ist ein Phänomen. Seine Ermordung im Jahre 1819, auf die ich noch zurückkomme, und die Folgen für die deutsche Geschichte sind allgemein bekannt. Über die Bedeutung seines literarischen Wirkens ist man aber in der Regel kaum informiert. *„Dabei beherrschten Kotzebues „Trauer-, Schau-, Rühr-, Lust- und Possenspiele [...] ein Menschenalter hindurch die Bühne und waren so sehr ein Ausdruck der Zeit, dass angesichts seines beispiellosen Erfolges die allgemeine Bezeichnung wie ‚Klassik' oder ‚Goethezeit' und die damit hervorgerufenen Assoziationen im Hinblick auf Wesen und Ausprägung dieser Literaturepoche unzureichend erscheinen."*[17] So wurden in den Jahren zwischen 1782 und 1839 etwa ein Drittel der Spielpläne in allen deutschen Städten mit Kotzebuestücken bestritten.

Das Kotzebue zweifelsfrei einer der bedeutendsten Dramatiker war, wenn man Wirkung und Verbreitung eines Werkes als ernst zu nehmende Hinweise auf seine historische Bedeutung betrachten will, mögen einige Aussagen und Daten veranschaulichen: In einer Liste der meist gespielten Schauspielautoren des Mannheimer Hof- und Nationaltheaters für den Zeitraum von 1779 bis 1870, also annähernd ein Jahrhundert, steht Kotzebue mit 1.870 Aufführungen an erster Stelle, weit vor Schiller mit 486 und Iffland mit 463 Vorstellungen, während Goethe erst an vierzehnter Stelle mit 181 Aufführungen erscheint.[18] Wählt man den Zeitraum noch enger, so ab 1788, dem Zeitpunkt, als Kotzebue mit Bühnenstücken erstmals auf den Spielplan trat, wird das Bild für die heute bekannten Autoren noch ungünstiger: während Kotzebue 1.728 Aufführungen verbuchen konnte, wurden Schillers *„Räuber"*, die den Ruhm der Mannheimer Bühne begründet hatten, nur fünfzehnmal, *„Kabale und Liebe"* nur siebenmal, *„Fiesko"* und *„Don Carlos"* nur je dreimal zur Darstellung gebracht.

---

17 Ebenda, S. 9.
18 Vgl. Armas Sten Fühler: Das Schauspielrepertoire des Mannheimer Hof- und National-Theaters, Heidelberg 1935, S. 159.

Unter den 600 Stücken, die während Goethes Direktion am Theater in Weimar zur Aufführung kamen, erreichten Kotzebue und Iffland die höchste Zahl, ersterer mit 87, letzterer mit 31 Stücken. An anderen deutschsprachigen Bühnen, die sich dem direkten Einfluss Goethes entzogen, war die Situation noch eindeutiger: Im Dresdener Theater bestritt Kotzebue in der Zeit von 1789 bis 1813 fast 23 Prozent sämtlicher Aufführungen; Goethe, Lessing und Schiller kamen zusammen nur auf 4 Prozent – einem Drama Goethes standen also 55 Aufführungen Kotzebues gegenüber! Am Berliner Nationaltheater zeigte der Spielplan 1804 bis 1819 1,018mal Kotzebue und 82mal Goethe. Auch am Burgtheater Wien stand von 1790 bis 1867 an 3.650 Abenden Kotzebue auf dem Programm. Resümierend kann gesagt werden, dass zwischen 1795 und 1825 Kotzebues Anteil am Repertoire deutscher Bühnen bei ungefähr 25 Prozent lag.[19]

Überraschenderweise, aber völlig zu Recht, konstatierte Kotzebues ewiger Kontrahent A. W. Schlegel: *„[…] das Deutsche Theater und Kotzebue läuft so ziemlich auf eins hinaus."*[20] Noch um 1888, musste der Thüringer Literaturwart, Prof. Leopold Bahlsen kritische Worte wählen: *„So paradox es auch klingt – es ist eine leicht zu erweisende Tatsache, dass im Verlaufe unserer an bedeutenden Erscheinungen doch so reichen Literatur keiner den Ruhm des deutschen Theaters weiter in die Welt hinausgetragen hat als August von Kotzebue, und dies in einer Zeit, wo die Namen eines Goethe und Schiller am Dichterhimmel glänzten, wo Lessings großes Beispiel Nacheiferung weckte, und wo die ersten Schöpfungen des jugendlichen Heinrich von Kleist dem deutschen Drama einen neuen Klassiker verhießen. In schnellem Siegeszug die Bühnen sich erobernd, wurde Kotzebues Schauspiele überall – auch in Amerika wollte man nicht zurückstehen – mit einem bis dahin an deutschen Werken ganz unerhörten Beifall aufgenommen und verschafften ihrem Dichter weit über die deutsch redenden Länder hinaus Ansehen und Einfluss."*[21]

---

19 Vgl. auch Julius Wohle: Das Weimarer Hoftheater unter Goethes Leitung, Weimar 1892, S. 220.
20 August W. Schlegel: SW, Bd.2, Leipzig 1846, S. 282.
21 Leopold Balsen: Kotzebues Peru-Dramen und Sheridans Pizarro,

Dieses Ansehen und der Umfang von Kotzebues Dramen im Ausland – gemessen an Aufführungszahlen in Europa und Übersee – hat scherzhafterweise Kotzebue den Ruf eingebracht, zeitweise ein Konkurrent William Shakespeares (1564-1616) gewesen zu sein. So wurden in der ersten Hälfte des 19. Jahrhunderts 1300 fremdsprachige Drucke registriert. Allein von Kotzebues bekanntestem Schauspiel *Menschenhass und Reue*, sind 80 Übersetzungen in sechzehn Sprachen verzeichnet. Insgesamt wurden über 180 seiner Werke in neunzehn Sprachen übersetzt.[22] In seiner 1962 veröffentlichten Dissertation, konnte dann Karl-Heinz Klingenberg für Kotzebue eine stille Anerkennung formulieren: *„Es ist somit den klassischen Nationalautoren in über hundert Jahren nicht gelungen, ein gleichgroßes Publikum zu finden, wie Kotzebue und Iffland in den uns knapp vierzig Jahren ihrer Hauptwirksamkeit."*[23]

Daher sollten noch zwei bedeutende deutsche Literaten zu Worte kommen, die das oben Gesagte bestätigen und des Lobes voll sind. Der Weimarer Kotzebue-Bewunderer Christoph Martin Wieland über das Schauspiel *Die Hussiten vor Naumburg*, welches er im Manuskript las, bevor es auf die Bühne kam: *„Ich müsste mich sehr irren, aber dieses neue Produkt des Geistes und Herzens unsers unerschöpflichen Freundes ist, in jeder Hinsicht, nicht nur das Schönste und Vollkommenste aller bisherigen Werke, sondern in Hinsicht auf die Wirkung, die es auf Leser, und Hörer und Zuschauer tun muss, das non plus ultra dessen, was die dramatische Muse über menschliche Gemüter vermag."*[24]

Und der nicht minder bekannte Dichter und Naturforscher Adelbert von Chamissos, der mit Kotzebus Sohn Otto eine Weltreise unternahm, berichtete über den Vater seines Reisegefährten: *„Überall* hallte *uns sein Name entgegen."* Ich gewann den Eindruck, dass für die Menschen *„dieser selbe Kotzebue*

Braunschweig 1978, S. 353.
22 Herbert Jacobi: Kotzebues Werke in Übersetzungen, Berlin 1964, S. 175.
23 Karl-Heinz Klingenberg: Iffland und Kotzebue als Dramatiker, Weimar 1962, S. 158.
24 Roswitha Flatz: Das Bühnen- Erfolgsstück des 19. Jahrhunderts, Düsseldorf 1980, S. 301.

der Dichter der Welt" sei.[25] Interessant dürfte sein, dass dieser Chamisso seine Expeditionsreise mit der russischen Brigg „Rurik" unternahm, die unter dem Kommando des Kapitäns Otto von Kotzebue, zweiter Sohn des Schriftstellers, stand. Als Folge der Expedition gibt es in Alaska eine Kotzebue-Bucht und eine Stadt Kotzebue. Otto hatte zuvor mit dem Admiral Krusenstern an der ersten erfolgreichen russischen Weltumsegelung teilgenommen.

Kotzebues patriotisches Engagement

Damals in Russland üblich, der erste Sohn einer Familie musste eine Offizierslaufbahn einschlagen. Friedrich Wilhelm, Kotzebues erster Sohn, ein mutiger führungsstarker junger Offizier, der schnell aufstieg, in Gefechten gegen Napoleon militärisches Geschick zeigte, fiel 1812 als hochdekorierter Offizier des Generalstabs, auf dem Schlachtfeld von Polozk, nachdem ihn eine Granate schwer verwundet hatte. Auch Moritz von Kotzebue, kämpfte wie sein Bruder in Russland mit großer Begeisterung gegen Napoleon, geriet in französische Gefangenschaft, sodass August von Kotzebues 1812, zwei Söhne an Napoleon verloren hatte. Der ohnehin bestehende Hass auf Napoleon als Eroberer, wurde nun im Leben des Schriftstellers allgegenwärtig. Eindeutig, unmissverständlich und unchiffriert hat Kotzebue, seine abgrundtiefe Antipathie gegenüber Napoleon in den 65 *Politischen Flugblättern aus Königsberg* zum Ausdruck gebracht.

Mit der Niederlage Napoleons an der Beresina begann für Kotzebue ein beispielloser Triumphzug, der dem Publikum seine eigenen politischen Zeitschriften wie *Der Freimütige*, dem *Russisch-Deutschen Volksblatt* aus Berlin, oder Proklamationen, politische Lieder, Spottgedichte, literarische Satiren gegen Bonaparte, den Herrn *Noch Jemand (Spottverse auf den Verlierer)* bescherte. Historiker Karl-Heinz Schäfer brachte es auf den Punkt: „*Kotzebue muss hinsichtlich der publizistischen*

---

25 Adelbert v. Chamisso: SW, Bd. 2, München 1975, S. 28.

Mittel als der vielseitigste Publizist der Freiheitskriege angesehen werden."[26] Solche politischen Possen begleiteten auch die kämpfenden Russen durch Norddeutschland, nach Hamburg, an den Rhein, überall dieselbe Wirkung erzielend. Dazu gehörte auch seine bekannte *Ode an Napoleon*:

> *„Lasst vom Blutvergießen, Menschenmorden,*
> *Endlich ab, o Tiger wilder Art!*
> *Welches Scheusal ist aus Dir geworden,*
> *Stolzer Weltverwüster Bonapart!*
> *Von Hyänenwut und Rachsucht trunken,*
> *O wie tief, wie bist Du gesunken*
> *Deines Ruhmes schöner Götterfunken*
> *Sind verloschen in der Gegenwart [...]."*[27]

Solche Ausdrucksvielfalt und Materialfülle lässt sich bei sonst keinem anderen Schriftsteller der Zeit nachweisen. Trotzdem hat die Literaturgeschichtsschreibung diese Werke Kotzebues ausgeblendet, ein eigener Wert für die Geschichtsforschung wurde ihm nicht zugebilligt. Zu Unrecht. Denn gerade Kotzebues *Noch Jemand*, wie der Protagonist dieser Stücke hieß, wurde zum Synonym für Napoleon, und wurde im gesamten deutschen Sprachraum aufgegriffen und weiterverbreitet. Auch an diesem Schaffens- und Lebensabschnitt wird für jedermann sichtbar, die festgelegte, schon vorn erwähnte Nichtkanonisierung Kotzebus bleibt für die Literaturgeschichte bestehen.

Wir aber sind fair genug und nennen hier den Namen des damaligen deutschen Freiheitsidols **Ernst Moritz Arndt**. Gewissermaßen ein journalistischer Konkurrent Kotzebus, der sich aber mehr am praktischen Freiheitskampf beteiligte (Lützows wilde verwegene Jagd). Was Inhalt und Ziel des

---

26 Karl-Heinz Schäfer: Ernst M. Arndt als polit. Publizist. Studien zu Publizistik und kollektivem Bewusstsein im frühen 19. Jh., Bonn 1974, S. 119.
27 Zit. nach: A.v.K. Ein streitbarer und umstrittener Autor, hrsg. v. Alexander Kosenina, Harry Liivrand und Kristel Pappel, Hannover 2017, S. 236.

Kampfes betrifft, kam es zwischen Arndt aus Schwedisch-Pommern und dem russischen Untertan Kotzebue, dessen bevorzugte Waffe stets die feinsinnig-spöttische Feder gewesen ist, zu Meinungsverschiedenheiten, was nichts an der Aussage ändert: *"August von Kotzebue und Ernst Moritz Arndt [...] waren um 1813/1814 die auflagenstärksten anti-napoleonischen Publizisten deutscher Sprache."*[28] Nach Friedensschluss und Wiener Kongress (..) wurden beide politische Gegner. Während Kotzebue, nach erlebter, grauenvoller französischer Nachrevolutionszeit, mehr dem Adel und damit die Monarchie als bessere Staatsform bevorzugte, wollte Ernst Moritz Arndt ein bürgerlich-freiheitlich-nationalistisches Deutschland. Kotzebue hat es vielleicht geahnt; die Kleinfürsten ließen die deutschen Freiheitskämpfer gewähren, verhinderten aber nach dem Sieg über Napoleon schnell deren Forderungen und Ziele.

Weiter auf Kotzebus vielseitigen Spuren

Es ist schon bemerkenswert, dass, bei all der negativen Personen- und Werkkritik, die bürgerliche Elite, die weiter vorn erwähnte Kotzebueehrung, weiterhin zur Geltung brachte. Im Zuschauerraum der Dresdner Semperoper wird dies bis heute mit einem Deckenmedaillon dokumentiert. Dieses Deckengemälde zeigt geradezu, das Kotzebue im 19. Jahrhundert stellvertretend für die gesamte deutsche Dichtkunst genannt wurde (Foto). Hierzu darf man nicht vergessen, dass alle Dramatiker *"von den Zeiten Schillers und Goethes an bis in die tage des jungen Deutschland [...] unter dem Eindruck Kotzebues gestanden haben, der ihnen durch die Lektüre bekannt und von der Bühne herab noch vertrauter war als selbst die Klassiker".* [...] *"Kurz, wer das Drama des 19. Jahrhundert im Hinblick auf seine Motive und auf die Technik studieren (wollte) und will, der muss in Kotzebue ebenso zu Hause sein als in den Klassikern."*[29]

---

[28] Pierre Mattern: „Kotzebue's Allgewalt". Literarische Fehde und politisches Attentat, Würzburg 2001, S. 51.
[29] Jacob Minor: Kotzebue als Lustspieldichter, Berlin 1811, S.

Hätte sich Kotzebue mit der bedeutenden Rolle allein seines Werks im kulturellen Leben der Goethezeit zufrieden gegeben, könnte sich heute die Diskussion auf die Wirkung eben dieses Werks beschränken. Doch die zeitgenössische wie spätere deutsche Kotzebuerezeption war in vielfältiger Weise an das öffentliche Auftreten seiner Schriftstellerperson gebunden. Dabei führte die allgemeine Politisierung der deutschen Literatur im Zuge der nationalistischen Bestrebungen ebenso wie Kotzebues Neigung, sich vom literarischen Gegner reizen zu lassen, leider zur Problematisierung seines Öffentlichkeitsbildes.

Kotzebue als Vielschreiber und reger ‚Literaturproduzent' verschaffte sich mit seiner finanziellen Unabhängigkeit aber auch den Vorteil, nicht immer sklavisch auf den Geschmack Literaturelite Rücksicht nehmen zu müssen. Er verschaffte seinem Namen und seinen Produkten einen Marktwert und sicherte sich so die Freiräume für gesellschaftskritischere Arbeiten. Da er nicht darauf angewiesen war, sich einer spießbürgerlichen Moralvorstellung unterordnen zu müssen, sondern seinen eigenen Stil der ‚unmerklichen Erziehung' entwickeln konnte, nutze dies die Gegnerschaft, um seine Stücke desöfteren nicht nur der ‚Trivialität', sondern auch des ‚Unmoralischen' zu bezichtigen. Vor allem, weil er den Ehebruch als Gegenstand auf die Bühne brachte oder sein Hang zu erotischen Pikanterien, wie das Thema der „verführten Unschuld", brachten im den Ruf eines Sittenverderbers ein. Da dies heutzutage keinerlei Diskussion wert ist, sollte man stets das jeweilige Zeitfenster bei Beurteilungen beachten.

Doch auch hier setzte er sich berechtigt zur Wehr. Nicht desto Trotz, verschaffte ihm der Absatz seiner Werke auch gegenüber den Fürsten- und Königshäusern ein gewisses Maß an Unabhängigkeit, obwohl Kotzebue seinen Lebensunterhalt weitgehend durch die drei lebenslang gewährten Pensionen, die er vom Kaiser Franz II., dem Zaren Paul I., später Alexander I. und Friedrich Wilhelm III. erhielt, bestreiten konnte. Übrigens war es zu seiner Zeit üblich, dass nach der Erstausgabe jedermann alles ohne Tantiemen zu bezahlen, nach-

---

105/106.

drucken durfte. Um dies zu verhindern, setzte sich Kotzebue mit seinem Verleger Kummer dafür ein, ein Urheberrecht des Autors durch Gesetzgebung einzuführen. Kotzebue erstellte dazu ein Gutachten, das beim Wiener Kongress vorgelegt wurde und schließlich dazu führte, dass sich die Bundesversammlung erstmals mit diesem Problem auseinandersetzte. Wie wir sehen, war Kotzebue auch ein finanziell-praktischer Mensch, was auch dem Buchhandel zum Vorteil gereichte. Etwa so ab 1795, nach seiner angestrebten Entlassung als russischer Gerichtspräsident, dürfte Kotzebue vermögend und unabhängig genug gewesen sein, sich ausschließlich seinen dichterischen Zielen zu widmen. Man zählte ihn bald zu den reichsten Schriftstellern Europas.[30]

Die meiste Zeit verbrachte Kotzebue in seiner Wahlheimat Estland/Russland. Hier erlebten auch die meisten Bühnenstücke ihre Uraufführungen, bevor sie in Deutschland zu sehen waren. Zwischendurch kehrte Kotzebue aber immer wieder nach Weimar zurück, obwohl ihm dort weiterhin die Jenaer Gelehrten und Weimarer Klassiker keine Ruhe gönnten. Nach wie vor war es sein Ziel, in den Kreis um Goethe und Schiller Einlass zu finden. So war er sich nicht zu schade, Goethe um Teilnahme an dessen literarischen Mittwochskränzchen am Frauenplan zu bitten. Als ihm auch dies verwehrt wurde, veranstaltete er prompt ein eigenes fröhliches Gegenkränzchen, das nach kurzer Zeit beliebter war als der Goethekreis. Kotzebue hatte mehr Gäste, da er ein besserer Unterhalter war. In Weimar war die Meinung im Umlauf, bei Kotzebue gehe es viel amüsanter zu als bei dem „olympischen Jupiter",[31] sodass Goethe seine Veranstaltung einstellen musste.

Belastet hat die Beziehung zwischen Kotzebue und Goethe vor allem der Konflikt um die Aufführung des Schauspiels *Die deutschen Kleinstädter*. Zu den Aufführungsvorbereitungen hatte sich Goethe 1802, gleichsam als Zensor gegenüber Kot-

---

30 Jörg Mathes: Aus Briefen Kotzebus an seinen Verleger Kummer, Tübingen 1969, S. 240.
31 Vgl. Torsten Unger: Fürstenknecht und Idiotenreptil. Goethes Kritiker, Erfurt 2012, S. 85.

zebue geweigert, von Tilgungen einzelner Stellen Abstand zu nehmen. Wären sie stehen geblieben, hätten sie einen Affront gegenüber den bekannten Brüdern Schlegel bedeutet. Goethe, als deren Freund, verteidigte sich: „*Ich wollte ein für alle mal den Klatsch des Tages auf unserer Bühne nicht dulden, indes der andern* Partei *gerade daran gelegen war, sie zum Tummelplatz ihres Misswollens zu entwürdigen. Deshalb gab es einen großen Kampf, als ich an den Kleinstädtern alles ausstrich, was gegen die Personen gerichtet war, die mit mir in der Hauptsache übereinstimmten.*"[32] Kotzebue, der schon eine Leseprobe abgehalten hatte, zog aufgrund der eigenmächtigen Änderung Goethes, das Manuskript zurück, so dass die geplante Weimarer Uraufführung platzte. Ein Brief Kotzebues an die Hoffmansche Buchhandlung (die es in Weimar immer noch gibt) zeigt aber, wie sehr Kotzebue bestrebt war, gegenüber Goethe einzulenken, und wie sehr es hier nicht um die Sache, sondern um einen Machtpoker Goethes ging.[33]

Von Goethe geduldet, vom Publikum geliebt

Seitdem zeigte sich Kotzebue leider von seiner schwächsten Seite, indem er sich ständig auf publizistische Fehden mit seinen Widersachern einließ. Enttäuscht und verbittert ist ihm daher oft die Feder entglitten. Selbst die Mutter, Legationsrätin Anna Christina Kotzebue, beobachtete diese unglückliche Veranlagung mit Sorge und ermahnte ihren Sohn: „*Von der ganzen Welt würdest Du mit deinem Kopfe, Herzen und Talenten geliebt sein, wenn Du nur die persönliche Stichelei ließest […] Du bist ein so vernünftiger, gefühlvoller Mann – möchtest Du doch auch ein kluger Mann sein.*" Und an anderer Stelle: „*Seinem Herzen mangelt es nichts, um gute Menschen an sich zuziehen, nur seine Zunge stieß sie zurück.*"[34]

Gerade sein wider besseres Wissen unkluges Verhalten beweist, wie unüberwindlich sein Hang zu polemischen An-

---

32 Ebenda, S. 86.
33 Siehe Goethe-Schiller-Archiv Weimar, Bestand 96, Nr. 1657
34 Frithjof Stock: a. a. O., S.15 bzw. 20.

griffen war. Es war fast eine Neurose, die ihn zu solchen Unbesonnenheiten hinriss. Überall deckte er mit Witz und Spott die Schwächen seiner Gegner, selbst auch solcher auf, die ihm nie zunahe getreten waren. Der Jenaer romantischen Strömung konnte er nicht verzeihen, dass sie ihrerseits die *„Gelehrtenrepublik"* für sich okkupiert und Persönlichkeiten wie ihn, der für sie nur der Verfasser flacher Bühnenstücke war, aus ihrem Kreis ausschlossen. Man muss wissen, dass sich am Beginn der europäischen Aufklärung, bei den führenden Vertretern dieser Bewegung ein Zusammengehörigkeitsgefühl herausgebildet hatte, das sie mit dem Begriff der *„Gelehrtenrepublik"* umschrieben. Kerngedanke war die gemeinsame Vorstellung einer bürgerlich-republikanischen aufgeklärten Gemeinschaft, die im gegenseitigen Gedankenaustausch die Ideale und Ziele der Aufklärung vertrat. Die Schlegels und Co. gaben aber das europäische Ziel bald auf, entwickelten sich in Richtung Nationalismus, grenzten sich von Frankreich ab, sodass von einer *„Republik der deutschen Gelehrten"* gesprochen wurde, die keine ungeteilte Zustimmung mehr fand.

So kritisierte etwa Gotthold Ephraim Lessing: *„Was geht uns Gelehrten, Sachsen, was Deutschland, was Europa an? Ein Gelehrter, wie ich bin, ist für die ganze Welt: er ist ein Kosmopolit; er ist eine Sonne, die den ganzen Erdball erleuchten muss."*[35] Auch Kotzebue orientierte sich hier an Lessings Auffassung. Unter den Gelehrten bestand an und für sich Einigkeit, dass Auseinandersetzungen kritisch und respektvoll erfolgen sollten. Das Verbreiten von „Pasquillen", also Schmähschriften, wurde entschieden abgelehnt, weil persönliche Diffamierungen der Sache nur Schaden zufügen kann. In diesem Sinne ist auch Kotzebues Aussage in seiner Schrift *„Für Geist und Herz"* zu sehen, in der auch er sich gegen die Verunglimpfung Andersdenkender ausspricht. Das die Realität, wie bisher beschrieben, oft genau das Gegenteil abbildete, steht auf einem anderen Blatt.

Neben den Vertretern einer von Harmonie und Respekt getragenen Debatte sorgten andere wiederum fast dogmatisch, manchmal auch nachvollziehbar für das Gegenteil. In diesem

---

35 Zit. in: Sven Lachhein: a. a. O., S. 69.

Sinne verkündete Immanuel Kant, der Philosoph aus Königsberg, seine Meinung: *„Dank sei also der Natur für die Unverträgsamkeit, für die missgünstig wetteifernde Eitelkeit, für die nicht zu befriedigende Begierde zum Haben, oder auch zum Herrschen! Ohne sie würden alle vortrefflichen Naturanlagen in der Menschheit ewig unterentwickelt schlummern. Der Mensch will Eintracht; aber die Natur weiß besser, was für seine Gattung gut ist: sie will Zwietracht."*[36] So verwundert es auch wenig, das die zwieträchtigen Debatten der Goethezeit oftmals derb über die Stränge schlugen.

Wie sollte Kotzebue denn auch reagieren, wenn ihn solcher Spott tief verletzte: er habe *„die höheren Ziele der von den Musen Geküssten nie verstanden und hat kein Anrecht, wie Schiller, Wieland, Goethe usw. auf dem Parnass (Musenberg d. V.) zu wandeln."* ? Geradezu enttäuscht musste August Kotzebue zur Kenntnis nehmen, dass Goethe, sein menschliches und literarisches Vorbild, in einem Gespräch mit Frederic Soret, Privatgelehrter und Prinzenerzieher des späteren Weimarer Großherzogs Carl Alexander äußerte: *„Kotzebue speise eine Menge Menschen ab, die wie hungrige Raben auf ihn warteten. Seine Kinder (Zuschauer, d. V.) freuten sich, im Theater einmal satt weinen zu können, wie dies tags zuvor in einem Stück von Kotzebue der Fall gewesen sei."*[37]

Auch die folgende Aussage von Goethe musste für Kotzebue niederschmetternd gewesen sein: *„Kotzebue hat bei seinem ausgezeichneten Talent in seinem Wesen eine gewisse Nullität, die niemand überwindet, die ihn quälte und nötigte, das Treffliche herunter zu setzen damit er selber trefflich scheinen möchte. So war er immer Revolutionär und Sklave, die Menge aufregend, sie beherrschend, ihr dienend; und er dachte nicht, dass die platte Menge sich aufrichten, sich ausbilden, ja sich hoch erheben könne, um Verdienst, Halb- und Unverdienst zu unterscheiden."*[38]

Wäre der verächtliche Beiklang des Wortes und die Selbsterhöhung Goethes nicht, Kotzebue hätte mit dem, was die

---

36 Immanuel Kant: SW, 7. Teil, 2. Abt. Leipzig 1838, S. 323.
37 Johann Wolfgang v. Goethe: GW (Sophienausgabe), Bd. 56, Weimar 1892, S. 283.
38 Joh. Wolfg. v. Goethe: GW a. a. O., Bd. 35, S. 120.

Weimarer Dichterfürsten in der Regel damit meinten, Unbeleckheit von Kants Moralphilosophie, sowie die Abwesenheit jeglichen idealistischen-literarischen Erziehungsauftrags, leben können. Dabei hat er ja oft genug eingestanden, dass er mit seinen Stücken keine hohe, zeitlose Kunst im Sinne habe, dass er weder erziehen noch theoretisieren, sondern mit seiner Theaterbegabung lediglich unterhaltend die Gegenwart erhellen wolle. Hier seine eigenen realistischen Worte. *„ Ich weiß selbst besser als irgendein Rezensent, dass ich keine Meisterstücke schreibe, und dass mir als Schauspieldichter nur ein untergeordneter Rang gebührt. Die Wirkung meiner Stücke ist hauptsächlich für die Bühne berechnet. Diesen Zweck erfüllen sie, und unter diesem Gesichtspunkt sollte man sie beurteilen. Aber das will man nicht. Nun so fahre ich in Gottes Namen fort, sie zu schmähen wie bisher."*[39]

Mit dieser aufrichtigen Demut glaubte Kotzebue nun die Gunst der Weimarer Größen verdient zu haben. Anstatt dessen bekannte Goethe, dass er in Kotzebue den *„Todfeind aller Weimarischen Tätigkeit"* sehe.[40] Das klingt allerdings nach erheblicher Traumatisierung, war doch der, den er für den Verderber des Weimarer Theaters halten musste, zugleich dessen ökonomischer Retter, und die „platte Menge", die ihm applaudierte nicht zuletzt die Weimarer Hofgesellschaft, einschließlich Anna Amalia, der sich Goethe sozial zurechnete. Da bekanntlich Goethe kaum über Selbstironie verfügte, dürfte ihn, die 638 Kotzebue-Aufführungen während seiner Weimarer Intendanz, dauerhaft zugesetzt haben. Anders kann man sein Zitat vom *„Todfeind Kotzebue"* nicht auslegen. Was wiederum August von Kotzebue betrifft, so könnte man ihn natürlich zu den anderen Prominenten rechnen, die Goethe aus Weimar abgedrängt hatte - also zu Lenz, Klinger, Hölderlin, Jean Paul, Kleist oder Schadow – was für ein Verlust für Weimar.

Und so blieb denn auch für Kotzebue, nur wie bisher, die persönliche Gegenwehr als Pasquillant, mit Charme und

---

39 Armin Gebhardt: A. v. K.. Theatergenie zur Goethezeit, Marburg 2003, S. 134/135.
40 Joh. Wolfg. v. Goethe: a. a. O., S. 154.

spöttischen Witz, die Fehden auszutragen. Genervt verließ er 1800 wieder einmal seine Vaterstadt und reiste mit seiner Familie in Richtung Reval, seiner russischen Wahlheimat. Von einem Zwischenaufenthalt in Berlin schrieb er an seinen Freund, den Weimarer Gymnasialprofessor Böttinger: *„Goethe hat mich als Dichter und Menschen elend behandelt, er hat nicht einmal die gewöhnliche Höflichkeit gegen mich beobachtet. Noch zuletzt hat er meine Stücke sehr hämisch herabgewürdigt und sie noch unter die Ifflandischen gesetzt. Goethe hat mich zu übermütig beleidigt, als dass ich ganz still dazu schweigen könnte."*[41]

Verhaftung bei der Einreise nach Russland und Verbannung nach Sibirien

Beim Passieren der russischen Grenze erlebte Kotzebue seine schlimmste Überraschung. Gleich hinter dem preußisch-russischern Schlagbaum wird er von Frau und seinen drei kleinen Kindern getrennt, arretiert und ohne Gründe zu nennen, von St. Petersburg, Smolensk, Moskau, Nischni Nowgorod, Kasan, Perm, Jekatarinenburg, Tjumen bis ins sibirische Tobolsk eskortiert und dort festgehalten. Die Verbringung und die monatelange Verbannung in der Einöde hat Kotzebue in seinem späteren Bestseller *Das merkwürdigste Jahr meines Lebens. Als Verbannter in Sibirien* eingehend beschrieben. Auch den Tag, an dem er glaubte, dass ihm das Todesurteil verkündet würde, und an dem er stattdessen die Mitteilung des zuständigen Gouverneurs erhielt, ihn auf Allerhöchste Order *„augenblicklich in Freiheit zu setzen, ihn nach St. Petersburg zu bringen und ihn auf Kosten der Krone mit allem was er brauche und begehren werde, zu versehen."* Noch im Sommer, ein Vierteljahr nach seiner Verhaftung, trifft er in St. Petersburg wieder mit Frau und Kindern zusammen.

Nachdem der Zar Paul I. zufällig Kotzebues anrührendes Bühnenstück *Der alte Leibkutscher Peters des Dritten* gelesen und genauere Nachforschungen angestellt hatte, wurde jedweder – wohl durch teuflische Intrigen, *Kotzebue sei Jakobiner*

---

41 Armin Gebhardt: a. a. O., S. 143.

– Verdacht aufgehoben. Der Zar empfängt Kotzebue in Audienz, entschuldigt sich für den fatalen Irrtum und schenkte ihm als Entschädigung für das begangene Unrecht, sein Krongut Worroküll in Livland. Außerdem ernannte er Kotzebue zum Direktor des immer populärer werdenden deutschen Hoftheaters in St. Petersburg und verlieh ihm den Titel kaiserlicher Hofrat. Sein Grundgehalt belief sich auf 5.000 Rubel jährlich. Hinzu kamen die Einnahmen aus den Aufführungen der eigenen Stücke. Man schätzte sein jährliches Gesamteinkommen in dieser Zeit auf 9.000 Rubel. Die Situation in St. Petersburg änderte sich jedoch nach der Ermordung Paul I. zu Ungunsten Kotzebues. Dem neuen Zar Alexander I. (1777-1825), waren die Kosten des deutschen und französischen Theaters zu hoch und kürzte die Etats. Daraufhin reichte Kotzebue sein Rücktrittsgesuch ein, dem Zar Alexander I. entsprach. Mit 1.200 Rubel jährlicher Abfindung, der Ernennung zum Generalkonsul in Königsberg und außerdem zum Kaiserlich-Russischen Kollegienrat ernannt, zog Kotzebue nach Königsberg.

Auf Wunsch des preußischen Königspaares, siedelte er nach Berlin über. Hier, wo ihm ein großer Theatererfolg nach dem anderen zuteil wurde, avancierte er endgültig zum meistgespielten Bühnenautor Europas. Johann Jacob Engel, damaliger Berliner Theaterdirektor schrieb an den Autor: *„Ihre Indianer in England sind gegeben, und mit dem besten Erfolg von der Welt gegeben; ich hatte dazu den Geburtstag der Königin gewählt. Sie war des Lobes voll wünschte, dass Sie mehr schreiben mögen. Mit diesen hohen Personen sind der ganze Hof und das ganze Publikum einig. Durch die Gegenwart der königlichen Familie wurde auch die Premiere der „Sonnenjungfrau" zum festlichen Ereignis."*[42]

König Friedrich Wilhelm III. und besonders Königin Luise, unterhielten persönliche Beziehungen zu August von Kotzebue als er sich in der Zeit von 1802 bis 1806 vorzugsweise in Berlin aufhielt. Als er dann vom König zum Mitglied der Berliner Akademie der Wissenschaften berufen wurde, fühlte sich Kotzebue so geehrt, das er eine, auf archivarischen Studien basierende, wissenschaftliche Geschichte des Deutschen Ordens *(Preußische Geschichte, 1808)* und eine mehr populär

---

42 Vgl. Frithjof Stock: a. a. O., S 135/136.

angelegte Reichsgeschichte, (1814/1815) schrieb. Das Hochgefühl seines Erfolges wurde jedoch von einem erneuten Schicksalsschlag getrübt. Seine zweite Frau starb, was den Dichter in eine schwere Depression stürzte, die ihn auch an seinen Tod denken ließ.

Es folgen ereignisreiche Zeiten

Wiederum hatte er Glück. Die Cousine seiner zweiten Frau, Wilhelmine Friederike von Krusenstern (1778-1852), half ihm aus der depressiven Phase und beide heirateten. Aus dieser dritten Ehe gingen 8 Kinder hervor. Es ist ausgesprochen interessant, dass Kotzebue nach dem Tod der zweiten Frau – gleichsam wie aus einem Wiederholungszwang heraus – eine zweite Parisreise unternahm. Im Gegensatz zur ersten, bei der er in Paris unbekannt blieb, wurde er diesmal, er blieb bis Ende 1803, mit Ehrungen überhäuft und wurde sogar persönlich Frankreichs allmächtigem Herrscher Napoleon Bonaparte vorgestellt. An seinen Freund Böttiger schreibt er nach Weimar: *„Der erste Konsul hat mich mit Höflichkeit überhäuft. Die ersten und besten Häuser haben mich mit Empressement zu sich geladen. Hier erhebt man mich bis in die Wolken. Der Prophet gilt nichts in seinem Vaterlande. Fast möchte ich sagen, hier habe ich gelernt, was ich wert bin."*[43]

Anlässlich seines dritten Parisbesuches im Folgejahr, dem Jahr der Selbstkrönung Napoleons, schlägt seine Verehrung in begründeten Hass gegen den Tyrannen halb Europas um. Selbstverständlich veröffentlichte er einen Reisebericht *Erinnerungen aus Paris im Jahre 1804*, wo er besonders über die Theater, von denen er eine hohe Meinung gewann, der Oper, mit Orchester, Chören, Dekorationen, Tanz, die nirgends besser gefunden werde und schreibt mit Begeisterung über die wirkungsvollen Inszenierungen der Schauspiele. In Paris hatte jede Gattung ihr eigenes Haus. So rät auch Kotzebue dem Berliner Generalintendanten Grafen Brühl, wenigsten in den großen Städten zwei Theater einzurichten: *„ein mo-*

---

43 Armin Gebhardt: a. a. O., S. 9.

ralisches Erziehungsinstitut für die Hochintelektuellen sowie eine Unterhaltungsbühne für das allgemeine Durchschnittspublikum. Das dann Goethes und Schillers gedankenreichen Theaterschöpfungen ausweichen kann"; anderenfalls: *„Man gähnt, lobt das Stück und sieht es nicht wieder. Wir haben alles in einem Haus und somit nichts rechtes."*[44]

1804 unternahm Kotzebue mit seiner dritten Frau eine ausgedehnte Hochzeitsreise nach Italien, die ihn von Riga über Westpreußen nach Berlin, Leipzig Nürnberg, Innsbruck, Tirol, Florenz, Rom, Neapel, den Vesuv und nach Pompeji und zurück nach Livland führte. Sein Reisebericht ist alles andere als die damals übliche überschwängliche Euphorie oder Verklärung Italiens. Vielleicht war dies auch als Provokation zu Goethes Italienische Reise gedacht. Erstaunlicherweise konnte sich Kotzebue auch mit der italienischen Mentalität nicht anfreunden. Auch den Kunst- und Kulturgütern, einschließlich Baukunst konnte er nicht viel abgewinnen; Ausnahme war das Pantheon, Colesseum und Petersplatz.

Hinsichtlich der ständigen Vorwürfe, nicht nur seine Schauspiele, sondern auch er sei eine unmoralische Person, sei hier Kotzebues witzige Aussage eingefügt: *„Man dichtet mir Sittenlosigkeit und Unmoral an, obgleich in dem dicksten Bande Predigten nicht mehr Moral enthalten ist als in meinen Schauspielen, die überdies nicht so langweilig sind als jene."*[45] Viele seiner Gegner bevorzugten die Moralkritik schon allein deswegen, weil sie eine leicht zu handhabende, aber trotzdem wirkungsvolle Waffe war. Das hat zur Häufigkeit der Vorwürfe beigetragen, die nicht immer der aufrichtigen Sorge, sondern oft der bloßen Polemik entsprangen. Es gilt aber als verbürgt, dass August von Kotzebue für seine Person ein sittlich integrer Mann war. Zwei Ehefrauen überlebte er. Die mit Friederi0ke geführte Erstehe von 1784-1790, die mit Christiane von Krusenstern geführte Zweitehe 1794-1803 und auch die Drittehe, nochmals mit einer Krusenstern, dürften als glücklich bezeichnet werden. Als russischer Generalkonsul teilte er 1815 seinem Freunde Böttiger in Dresden mit: *„Übrigens bin ich glücklich*

---

[44] ebenda, S. 134.
[45] ebenda, S. 140.

durch eine der besten Frauen, die Gott geschaffen hat, und durch zwölf lebendige Kinder, davon elf mir Freude machen."[46]

Vorgeschichte einer folgenschweren Schmähschrift

Kotzebues Problem bestand bei einigen seiner Pamphlete in der sarkastischen Wortwahl. So hatte vor allem eine seiner Auseinandersetzungen mit Literaturkritikern, seine anonyme Schmähschrift *Doctor Bahrdt mit der eisernen Stirn* von 1790, die ihn als Langzeitwirkung bis nach Berlin, ja sogar bis zu seinem gewaltsamen Tod verfolgen sollte, einen Skandal in der deutschen Öffentlichkeit ausgelöst. Denn das war keine Fehde wie mit Goethe oder den Romantikern, das war eine übles Auftrags-Pasquill. Sein Eingreifen in eine bereits andauernde literarische Auseinandersetzung erwies sich in der Sache als völlig unangebracht und zerstörte seinen guten Ruf durch die drastische zynische Sprache, Obszönitäten und Beleidigungen. Während seiner Kur in Pyrmont hatte der erkrankte Kotzebue, den Arzt Johann Georg Zimmermann kennen gelernt, der ihn auch erfolgreich behandeln konnte. Es entstand eine enge Freundschaft zwischen Kotzebue und dem berühmten Arzt.

Zimmermann, in den Jahren um 1790 Deutschlands führender Gesellschaftsarzt, zählte zu den gefragtesten Ärzten seiner Zeit und behandelte alles, was Rang und Namen hatte. Da er auch schriftstellerisch tätig war, hatte er eine Spottschrift veröffentlicht, in welcher er, die damals in Berlin wirkenden, reformeifrigen Aufklärer zu bekämpfen suchte. Zu denen führenden Aufklärern gehörte auch ein Dr. Carl Friedrich Bahrdt. Da Zimmermann kurz zuvor den preußischen König Friedrich den II. beim Sterben Gesellschaft geleistet hatte, nutzte er dessen letzten Aussagen für ein zweifelhafte Schrift, eine Art *Literarischer Krankenbericht*. Ein von Eitelkeit und Unkenntnis beschämendes Zeugnis für die schreibende und heilende Zunft.

---

46 ebenda. Vgl. Jochen Schmide (Hrsg.): Aufklärung und Gegenaufklärung in der europäischen Literatur, Philosophie und Politik, Darmstadt, 1989, S. 1 - 32.

Sein anschließendes Werk *Friedrich II., der Große*, der bekanntlich zu den aufgeklärten Herrschern gehörte, nutzte er als Deckname seiner Schmähschrift, in der er die fortschrittlichen Geistesgrößen auf beleidigende Art geißelte. *„Er beschimpfte alle Befürworter der Aufklärung, Gelehrte aller Professionen, als Marktschreier, talentvolle Gecken, schändliche Betrüger, Freiheitsapostel, lateinische Gaukler und Anarchisten. Er schrieb dieser Aufklärungsbande Volksverführung, Jesuitenlist, alle erdenklichen Judenkniff und mondsüchtige Aufklärungsnarrheit zu, die das Christentum zerstören wollen. Die Schriften dieser Gelehrten, die Aufklärung, erhelle nicht, sondern verfinstere die Gehirne."*[47]

Zimmermann erwies sich als ein Steigbügelhalter, der als damals repressiv empfundenen nachfriederizianischen Staats- und Religionspolitik, des jungen unerfahrenen Königs Friedrich Wilhelm III. ; vor allem unterstützte er dessen preußischen Staatsminister Johann Christoph Woellner, zuständig für Geistes- und Unterrichtswesen.

Der Leser wird sich erinnern, dass nach dem Tod Friedrich des Großen, die einstmals geförderten Aufklärer, von seitens des Staates keine Unterstützung mehr erfuhren. Im Gegenteil: Woellners *Religionsedikt von 1788* verschärfte die Aufsicht des preußischen Staates über die Kirche und das Schulwesen mit dem Ziel, aufklärerische Tendenzen einzudämmen. Staatsminister Woellner hatte mit seiner Parole *„Krieg den Aufklären"*, großen Einfluss bei der Ausgestaltung des Religions- und Zensuredikts, was das *Ende der Toleranzpolitik Friedrich II.* markierte. Keinerlei Kritik an den drei Hauptkonfessionen war mehr möglich. Genau das war in Zimmermanns Schmähschrift die Absicht. Seine gegenaufklärerischen Ansichten kamen dem Religionsedikt zugute und waren letztlich der Auslöser, dass sich in Deutschland Fronten von Aufklärern und Gegenaufklärern bildeten. Es ging also im Hintergrund um eine Episode innerhalb politischer Strömungen in Deutschland im Hinblick auf die Französischen Revolution.[48]

Kotzebue, als ein Anhänger der französischen Aufklärer Jaques Rousseaus und Voltaire, identifizierte sich nur halb-

---

47. Sven Lachhein: a. a. O., S. 80.
48. Zit. in: Frithjof Stock: a. a. O., S. 29/30.

wegs mit den Ideen und Zielen der französischen Revolution. Schließlich war er nach seinen Parisreisen enttäuscht, als er life die Auswüchse, die der Schrecken **Robespierre** verursacht hatte, wahrnehmen musste. Ein gleiches Umdenken fand auch bei Schiller statt. Für Kotzebus weitere politische Tätigkeit war es bedeutsam, dass er mit *Doktor Bahrdt* gegen eine Richtung auftrat, mit der er eigentlich wesensverwandt war. Fast sein gesamtes Werk war durch die Spätaufklärung geprägt und bei ihm selbst ließen sich genügend Züge feststellen, die denen eines „deutschen Jakobiners" ähnlich waren. Zur Erinnerung, Zar Paul I. hatte Kotzebue wegen dieses vorauseilenden Imitiges in Verbannung geschickt.

August Kotzebues unüberlegtes Dankbarkeitspamphlet

Kotzebue hatte offenbar die neue Situation in Deutschland nicht erfasst, erkannte zu spät, dass er sich auf die falsche Seite gestellt hatte. Das er nun Zimmermann so massiv unterstützte, kann nur auf einen falsch verstandenen dankbaren Patienten-Arzt-Freundschaftsbeweis zurück geführt werden, denn Kotzebue war über den bisherigen Verlauf der Zimmermannschen Polemik wenig vertraut. Ohnehin, eine von Zimmermann beauftragte Verteidigungsschrift, für dessen in Verruf geratenes Satire-Pampfleht, sodass Kotzebue von Anbeginn auf der Negativseite stehen musste. Da sich seine Auslassungen fast nur gegen Dr. Bahrdt richteten, aber mit skandalöser Feder geschrieben war, erreichte er das Gegenteil: Hohn, Entrüstung, ja Verachtung auf vielen Ebenen. Hier war er wirklich nur selbst schuldig, seinen Ruf aufs Spiel gesetzt zu haben. Da spielte es auch keine Rolle, dass der Theologe Dr. Bahrdt mit gleichen Verunglimpfungen und Zoten seine Gegenspottverse ausschmückte und selbst wegen Beleidigung des Ministers Woellner im Magdeburger Zuchthaus saß.

Übrigens hatte Kotzebue die Obszönitäten und beleidigenden Zoten aus Zimmermanns Schmähschrift entlehnt, was natürlich keiner wusste. Somit galt er als alleiniger Autor der

Bahrdt-Affäre. Zum anderen erkannten seine Anhänger, wie literarische Gegner, denen Kotzebues Aufklärung bekannt war, dass er mit der Verleumdung des Aufklärers Dr. Bahrdt inkonsequent handelte. Wenn er in Zimmermann, einen Gegner der Französischen Revolution zu verteidigen suchte und gleichzeitig die deutschen Aufklärer angriff, ging er ein Bündnis mit der Reaktion ein, was nicht unbedingt im Einklang mit seiner sonstigen Haltung stand. Auch deshalb traf ihn die Entrüstung und Verachtung von Freund und Feind. Kotzebue war tief niedergeschlagen. *„Ich hoffe"*, schrieb er an seine Mutter, *„Sie werden selbst eingestehen, dass noch nie ein Mensch wegen einer wahrlich gutgemeinten Unbesonnenheit so entsetzlich gestraft worden ist. Es wird lange dauern, ehe das Publikum diese Geschichte vergisst, und ich selbst werde sie zuletzt vergessen."*[49]

Letzte Jahre in Weimar und Mannheim

Da Freiherr von Knigge einige Bühnenarbeiten Kotzebues öffentlich negativ rezensiert hatte, revanchierte sich Kotzebue mit der Namensgebung Knigge als anonymen Autor seines Traktates *Dr. Bahrdt*. Als dies publik wurde, wehrte sich Knigge nun juristisch. Um den Rechtsstreit zu verhindern, reiste Kotzebue nach St. Petersburg, bat als russischer Staatsbeamter, Zarin Katharina II. mit einem Gesuch um Hilfe. Sie nahm Kotzebues Pamphlet als Rechtfertigungsschrift für ihren Günstling, den berühmten Arzt Zimmermann, und unterdrückte daraufhin in ihrem Herrschaftsbereich jedes Vorgehen gegen Kotzebue. Dieser deutete das als Freispruch und ließ es in der deutschen Presse bekannt machen. Somit war der Skandal – wenigsten äußerlich – abgeschlossen. Nur allmählich gelang es Kotzebue, das entrüstete Publikum, nicht zuletzt mit Hilfe einer öffentlichen Abbitte, die er in allen Buchhandlungen auslegen ließ, langsam wieder zu beruhigen. Wie wenig Anlass Goethe auch hatte, Kotzebue zu wohlwollen, so konnte er sich doch mit der Art und Weise, in der dessen Gegner den Kampf führten, nicht befreunden und

---

49 Ebenda, S. 30.

schrieb an Voigt: *„Alles was gegen ihn geschieht wird gebilligt, jede Maßregel für ihn getadelt. Bahrdt mit der eisernen Stirn wird ans Licht gezogen und als das willkommenste Dokument betrachtet. Man droht mit neuem Abdruck desselben, und freilich würde dieser Skandal gutes Geld eintragen."*[50]

Nach dem militärischen Zusammenbruch Preußens 1806 hatte sich Kotzebue auf seine estnisch-livländischen Güter zurückgezogen, wo er bis zum Befreiungsjahr 1813 eine Fülle weiterer Bühnestücke, einschließlich seiner antinapoleonischen Publizistik, verfasste. Im Zeichen der stark konservativ geprägten Heiligen Allianz zwischen Russland, Preußen und Österreich, wird Kotzebue vom neuen Zar Alexander I., dem er seine inzwischen erschienene *Geschichte des Deutschen Reiches* gewidmet hatte, zum korrespondierenden Mitglied der Kaiserlich-Russischen Akademie ernannt. Gleichzeitig, beauftragt von Außenminister Graf Nesselrode, sollte er im Regierungsauftrag dem Zaren über politische Strömungen, kulturelle Neuerungen und wichtige Befindlichkeiten in deutschen Landen berichten. Auf dieser Tätigkeit fußt sein – unzutreffender – Ruf als „russischer Spion".[51]

Die europäischen Mächte der Heiligen Allianz mussten sich nun mit Konstitutionismus, Liberalismus und Nationalismus auseinandersetzen. Weimar, in der Mitte Europas wurde ein Zentrum und Kreuzfeuer dieser Politik. Und mit ihr auch August von Kotzebue. Er bat den Weimarer Großherzog Carl August, sich für diese Tätigkeit wieder in seiner Geburtsstadt niederlassen zu dürfen. Der Herzog erteilte die Erlaubnis: *„Ew. Hochwohlgeb. Entschluss, dass Sie zur Vollbringung der Aufträge Sr. Majestät des Kaisers den hiesigen Ort zu ihrem Aufenthalt gewählt haben, ist mir sehr angenehm."*[52] Mit seiner Frau, elf Kindern und einigem Personal zog Kotzebue im April 1817 in Weimar ein. Diesmal nicht als Schriftsteller, sondern als Staatsmann. Goethe ignorierte ihn, würdigte ihn bei Begegnungen keines Blickes. Aber Kotzebue reizten die

---

50 Siehe Mechthild Keller: "Agent des Zaren". A. v. K. Russen und Russland aus deutscher Sicht, München 1991, S. 119-150.
51 Sven Lachhein: a. a. O., S. 278.
52 Pierre Mattern: a. a. O., S.12.

ungewöhnlichen politischen Spannungen erneut, um sich in gewohnter Art mit der liberal-nationalen Bewegung anzulegen.

Mit der Universität Jena bildete sich ein konstitionell-liberaler Brennpunkt, in den sich Kotzebue mit seiner Korrespontentätigkeit einklinkte und deren Ergebnisse er in Bulletins ans russische Außenministerium schickte. So auch ein Bericht über politische Ansichten des Jenaer Geschichtsprofessors Heinrich Luden. Diesem wurde eine Kopie zugespielt, worauf die Anschuldigungen in der Zeitschrift *Nemesis* veröffentlicht wurden. Zwar ließ Kotzebue aufgrund des widerrechtlichen Abdrucks, die betreffende Ausgabe der *Nemesis* beschlagnahmen, aber dennoch erschien der Bericht erneut in der naturphilosophischen Zeitschrift *Isis* von Lorenz Oken, der neben Luden und Jacob Fries zu den einflussreichsten Jenaer Professoren zählte. Nach dem Verbot der *Isis* brachte der führende Burschenschaftler Ludwig Wieland den Beitrag in seinem *Volksfreund* zum Abdruck. Der russische Staatsrat Kotzebue gewinnt den Rechtsstreit (auch als Bulletin-Affäre bekannt) am Leipziger Gericht gegen Luden, Oken und Wieland und diese werden wegen *„widerrechtlicher Beeinträchtigung fremden Eigentums" und „wegen Verletzung der schuldigen Ehrerbietung gegen das Haupt eines fremden Staates" zu einer Gefängnis- oder Geldstrafe verurteilt.* [53]

In der Universitätsstadt Jena brodelt es. Die Studenten provozieren und randalieren gegen die einheimische Bevölkerung, sie geben sich dem Alkohol und den Huren hin und debattieren immer wieder über Freiheit und politische Ideale. Im nahen Weimar diskutieren Goethe und der Staatskanzler Müller den leidigen Zustand der Jenaer Dinge. Goethe hält fest, dass niemand mehr der Sache gewachsen sei. Auch der Großherzog Carl August ist besorgt über die Freiheit genießenden Jünglinge. Nun meldet sich auch der Theaterdichter Kotzebue zu Wort. Nicht im kleinen Kreis wie Goethe, sondern öffentlich. In seinem *Literarischen Wochenblatt*, das er in Weimar – dank der dort existierenden Pressefreiheit – veröffentlichen konnte, griff er die deutschen Universitäten

---

53 Siehe „Junge Welt", Tageszeitung, Berlin vom 25. März 2019.

und vornehmlich die Burschenschaften und Turnerbünde als Brutstätten des Unfriedens sowie den politischen Liberalismus an. Er verspottete den von den Studenten verehrten Turnvater Jahn und verhöhnte die Ideale der studentischen Freiheitsbewegung.

Sie bestünde einzig und allein in der in der gänzlichen Freiheit jedes Studenten liederlich zu sein. Mit seiner Forderung nach Pressezwang und Aufhebung der akademischen Freiheit zum Wohle der Allgemeinheit, galt er bei den Studenten als gefährlicher Reaktionär. Es war so etwas wie sein Todesurteil, das Kotzebue mit diesen Zeilen verfasste. Goethe schien zu ahnen, dass die Situation eskalieren könnte, denn die Studenten wüten öffentlich gegen den Erbfeind. Das Wartburgfest 1817 ist allen noch in Erinnerung. Unter dem Motto *„Ehre, Freiheit, Vaterland"* hatten sie für die Einheit Deutschlands gestritten, die nur über einen Vernichtungskrieg gegen Erbfeind Frankreich erreicht werden könne, wie ihn Ernst Moritz Arndt, Theodor Körner, der Dichter Kleist und Friedrich Ludwig Jahn erträumt und propagiert hatten.

Das Vorgehen Kotzebues gegen die Burschenschaften, die Turnerschaft, die Verspottung des Vordenkers Turnvater Jahns, machte ihn zum Hasssymbol für die sich revolutionär gebenden Studenten. Suspekt war Kotzebue den Studenten außerdem durch seine Verbindungen zu dem als reaktionär verschrienen Zarenhof, dem er als *„Spion"* diente und deshalb ein *„Landesverräter"* sei. Im Gegensatz zu diesen Zeitgenossen propagierte Kotzebue keinen Freiheits- sondern einen Befreiungskrieg und daran waren die Russen als Koalitionspartner beteiligt, was die Studenten, Arndt und Co. vergessen hatten. Russland war zum Gegner geworden.

Im Rückblick wird aber deutlich, was Kotzebue von jenen Schreibern trennte, die als Dichter des „Freiheitskrieges" in Erinnerung blieben. Wo Theodor Körner oder Ernst Moritz Arndt fanatisch das Deutsche preisen und in Vorstellungen von Tod und Vernichtung schwelgten, da wollte Kotzebue den Hass begrenzen. *„Ohne Erbitterung"* sollten die Deutschen die Franzosen bekämpfen, ein Volk, *„dessen Feinde wir ungern sind"* und das seinerseits unter Napoleon leide. Friede und Freundschaft will er mit den Franzosen, Feindschaft nur mit ihren *„Tyrannen"*. Die ideologische *„These vom Erzfeind Frankreich"*, war auch ein Grund seiner Abgrenzung von Arndt, Körner und Jahn, weil jene diese ständig, in Verbindung mit *Freiheit des deutschen Volkes* propagierten. Am letzten Tag des Wartburgfestes loderten die Fackeln, übten sich die Burschenschaften in dem, was sich 1933 wiederholte, einer Bücherverbrennung, an welcher auch der spätere Attentäter Sand teilnahm. Vorwiegend wurde pronapoleonische Literatur verbrannt, doch auch das Buch des Napoleon-Gegners Kotzebue, nämlich seine *Deutsche Geschichte*, wurde den Flammen übergeben.[54]

Der Weg zum Attentat

Die in der Presse aufgebauschten Geschichten um Kotzebues Bulletins an die russische Regierung, aber auch seine ungeschickte Art, mit diesem Sachverhalt umzugehen, machte es dem Erfolgsautor schwer in Weimar zu bleiben. So zog er ein letztes Mal um und ließ sich Ende 1818 mit seiner Familie in Mannheim nieder. Das Mannheimer Theater war ihm besonders freundlich, hatte seine Bühnenwerke ständig Programm. Zudem war Mannheim keine Universitätsstadt, sodass Kotzebue glaubte, sich vor Studenten und Burschenschaftlern nicht fürchten zu müssen. Nie hätte er geahnt, dass ein einzelner fanatisierter Jüngling in seiner engen, aber umso stärker empfundenen politischen Ideenwelt extra seinetwegen den Weg auf sich nehmen würde, um den verhassten Reaktionär zu ermorden. Doch genau das geschah am 23. März 1819.[55]

Der Fanatismus seines Mörders, des Burschenschaftlers Carl Ludwig Sand, war groß genug, um Kotzebue bis in sein neues Domizil zu folgen und ihn dort nach genauer vorheriger Planung kaltblütig im Angesicht seiner Familie zu erste-

---
54 Günther Heydemann: Carl Ludwig Sand. Die Tat als Attentat, Hof 1985, S. 71.
55 Siehe „Junge Welt", a. a. O.

chen. Carl L. Sand war als 22-jähriger Theologiestudent aus Tübingen und Erlangen, nach dem Wartburgfest, nach Jena gekommen. Als Mitglied der Verbindung *Teutonia* wird er in Jena in den Vorstand der Burschenschaft gewählt. Als leidenschaftlicher Turner in der Gefolgschaft Jahns stellte er sogar einen Antrag bei dem zuständigen Minister von Goethe, es möge doch an der Universität Jena eine Turnhalle gebaut werden. Goethe, Gegner burschenschaftlicher Umtriebe, lehnte ab. Was er noch nicht verhindern konnte, waren nationalistische Professoren in Jena.

So wurde der Student Sand von der „*Ethik*" des Philosophen Jacob F. Fries, eine obskure Einheit von Andacht, Gefühl und Tat, stark beeinflusst. Dazu kam noch Karl Follen, der als Gefolgsmann Turnvater Jahns einen „Ehrenspiegel" der Christlich-Deutschen Burschenschaft entworfen hatte, einer Gemeinschaft, die „*durch Geschichte des Blutes, Glauben, der Erziehung*" bestehe, was Juden zielgerichtet ausschloss. Der Dichter Heinrich Heine, selbst in Deutschland ein Opfer der Zensur, erkannte von welcher Seite die größte Gefahr drohte: dass beim Sieg der Jahnschen Partei „*einige tausend jüdische Hälse, und just die besten*", abgeschnitten würden. Die „*gelebte, freudige Opferbereitschaft*", die Follen verlangte, musste auf einen Schwärmer wie Sand anziehend gewirkt haben: *Mord und Selbstopferung würden jede moralische Anfechtung erledigen*. Die Ideologen der Bewegung mussten gar nichts selber tun. Man hatte den ausführenden moralistischen Trottel gefunden.[56]

Der Student Carl Ludwig Sand, „*schwach erleuchtet durch ein Bild künftiger Gemeinschaft von Freien und Reinen, in der es Zyniker und ironische Volksverderber vom Schlage Kotzebue nicht mehr geben würde*", reiste nach Mannheim. Dort logierte er im Gasthof Zum Weinberg und erkundigte sich nach der Wohnung des Schriftstellers. Am Vormittag des 23. März erschien er an der Wohnung, um das erste politische Attentat in der jüngeren Geschichte Deutschlands zu verüben. Kotzebues nichtsahnender Diener ließ den Gast herein und der Hausherr näherte

---

56 Hagen Schulze: Sand, Kotzebue und das Blut des Verräters. In: Alexander Dumandt (Hrsg.): Das Attentat in der Geschichte, Köln / Weimar / Wien 1996, S. 215.

sich arglos und begrüßte den jungen Mann freundlich. Mit den Worten: *„Du Verräter des Vaterlandes"* führte Sand den tödlichen Stich aus. Der Besuch von Anatomievorlesungen an der Universität Jena hatte sich offenbar gelohnt.

Die Klinge durchbohrte Kotzebues Herz und verletzte die Lungenartherie. Vor den Augen seines vierjährigen Sohnes Alexander, später ein geachteter Kunst- und Schlachtenmaler, brach der Dichter zusammen und verstarb. Sand, durch den Anblick des Jungen, dem er gerade den Vater genommen hatte, verunsichert, überfielen Schuldgefühle. Er richtete die Waffe gegen sich selbst, stach zu, lief taumelnd auf die Straße, fiel blutend vor entsetzte Passanten. Mit den Worten: *„Ich danke dir Herrgott für meinen Sieg!"*, versuchte er mit dem Dolch einen zweiten Suizid, ohne Erfolg. Man brachte ihn ins Krankenhaus und dann zu den Ermittlungsbehörden, denen er bereitwillig Auskunft über seine Motive zur Tat gibt.[57]

Das politisch motivierte Attentat, das seine Ursachen nicht zuletzt in der breitenwirksamen Berichterstattung über den Bulletin-Skandal hatte, aber auch dem aufrichtigen Glauben des Mörders entsprang, Kotzebue sei ein verachtungswürdiger Vaterlandsverräter, der durch sein treuloses Verhalten den Tod verdient habe. Geheimrat Goethe sah in der Mordtat Sands die Verantwortlichkeit bei den Jenenser Professoren, ohne deren mächtigen Einfluss auf die akademische Jugend, der Staatsrat August von Kotzebue wohl nicht ermordet worden wäre. Und in einem Gespräch mit seinem Sekretär Peter Eckermann meinte Goethe: *„Der Hass schadet niemanden, aber die Verachtung ist es, was den Menschen stürzt. Kotzebue wurde lange gehasst, aber damit der Dolch des Studenten sich an ihn wagen konnte, mussten ihn gewisse Journale erst verächtlich machen."*[58]

Die nach seiner Verhaftung akribisch geführten Verhörprotokolle offenbaren die Ideenwelt eines verwirrten und ideologisch verblendeten jungen Mannes. Die Richter erklärten ihn,

---

[57] Johann Peter Eckermann: Gespräche mit Goethe in den letzten Jahren seines Lebens, Weimar 1982, S. 389.
[58] Anette Seemann: A. v. K. in: TABV LA RASA, Zeitung für Gesellschaft und Kultur, Nr. 65, Jena 2011.

nach ausführlicher Anhörung, für vollständig schuldfähig und verurteilten ihn zum Tode durch das Schwert. Das Urteil wurde dann am 20.5.1820 öffentlich durch Enthauptung vollstreckt. Breite Volkskreise erfasste Entsetzen und Empörung über diese Mordtat. Auf allen Bühnen fanden Gedenkfeiern für das Theatergenie August von Kotzebue statt, der auch postmortal noch für lange Zeit die Spielpläne beherrschte. Die Bluttat zeitigte nicht den seitens der Burschenschaften gewünschten, sondern den gegenteiligen Effekt: auf Betreiben des österreichischen Staatskanzlers Fürst Metternich setzten die deutschen Fürsten im Bundestag in Frankfurt, die in Gesetzesrang erhobenen Karlsbader Beschlüsse 1819 in die Tat um. Im Zuge der Restabilisierung der absolutistischen Fürstenmacht werden die Burschenschaften verboten und die Universitäten bei Entzug ihrer bisherigen relativen Autonomie scharfer staatlicher Kontrolle unterstellt.

Schlussbetrachtung

Mit dem August von Kotzebues Tod endete die aktive Phase seines öffentlichen Wirkens. Über drei Jahrzehnte hinweg war es dem Dichter gelungen, sich in exponierter Weise in Szene zu setzen und für seine Anliegen zu stehen. Während der gesamten Zeit seines schriftlichen Schaffens war Kotzebue durchdrungen von den Ideen der Aufklärung, so wie diese sich mit all ihren Spielarten in seiner Epoche äußerten. Auf dem Gebiet der Bühnenpraxis war er derjenige gewesen, der sich nicht scheute, dem Theater eine politische Bedeutung beizumessen, was seine großen Widersacher vermieden hatten. *„Selbst aus heutiger Sicht ist der Theaterautor* **Kotzebue** *stellenweise überraschend modern. Eine literaturwissenschaftliche Auseinandersetzung mit seinen Dramen würde zeigen, dass es nicht von Goethe, Schiller, Wieland, Herder oder Jean Paul, noch weniger von den Romantikern ausging, dass sich im 19. Jahrhundert eine moderne, frische, teils wenig respektvolle öffentliche deutsch geschriebene Sprache bildete, die so flexibel war, dass sie sowohl Theaterstücke als auch Zeitungsartikel und populärwissen-*

schaftlich Schriften bedienen konnte. Diese Sprache, die heute fast jeder schreibt, ging von Kotzebue aus."[59]

Daher sollte auch nicht übersehen werden, dass selbst Goethe rückblickend, als sich die Fronten der Fehden um 1802 entschärft hatten, sich über Kotzebue als Lustspieldichter auch anerkennend ausgesprochen hat. In Goethes Artikel *Kotzebue* – entstanden 1812 – heißt es: „*Gehe ich nun seine schriftstellerischen Wirkungen durch, so vergegenwärtige ich mir mit Vergnügen heitere Eindrücke einzelner Stellen; […] Er hat mir Gelegenheit gegeben, manche andere, ja das ganze Publikum kennenzulernen; ja was noch mehr ist, ich finde noch öfters Anlass, seine Leistungen, denen man Verdienst und Talent nicht absprechen kann, gegen hinfahrende und absprechende Tadler und Verwerfer in Schutz zu nehmen. Betrachte ich mich nun gar als Vorsteher eines Theaters und bedenke, wie viele Mittel er uns an die Hand gegeben hat, die Zuschauer zu unterhalten und der Kasse zu nutzen, so wüsste ich nicht, wie ich es anfangen sollte, um den Einfluss, den er auf mein Wesen und Vernehmen ausgeübt, zu verachten, zu schelten oder gar zu verleugnen; vielmehr glaube ich alle Ursachen zu haben, mich seiner Wirkungen zu freuen und zu wünschen, dass er sie noch lange fortsetzen möge.*"[60]

Vielleicht hat August von Kotzebue an sein Vorbild Johann Wolfgang von Goethe gedacht, als er diesen Satz formulierte: „Dankbare Menschen sind wie fruchtbare Felder; sie geben das Empfangene zehnfach zurück." Wenn man also der Auffassung zustimmen will, das der Wertmaßstab für die Literatur einer Nation nicht nur die Qualität ihrer großen Dichtung sei, sondern dass man auch das breite Publikum nach dem Durchschnittsniveau einer Unterhaltungsliteratur fragen müsse – dann verliert die Goethe-Zeit etwas von ihrem Glanz; sie war eben nicht nur die Zeit Goethes, sondern auch die Zeit Kotzebues.

---

59 Joh. Wolfg. v. Goethe: GW, Bd. 9., München 1987, S. 944.
60 Frithjof Stock: a. a. O., S. 173.

Weitere genutzte Quellen:

Peter Kaeding: A. v. Kotzebue. Auch ein deutsches Dichterleben, Berlin 1985.

Bernhard Schroeter (Hrsg.): Für Burschenschaft und Vaterland, Norderstedt, 2006.

Klaus Ries: Wort und Tat. Das politische Professorentum an der Uni Jena, Stuttgart 2007.

Bärbel Fritz: Kotzebue in Wien. Eine Erfolgsgeschichte mit Hindernissen, Tübingen 1997.

Hermann Lübbe: Idealismus exekutiv. Wieso der Dichter K. sterben musste, München 2006.

Karl-H. Schäfer: E. M. Arndt als politischer Publizist im frühen 19. Jahrhundert, Bonn 1974.

Der Verfasser, geboren 1939 in Leipzig, aufgewachsen in Weimar. Ausbildung im Handwerk als Zimmermann/ Maurer mit Gesellenbrief. Erwerb der Hochschulreife und Pädagogikstudium an der Pädagogischen Hochschule Karl-Marxstadt (heute Chemnitz) und der Martin-Luther-Universität Halle. Staatsexamen zum Lehramt für Geographie und Sport. Seit 1960 Lehrer an verschiedenen Polytechnischen Oberschulen der DDR. Studium der Philosophie an der Karl-Marx-Universität Leipzig. Staatsexamen für Lehramt zur Philosophie an Fach- und Fachhochschulen. Seit 1975 an der Medizinischen Fachschule Weimar als Fachschuldozent für Philosophie und Ethik im Berufsstand. Hauptmann a. D. der NVA. Fortbildungslehrgang für Führungskräfte an der Militärakademie Dresden der NVA. 1990, nach der so genannten Wende, Liquidierung aller Medizinischen Fachschulen der DDR. Bis zur Pensionierung Leiter eines Lehrlingswohnheimes für grüne Berufe in Landkreis Weimar. Der Autor ist verheiratet und lebt in Thüringen. Veröffentlichungen zu Ethikproblemen, zu Walter Krämer, dem „Arzt von Buchenwald", zu Ernst Haeckel, zu Gerhart Hauptmann, zu Ernst Mach, zu den Brüder Grimm, zur Totalitarismustheorie, zur Legende und Wirklichkeit deutscher Kolonien, zum Lebenswerk des Bildhauer Jo Jastram, zu Richard Strauss, zu Friedrich Nietzsche, zu Gottfried Benn, zu Knut Hamsun sowie zu Darwin und Alfred Russel Wallace.

Das Superwahljahr 2021

Ein Rückblick

Von Christian Schwochert

Presseübertragung eines Triells von ARD und ZDF
© *Steffen Prößdorf, CC BY-SA 4.0 (commons.wikimedia)*

DAS SUPERWAHLJAHR 2021

Die Mainstreammedien bezeichneten das Jahr 2021 als „Superwahljahr" und das war einer der wenigen Aussprüche, bei dem sie uns ausnahmsweise mal die Wahrheit sagten. Doch leider sucht eine schreckliche Seuche derzeit unser geliebtes Deutschland heim. Freilich, andere Länder hat es noch schlimmer erwischt, aber dort wütet sie auch schon wesentlich länger. In den USA immerhin schon seit 1776 und in Frankreich mit Unterbrechungen seit 1789. Entsprechend sehen diese Länder auch aus. Bei uns gibt es sie erst seit 1918 und trotzdem ist Deutschland ziemlich hinüber. Und dann kam 2020 auch noch die Corona-Krise dazu. Eine Krise, die den Altparteien sehr gelegen kam. Sie sind nicht willens unsere Grenzen zu schützen, aber dass sie genau wissen was sie tun, sieht man daraus, wie sie das Coronavirus meisterhaft ausnutzen, um unsere Grundrechte zu beschneiden. Demos werden verboten oder gewaltsam aufgelöst, mit dem Argument unsere Gesundheit zu schützen. Gewiss, gewalttätig aufgelöste Demos sind an sich nichts Neues. Ich denke da an die Proteste rund um das absurde und überflüssige Projekt „Stuttgart 21". Auch damals wurden friedliche Demonstranten mit Gewalt attackiert. Es gab Schwerverletzte, die bleibende Schäden davontrugen. Aber damals redete die Regierung den Leuten wenigstens nicht ein, sie täte das um ihre Gesundheit zu schützen. Wo ist da die Logik? Leute werden mit Tränengas beschossen und von Polizisten zusammengeschlagen, weil sie keine Masken tragen. Die Regierung kann doch nicht ernsthaft erwarten, dass wir glauben sie sei um die Gesundheit ihrer Kritiker besorgt!

Ich jedenfalls mache mir tatsächlich Sorgen: Wegen dem Coronavirus und dem, was sklavenhaltende Freimaurer 1776 erfunden haben, um an noch mehr Macht und Geld zu kommen und den Leuten lauter Lügen zu erzählen. Dabei führen sie wohlklingende Worte wie „Demokratie" und „Menschenrechte" im Munde, die aber nur Blendwerk sind, um die Massen ruhig zu halten. Das klappt, solange die Massen immer genug zu futtern haben. Und solange die Blender genügend Geld und Macht haben, um sich alles zu kaufen was sie wollen und um jeden zu finanzieren, der ihre kranke Weltsicht teilt. Sehen wir uns kurz mal ein paar der Länder an, in die sie ihre Ideologie exportiert haben, oder versucht haben zu exportieren:

- Die Ukraine: Dort herrscht Bürgerkrieg.
- Libyen: Bürgerkrieg.
- Syrien: Bürgerkrieg, wenn auch fast vorbei.
- Irak: Ein zerfallenes Land, dass nach der Niederschlagung des IS vielleicht auf dem Weg der Besserung ist.
- Afghanistan: Bürgerkrieg derzeit beendet, aber jetzt wo der Vermittler Trump weg und Biden durch Betrug gewonnen hat, kommt er vielleicht wieder.
- Ganz Mittel- und Südamerika.

Überall in ihrem Vorgarten haben die Amerikaner nach und nach ihre Staatsform durchgesetzt, obwohl beispielsweise viele Brasilianer nur zu gerne ihr Kaiserreich wiederhaben würden. Mexiko hatte auch mal einen Kaiser; damals war das Land entwicklungstechnisch mit den USA auf Augenhöhe. Jetzt ist es ein in weiten Teilen von Drogenbaronen beherrschter Staat. Und warum? Weil die USA die Demokratiebestrebungen dort unterstützten.

Und zum Schluss ein Blick nach Europa: Der Westen unseres Kontinents wird immer mehr überfremdet; der Osten hält glücklicherweise noch stand. Am schlimmsten befallen sind die Länder, die schon länger in der EU sind.

Worauf ich damit hinaus möchte?

Darauf das dieses ganze Gerede von „Demokratie" eine einzige große Täuschung des Volkes ist. Sie können mir diesen Satz gerne vorwerfen, aber vergessen Sie nicht: Selbst die ganzen Demokraten finden Demokratie nur solange toll, wie sie davon profitieren. Sobald nämlich mal eine echte Alternative auftaucht, ändern sie einfach die Spielregeln. Deswegen bekam die AfD keinen Alterspräsidenten des Bundestags und bekommt keinen Vizepräsidenten. Und wenn die Politiker die Demokratie so toll finden, warum gibt es dann nicht jedes Jahr Neuwahlen? Warum haben sie stattdessen die Wahlperioden und damit auch ihre Amtszeiten vielerorts auf fünf Jahre erhöht?

Und wenn sie die Demokratie so sehr lieben, warum senken sie die Fünf-Prozent-Hürde dann nicht auf sagen wir 0,5 Prozent? Und noch wichtiger: Wenn ihnen die Demokratie so sehr gefällt, warum arbeiten sie dann nicht umsonst oder bezahlen all ihren Kram wie Wahlkämpfe, Feiern oder das neue Kanzleramt (600.000.000 Euro) aus eigener Tasche?

Ganz einfach: Die wollen kein Geld ausgeben, sondern verdienen. Und um Geld zu verdienen, muss man den Leuten etwas verkaufen. Das ist an sich nicht verkehrt, aber zum einen werden uns immer wieder die Nebenkosten verschwiegen und zum anderen ruinieren diese Menschen seit Jahren unser Land, indem sie eine familienfeindliche Politik betreiben und obendrein jede Menge integrationsunwillige Ausländer importieren. Und für das alles darf am Ende der Steuerzahler blechen; ebenso für die ganzen Wahlkämpfe im Superwahljahr 2021. Es gibt da nämlich diese Sache namens Wahlkampfkostenerstattung. Eine tolle Sache; nur nicht für uns. Alles was die an Geld ausgeben, bekommen die wieder und wir Bürger bekommen zum Dank leere Versprechen und eine Politik, die unser Land zu Grunde richtet. Gewiss, wir haben dafür das „Privileg" wählen gehen zu dürfen, aber das können die Bürger in Nordkorea auch und die kriegen wenigstens schöne Paraden. Gut, ein Witz über Nordkorea ist vielleicht unangemessen, denn immerhin werden dort Christen verfolgt und zusammen mit politisch Andersdenkenden in Lager gesteckt. Aber da kommen wir auch noch hin, doch dazu komme ich gleich.

Verschiedene Parteien

In Deutschland haben wir die Wahl zwischen verschiedenen Parteien. Ursprünglich hatten der Herausgeber und ich darüber gesprochen, dass ich in diesem Beitrag über die Wahlprogramme der einzelnen Parteien berichten könnte, aber wir kamen zu dem Schluss, dass das unnötig und überflüssig wäre. Denn entweder feuern die Altparteien in ihren Programmen jede Menge Blendwerk ab oder schlimmer noch: sie sagen uns die Wahrheit und geben offen zu, dass sie Deutschland zum Einwanderungsland machen und in der EU auflösen. Beides hat den durchschnittlichen Wähler nicht davon abgehalten, diese Typen zu wählen. Die einen, weil sie auf das Blendwerk hereinfallen und die anderen, weil sie schon so umerzogen sind, dass sie Massenzuwanderung und die EU toll finden.

Das sind nun aber beides Wählergruppen, die gewiss nicht zu unserem Leserkreis gehören und unsere Bücher meiden wie der Teufel das Weihwasser. Unsere Leser sind eher dafür bekannt, ihren Verstand einzuschalten. Als Beleg liegen dem Verlag zahlreiche Leserbriefe vor. Es ist also völlig unnötig ihnen die Parteiprogramme der Altparteien vorzulegen, denn sie wissen ohnehin bereits womit sie es zu tun haben. Ihnen ist auch klar, dass sich nur eine größere Partei wirklich mehr als nur dem Namen nach von den anderen unterscheidet und das man diese schon deshalb als echte Opposition erkennt, weil die anderen Parteien regelrecht Krieg gegen sie führen und sogar immer wieder ihr Verbot fordern. Bringen wird es freilich kaum etwas diese Partei zu wählen, denn selbst wenn sie zwanzig oder dreißig Prozent bekommen hätte, werden die Blockparteien sie blockieren. Trotzdem machte ich wieder mein Kreuz bei ihr, denn so kann man den Systemparteien schön in die Suppe spucken und ihnen zumindest ein paar

Steine in den Weg legen. Weitere Steine sind jedoch dringend notwendig. So halte ich es zum Beispiel für erstrebenswert, so viele Volksentscheide gegen deren Politik wie nur möglich zu organisieren. Auch Demos sind hilfreich, weil man dort Gleichgesinnte kennenlernt.

Warum das notwendig ist? Weil wir uns auf einem gefährlichen Weg befinden, wie auch die Polizeigewalt gegen friedliebende Demonstranten zeigt. Ich will keinesfalls gegen Polizisten oder gar gegen Soldaten hetzen, zumal es gerade in diesen Berufszweigen viele aufrechte Patrioten gibt. Aber zunächst einmal finden auch dort Unterwanderungen durch Linke, Islamisten und kriminelle Migrantenclans statt. Gerade diese drei Gruppen hassen zwar unser Land, lieben dafür aber umso mehr die Systemparteien, von denen sie durchgefüttert werden. Und dann gibt es auch in der Armee und bei der Polizei natürlich die Karrieregeilen, die man leider überall auf der Welt findet. Ich glaube keine der vier eben aufgeführten Gruppen hätte im Falle eine Schießbefehls auch nur eine Sekunde Skrupel auf unbewaffnete Demonstranten zu schießen. Ich habe nicht vergessen wie hämisch sich Spiegel TV 2020 gefreut hat, als friedliche Demonstranten angegriffen wurden. Und das nur weil sie, übrigens genauso wie die Protestler in Weißrussland, keine Masken trugen. Freilich, ich hätte eine Maske getragen; schon damit mich die Linken nicht erkennen!

Wie gesagt, ein gefährlicher Weg. Aber leider kein Unbekannter. Man denke daran, wie es mit der Sowjetunion und den USA angefangen hat. Im Grunde kann man das in mehrere Phasen unterteilen:

1. Propaganda
2. Machtergreifung
3. Gleichschaltung
4. Säuberung
5. Expansion
6. Weltherrschaft oder Zusammenbruch

Natürlich habe ich das alles jetzt etwas vereinfacht ausgedrückt, aber so ungefähr ist es. Die Globalisten in den USA befinden sich in Phase fünf, die vor kurzem für vier Jahre von Donald Trump unterbrochen wurde, was ein Glück für die Menschheit und auch für die Amerikaner war. Doch mit Joe Biden befindet sich das linksglobalistische, demokratische Imperium wieder auf Kurs. Eventuell wird es jedoch durch den von Trump begründeten Trumpismus bald wieder unterbrochen. In der BRD verfolgen die Systemparteien CDU/CSU/FDP/Grüne/Linke/SPD im Grunde dieselbe Agenda wie die Demokraten in den USA. Nur befinden wir uns noch in Phase drei. Und im Grunde sind diese Phasen nicht fest, sondern fließen in einander über. Zuerst begann die Propaganda. Damals mit den 68ern und ihrem „Marsch durch die Institutionen". Selbstverständlich hat die Propaganda nie aufgehört; sie geht immer weiter. Sie ging auch im 3. Reich immer weiter und auch in der Sowjetunion. Nur war sie damals positiv und aufbauend; sie sollte den Kampfgeist stärken. Heute ist sie niederdrückend und demoralisierend, denn die Beherrschten sollen ja ausgerottet werden.

Die Machtergreifung erfolgte in Deutschland etwas später, denn lange Zeit hatten die Alliierten die Kontrolle und brauchten zudem Deutschland als Bollwerk. Dann kam 1989 einer der glücklichsten Augenblicke unserer Geschichte und es wuchs zusammen was zusammen gehört. Aber schon Ende der 90er kam die Machtergreifung durch die linken 68er. Nicht nur im Land, sondern auch in allen Altparteien setzten sie sich nach und nach durch. Scheinbar wurden sie mit Merkel wieder von der Macht verdrängt, aber die Kanzlerin verfolgt dieselbe linke Globalistenagenda, die wir auch von den Clintons, Biden und anderen Genossen kennen. Im Moment befinden wir uns in Phase drei. Die große Gleichschaltung. Auf Abweichler wird gnadenlos eingedroschen. Denken Sie dabei an den Fall Kemmerich in Thüringen. Alles und jeder soll auf Linie gebracht werden. Dabei ist es besonders perfide, dass die Medien den Querdenker-Demonstranten und anderen vorwerfen, sie würden die heutigen Zustände mit Hitlers Ermächtigungsgesetz und Ähnlichem vergleichen. Sie lachen darüber, aber man gewinnt trotzdem einen Eindruck wohin die Reise geht. Doch immerhin dauert die Gleichschaltungsphase nun schon mehr als zwanzig Jahre und war bisher nicht erfolgreich.

Doch was im Anschluss kommt ist klar; wir hatten das ja schon einmal: Die Gesellschaft wird gesäubert und sobald alles total unter Kontrolle ist folgt die Expansion. Vielleicht marschieren die Gutmenschen dann in unsere östlichen Nachbarländer ein, um sie vor der „rechten Bedrohung" zu schützen. Und womöglich bringen sie das halbe polnische Volk um, um es vor den Nazis zu beschützen.

Sobald sie hier den totalen Sieg errungen haben, werden sie expandieren und dann weiter siegen, solange bis sie auf die Fresse bekommen. Allerdings ist es in Phase drei noch möglich, dass sie nie den Sieg innerhalb unseres Landes erringen. Noch kann sich schließlich ein jeder wehren.

Und es ist selbstverständlich auch möglich, dass sie einfach anders vorgehen. Das sie Leute wie uns nicht in Lager stecken, sondern lediglich unsere bürgerliche Existenz vernichten, indem sie dafür sorgen, dass wir Jobs, Wohnungen, Kontos und so weiter verlieren. Schon ein berühmter Schriftsteller, dessen Namen ich vergessen habe und den ich auch nicht aussprechen kann, hat mal festgestellt, dass die Leute mit abweichenden Meinungen in der US-Demokratie anders bestraft werden. Sie dürfen sagen was sie denken, aber dafür werden sie ausgegrenzt und infolgedessen wird ihnen niemand helfen. Mit anderen Worten: Man darf sagen was man will, aber es hat Konsequenzen und inzwischen kann man sogar dafür im Knast landen.

Das ist die Diktatur der Demokraten und da auch im Superwahljahr kein Wunder geschah (etwa mit einer AfD in einem Bundesland bei 55 Prozent), wird sich auch 2022 nicht viel ändern. Aber Politiker und Medien haben dieses Superwahljahr genutzt, um sich selbst noch besser zu inszenieren, uns fleißig Geld aus der Tasche zu ziehen und uns ein X für ein U vorzumachen.

Darin sind die Altparteien leider auch sehr gut. Anders als die Leser unserer Schriften fallen die meisten Menschen nach wie vor auf deren Propaganda herein. Und ich gebe es zu: Ein Stück weit ist das patriotische Lager an deren Erfolgen auch mit schuld. Früher nannten uns die Linken schlicht „Reaktionäre" und der Begriff stimmt in gewisser Weise, denn wir reagieren ja auf den Unfug, welchen die Roten verzapfen. Aber nur reagieren reicht nicht! Wir müssen auch Gegenentwürfe erstellen und verbreiten. Und wir müssen die Schandtaten der Blockparteien aufdecken. An diesen Dingen mangelt es ein wenig bei uns. Das patriotische Lager ist unter einander zu wenig vernetzt und sollte viel mehr zusammenhalten und zusammenarbeiten! Und vieles dauert auch einfach zu lange. Ein Beispiel: Ich schrieb mit einem anderen Autor ein Gesprächsbuch mit dem Titel „Monarchie und Nation". Wir wollten es im Gerhard-Hess-Verlag veröffentlichen und erst sprach der Verleger mit meinem Kollegen und wir dachten bald käme der Vertrag. Doch der Verlag war mit anderen Projekten dermaßen im Rückstand, dass er unserem Buch schließlich eine Absage erteilte. Ich weiß nicht ob es daran lag, aber diese Absage hat gewiss nicht dazu geführt, dass mein Kollege sonderlich begeistert war. So kehrte er vor Kurzem der Politik den Rücken. Das patriotische Lager verlor einen guten Mann und er übertrug mir alle Rechte an dem gemeinsamen Buch. Der Titel sagt denke ich schon, welche Alternative ich mir, anstelle dessen was wir zur Zeit haben, für unser Land wünsche. Trotzdem bekommen Sie hier nun einen Auszug des Werkes zu lesen:

Veraltet, verknöchert, halbvergessen ist die Monarchie und doch gibt es sie noch - die Monarchisten. Herr Schwochert, Sie also sind einer dieser urigen Konsorten. Was in Gottes Namen bewegt einen jungen Mann wie Sie dazu, Ihre Treue dem Kaiser zu schwören, wohl wissend, dass dieser schon längst nicht mehr unter uns weilt und wahrscheinlich auch nicht mit dem Gedanken spielt, uns im Jahre 2021 einen Besuch abzustatten? Was ich ihm im Übrigen nicht verübeln kann. Twerkende Big-Booty-Bitches wären Seiner Majestät vermutlich ein recht unappetitlicher Anblick, während sein geliebtes Deutschland von einer Dame regiert wird, deren hängende Mundwinkel dem kaiserlichen Dackel als Springseil dienen könnten.

DAS SUPERWAHLJAHR 2021

Sehen Sie Herr Markert, die Monarchie ist eine Staatsform, welche sich über Jahrtausende bewährt hat. Im Besonderen während des Deutschen Kaiserreichs von 1871 bis vorläufig 1918 wurden herausragende Leistungen erbracht. Man denke an die Bismarckschen Sozialgesetzgebungen, welche uns noch heute zum Segen gereichen. Unfallversicherung, Rentenversicherung und vieles mehr wären ohne das Kaiserreich in der Welt und vor allem in Deutschland wohl undenkbar gewesen. Zu verdanken sind diese Dinge freilich nicht nur Kanzler Bismarck, sondern auch Kaiser Wilhelm I, welcher 40 Jahre lang mit ihm zusammenarbeitete. Der Kanzler wurde damals noch vom Kaiser ernannt und Wilhelm I erkannte, dass Bismarck der beste Mann für diesen Beruf war.

Dieser fruchtbaren Zusammenarbeit verdankten wir ein einiges, starkes, gesundes Deutschland mit niedriger Analphabetenquote, geringem aber dafür gut integriertem Ausländeranteil, souveräner Außen- und Innenpolitik, zahlreichen Nobelpreisträgern, herausragender Literatur und einer eigenen Kultur.

Heute hingegen haben wir so ziemlich das Gegenteil. Der Analphabetenanteil steigt, der Ausländeranteil ebenso. Gut integrierte Ausländer gibt es noch immer, einige davon finden sich beispielsweise auch in der AfD, aber die meisten sind nicht integriert und bilden Ghettos und Parallelgesellschaften. Sie haben allerdings auch keine allzu große Motivation, sich in eine Gesellschaft einzufügen, die in großen Teilen leider weder an einen Gott glaubt, noch Ehre oder Vaterlandsliebe besitzt. Das alles haben die 68er den Deutschen ja systematisch aberzogen und da muss dringend von patriotischer Seite gegengesteuert werden.

Was die BRD-Außenpolitik betrifft, so ist diese ebenso peinlich wie erbärmlich. Ich bin gewiss kein Fan von Erdogan, aber als dieser über Heiko Maas sagte „Da kommt der deutsche Außenminister - ein Mann, der seine Grenzen nicht kennt" und „Wenn Du etwas von Politik verstehen würdest, würdest du nicht so sprechen", hatte er schon recht. Maas und seine Genossen haben von nichts eine Ahnung. Sehen Sie, allein um Bürokaufmann zu werden, braucht man eine dreijährige Ausbildung. Gut, das ist ein schwieriger Job, aber selbst für kleinere Tätigkeiten mit weniger Fachbegriffen und unkomplizierterer praktischer Anwendung wie z.B. als Museumswächter braucht man mehrwöchige Kurse und eine IHK-Prüfung. Aber um Außenminister oder Justizminister zu werden, muss man nur zur richtigen Partei gehören und schon sitzt man im Sattel. Es reicht schon Provinzanwalt zu sein.

Früher wurde man, wenn man König oder Kaiser wurde, sein ganzes Leben darauf vorbereitet. Heute ist das in den Monarchien noch immer so, aber bei uns werden Leute auf Posten gestellt, frei nach dem Motto: „Wem Gott ein Amt gibt, dem gibt er auch Verstand." Und die werden dann Menschen wie Erdogan gegenübergestellt, der sich schon darauf freut, sie zum Frühstück zu verputzen. Eines ist klar: Mit jemandem wie Bismarck hätte Erdogan nicht so umspringen können, aber Bismarck hätte auch die Grenzen dichtgemacht; schon um uns vor der Asylinvasion zu schützen und uns nicht von der Türkei erpressbar zu machen. Übrigens: Zur Zeit des Kaiserreichs waren die deutsch-türkischen Beziehungen hervorragend, auch deshalb, weil wir uns damals nicht wie Waschlappen aufführten und weil der Osmane echte Männer achtet und Weicheier verachtet.

Trump zum Beispiel konnte Erdogan nicht so herumschubsen wie Maas. Auf die Waffen aus der BRD, die er jetzt angeblich nicht mehr bekommen soll, ist Erdogan im Übrigen nicht angewiesen; er kann auch welche bei den Russen oder Chinesen kaufen.

Was die Leistungen der heutigen bunten Republik betrifft, so sieht es mit guter Literatur, Kultur und den Nobelpreisen auch sehr mau aus. Gäbe es jedoch einen Nobelpreis für Dummheit, wäre Deutschland mit Preisen überhäuft. Fast jeder etablierte Politiker könnte sich einen in das vom Steuerzahler bezahlte Büro stellen. Von 1901 bis 1918 hatte Deutschland 21 Nobelpreisträger. Darunter heute noch bekannte Namen wie Max Planck und Robert Koch. Und bei vielen Nobelpreisträgern nach 1918 kann man durchaus davon ausgehen, dass die meisten von ihnen noch monarchistisch geprägt waren. Schaut man sich den Zeitraum von 2001 bis 2018 an, sieht es weniger gut aus. Ach sein wir großzügig und dehnen ihn etwas aus. Sagen wir von 2000 bis 2019. Dann haben wir zehn „deutsche" Nobelpreisträger, wobei mehrere von ihnen nur zur Hälfte Deutsche sind und auch gar nicht in Deutschland ihre Arbeit verrichten. Das heißt natürlich nicht, dass die Leistungen dieser Leute nicht zu würdigen sind, aber zehn sind, und das dürften selbst die dümmsten Schüler an der dümmsten Schule unseres Landes wissen, weniger als 21.

Zum Thema Literatur lässt sich sagen, dass es dort immerhin die leider wenig bekannten „Heimat ist ein Paradies"-Werke von Viktor Streck gibt. Ansonsten ist unser Land überschwemmt mit linksversifften Unterhaltungsdruckerzeugnissen auf dem Niveau der GEZ-Schundserie „Lindenstraße", die es Gott sei Dank bald nicht mehr geben wird. Wobei, ich will dem Herrn hier nicht zu früh danken; man weiß ja nie, ob die Fans dieses unsäglichen Unsinns diese Rentnerverblödungsserie nicht doch noch retten.

Die gute Nachricht ist etwas was wir aus der Archäologie wissen; nämlich das eine Kultur niemals vollständig ausgelöscht werden kann. Unter all dem Müll von „Berlin Tag und Nacht", „Köln Irgendwas", „Joko & Klaas" und dem ganzen ähnlich entarteten Abfall verschüttet, befinden sich noch immer unsere Kultur und unsere Werte wie Treue, Gottesfurcht, Ehre, Heimatliebe sowie Aufrichtigkeit, Bescheidenheit, Redlichkeit, Pflichtbewusstsein und all die anderen preußischen Tugenden, welche durch die Helden von 1870/71 schließlich zu deutschen Tugenden wurden. Diese unsere Werte könnte man eigentlich prima über die Fernsehsender vermitteln. Stattdessen beschallt man uns jedoch mit regierungskonformer Propaganda und versucht ansonsten uns mit Brot & Spielen ruhig zu halten. Jedoch kommt es auch vor, dass ganz selten mal relativ gute Filme wie 300, dem wir immerhin die Identitäre Bewegung mitverdanken, laufen. Wie denken Sie über das heutige Fernsehen?

Interessant, dass Sie nicht auf die Vorzüge der Konstitutionellen Monarchie in Hinsicht auf eben die Konstitution eingegangen sind. So ist der Monarch durch die über ihm stehende Konstitution dem Wohle des Volkes verpflichtet und dies im Wissen, seines Amtes enthoben werden zu können, würde er gegen diese verstoßen. Oftmals wird die Monarchie mit der Absoluten Monarchie gleichgesetzt - doch ist dieser Fehler dem Pöbel im Anbetracht des wahrlich unbefriedigenden Geschichts- und Politikunterrichts an deutschen Schulen zu verzeihen. Bezieht man sich auf die Demokratie als Herrschaft des Volkes, so wäre es meines Erachtens nicht falsch zu behaupten, dass die konstitutionelle Monarchie in seinem Wesen äußerst demokratisch ist. Sie sprachen zurecht die politische Kompetenz jener an, welche seit klein auf auf das politische Amt im späteren Alter geschult werden und setzten diese ganz richtig in den Kontrast zur Inkompetenz unserer heutigen Berufspolitiker. Das Deutsche Fernsehen ist jedoch, wo sich unsere Geister scheiden. Nicht in der Beurteilung der dort angebotenen Qualität, doch im Stellenwert, den Sie – so scheint es mir – dem Klamauk einräumen. Ich sehe keine allzu große Gefahr in der Verblödung der Menschen durch das Fernsehen, höchstens ein Fortsetzen der eigenen Dummheit. Dumme Menschen werden sich vermutlich von für sie maßgeschneiderte Serien angezogen fühlen, so auch pseudo-intellektuelle Herrschaften von pseudo-intellektuellen Sendungen auf kosmopolitisch ausgerichteten Sendern, um diese nicht beim Namen zu nennen – doch können Sie sich denken, auf welchen Sender ich hierbei anspiele. Wie dem auch sei, bezweifle ich, dass Fernsehen einen gefestigten Geist mürbe werden lassen kann. Zu gering ist die Zeit, die der durchschnittliche Bürger vor der Glotze verschwendet. Einer Studie der AGF Videoforschung aus dem Jahre 2019 nach zu urteilen, verbringen Menschen im Alter zwischen 14 und 29 Jahren 70min täglich vor der Flimmerkiste, was im Vergleich zur täglichen Handynutzung sehr gering sein sollte. Darin sehe ich eine viel größere Gefahr. Der Nutzer verkriecht sich immer mehr in seine für ihn angepasste Welt, in die eigene Filterblase und findet die Bestätigung, welche er braucht, ohne in die missliche Lage zu geraten, sich selbst, bzw. die eigenen Ansichten hinterfragen zu müssen. Mir wäre es lieber, wenn die Menschen den ganzen Tag Prekariats-TV gucken und offensichtlich dumm bleiben, anstatt sich nur mit der eigenen Propaganda zu beschäftigen, um sich anschließend als erleuchtet zu erachten und von anderen Idioten aus der eigenen Blase Beifall zu bekommen. Die Menschen sind über die Jahre weder klüger, noch dümmer geworden, doch dafür unglaublich überzeugt von sich selbst.

Was die Identitäre Bewegung angeht, so wäre es zu einfach, zu sagen, dass diese die direkte Antwort auf den Film „300" (2006) von Zack Snyder wäre. Derartige Reaktionen auf Filme gab es in der Geschichte zwar wirklich, man bedenke hierbei nur den amerikanischen Stummfilm „The Birth Of A Nation" von D.W. Griffith aus dem Jahre 1915 und der darauf gefolgten Gründung der zweiten Welle des Ku-Klux-Klans durch William Joseph Simmons – und nein, ich möchte in keinster Weise die IB mit dem Klan gleichsetzen; es gibt einen gewaltigen Unterschied zwischen dem Aufhängen von Menschen und dem Aufhängen von Transparenten – oder den Filmen „The Warriors" (1979) von Lawrence Gordon und „The Wanderers" (1979) von Philip Kaufman und der Gründung diverser Jugend-Gangs zu dieser Zeit. Die IB übernahm einen Teil ihrer Ästhetik aus dem Film „300", so eben auch das Lambda, bzw. „ihre" Version des Lambdas. Ich würde dem Film jedoch keinen besonders großen Stellenwert einräumen wollen, auch wenn ich ihn nicht schlecht finde. Was die Identitäre Bewegung angeht, so befürchte ich, dass auch sie in Zukunft keinen großen Stellenwert mehr im patriotischen Spektrum genießen wird, ohne hierbei wertend klingen zu wollen. Zu stark hat sich die IB in eine Ein-Themen-Bewegung entwickelt, womit weder besonders viele neue Mitglieder zu generieren sind, noch Europa zu retten ist. Massenmigration und die häufig thematisierte Islamisierung Europas sind Symptome, nicht aber die Ursachen eines viel tiefer sitzenden Problems. Anstatt auf innergesellschaftliche Zusammenarbeit abzuzielen, sich um den innergesellschaftlichen Dialog zu bemühen, gärt die Bewegung im eigenen Saft und sorgt mitunter dafür, dass sich die politischen Fronten verhärten. Teile und herrsche – das System lässt danken. Es scheint mir, als wäre es Teilen der Bewegung wichtiger, den Begriff des „Rechten" auf Teufel komm raus positiv zu konnotieren, anstatt eine geistige Revolution, als welche ich die Rückbesinnung auf Heimat, Freiheit und Tradition erachte, zu entfachen. Mich würde interessieren, was Sie in der Identitären Bewegung sehen.

Die konstitutionelle Monarchie bietet tatsächlich die Vorteile beider Systeme. Sie ist sozusagen eine Fusion aus Demokratie und absoluter Monarchie. Tatsächlich wird das Volk sogar besser vertreten, als in der, nennen wir es mal, „völligen Demokratie". Denn der Monarch kann eingreifen, falls die Politiker zu sehr zu gierigen Beutegeiern mutieren. Zudem ist es in manchen Ländern durchaus so, dass die Demokratie erst durch die Monarchie zurückkehrte; etwa in Spanien zum Beispiel. Freilich sind viele Demokraten dann undankbar, wobei es natürlich Solche und Solche gibt. Manche, auch auf der linken Seite, sind dem ehemaligen König Juan Carlos durchaus dankbar, dass sie jetzt wieder wählen dürfen, gewählt und vor allem nicht mehr verfolgt werden. Leider neigt besonders die politische Linke dazu, selbst zu verfolgen und zu diffamieren. Gerade von dieser Seite werden -Methoden und Abscheulichkeiten angewendet, welche sie immer wieder ihren Gegnern vorwerfen. Auch die Linke hat sich ja im Spanischen Bürgerkrieg nicht gerade mit Ruhm bekleckert, um es mal nett auszudrücken. Und jetzt, wo die Linken in Spanien wieder machen dürfen was sie wollen, sind von ihnen erneut die Rufe nach Abschaffung der Monarchie zu vernehmen und Franco wollen sie auch ausgraben und umbetten. Derartige Verhaltensweisen verurteile ich zutiefst. Franco war kein Heiliger, aber hätte er den Bürgerkrieg nicht gewonnen, wäre Spanien eine zweite Sowjetunion oder Schlimmeres geworden. Und er hat die Monarchie in dem Land wieder hergestellt, weil er wusste, dass sie Spanien nach seinem Tod eine gewisse Stabilität geben würde. Die heutigen Politiker denken nicht über ihren eigenen Tod hinaus; ja sie denken nicht einmal bis zur nächsten Amtszeit.

In Spanien ist die Linke genauso verkommen, wie im Rest der Welt. Auch dort will sie den „Neuen Menschen" schaffen und nebenbei das Ergebnis des Bürgerkrieges revidieren; ihn sozusagen Jahrzehnte nach dessen Ende doch noch gewinnen.

Aber ich sehe schon, ich schweife ein wenig ab. Kommen wir auf das Fernsehen zu sprechen, wo Sie erwähnten, dass es eine Fortsetzung der eigenen Dummheit ist. Das mag in Teilen sogar stimmen. Aber ich denke, dies gilt vor allem für Serien und Filme aus der BRD, wo die Propaganda offensichtlich ist. In US-Serien ist die ganze Technik wesentlich ausgefeilter. Die AFG-Studie ist mir nun nicht bekannt, aber sie könnte durchaus hinkommen. Tatsächlich hat außer mir in meinem Freundeskreis eigentlich nur eine weitere Person überhaupt noch einen Fernseher. Die Meisten schauen sich Filme, Serien und so weiter im Internet an; entweder übers Handy oder den PC. Nun ist der Unterschied zum Fernsehen offensichtlich, denn im Netz kann man sich sein Programm selbst aussuchen. Von daher erscheint es mir durchaus logisch, dass Sie auf eine „Fortsetzung der eigenen Dummheit" schließen. Aber würde das nicht voraussetzen, dass die Leute schon immer dumm waren? Gut, manche Menschen sind gewiss einfach nur dämlich, aber viele scheinen mir deshalb keine Ahnung und keinen Geschmack zu haben, weil sie nicht wirklich Vergleichsmöglichkeiten haben.

Was die *Identitären* betrifft, so denke ich schon, dass der Film eine wichtige Vorbildfunktion hatte. Aber ohne so kluge Köpfe wie Martin Sellner zum Beispiel wäre die IB in Deutschland und Österreich auf jeden Fall undenkbar. Womöglich würde es die IB heute in einer etwas anderen Form geben, wenn der Film nie gedreht worden wäre. Es haben sich einige mutige Jugendliche und junge Erwachsene zusammengeschlossen, um unsere Völker und Nationen zu retten. Das wäre wahrscheinlich irgendwann auch ohne den Film passiert, denn die Zustände motivieren so einige Leute zur Gegenwehr. Der Film 300 jedoch bietet natürlich der IB ein Stück weit ein Vorbild und er ist, dadurch das die IB etwas auf ihm basiert, auch Werbung für die IB, wann immer er im Fernsehen läuft. Was ich in der „Identitären Bewegung" sehe. Nun, da ich dort nie Mitglied war und es nur einige persönliche Treffen mit Mitgliedern sowie ein Interview mit Martin Sellner gab, ist das im Detail schwer zu beurteilen. Aber immerhin hat es ja für ein Buch über die IB gereicht, also denke ich das Innenleben der Truppe ein wenig analysieren zu können: Die IB ist nach wie vor sehr aktiv, wie ich auch bei einer Großdemo in Berlin am 03.Oktober erleben durfte, wo einige Mitglieder sogar extra aus anderen Städten angereist sind, um gemeinsam mit zahlreichen anderen Patrioten vom Washingtonplatz aus durch Berlin zu marschieren. Ich denke, der Stellenwert der IB ist durchaus nicht unwichtig, denn sie leisten, auch durch Hausprojekte wie in Halle, wichtige Arbeit im vorpolitischen Raum. Während ich das Buch über die IB schrieb, gewann ich den Eindruck, dass die Bewegung eher wächst als schrumpft und dass ihr so manche politische Vernetzung gelungen ist. Ich sehe in der IB mutige junge Männer und Frauen, die sich für unsere Heimat einsetzen und sich zudem trauen, Aktionen durchzuführen, für welche viele Andere nicht den Mut hätten.

Soweit der Auszug. Im Weiteren gingen wir in dem Werk auf aktuelle Probleme ein. Manches war dann natürlich bei der Veröffentlichung Ende 2019, nachdem uns der Gerhard-Hess-Verlag lange warten ließ und dann absagte, nicht mehr sonderlich aktuell, aber all die angesprochenen Probleme wie Asylflut, Corona-Krise, Multikultiwahn, linksglobalistische Allmachtsphantasien und vieles mehr sind nach wie vor vorhanden. Und die Problemverursacher sitzen noch immer an den Schalthebeln der Macht und schafften es 2020 in den USA ein wichtiges blondes Bollwerk aus seinem Haus zu schummeln. Das was die Merkels, Söders, Steinmeiers, Maas und Konsorten wollen ist ein anderes Deutschland. Eines in dem die Deutschen eine Minderheit sind. Und ihr Endziel ist eine One-World-Diktatur, in der es keine Völker, keine Nationen, keine Kulturen und keine Religionen mehr gibt. Eine, gegen die Orwells Roman 1984 sich wie eine Utopie liest.

DAS SUPERWAHLJAHR 2021

Noch ist nicht alles verloren

Doch soweit ich das sehe ist noch nicht alles verloren. Wie oben bereits beschrieben befinden wir uns in Phase drei. Von dort ist noch eine Umkehr im Inneren unseres Landes möglich. Später bleibt uns vielleicht nur noch die Hoffnung, dass uns die Polen oder sonst wer befreien. Aber zur Zeit haben wir noch eine Chance. Das Superwahljahr und die Corona-Krise mögen lästig sein, aber beides bot uns Möglichkeiten. In der Corona-Politik gab und gibt es genügend Unsinn und Widersprüchliches, auf das man die Politiker festnageln kann. Und dafür gibt es genügend Möglichkeiten; soziale Medien, Flugblätter, Demos, persönliche Gespräche.

Hinzu kommt, dass die Blockparteien in Wahljahren verwundbar sind. Ein legales Beispiel: Niemand kann Ihnen verbieten viel Infomaterial kostenlos von Wahlkampfständen mitzunehmen und es anschließend, nachdem es Ihr Eigentum geworden ist, in den Müll zu werfen oder für acht Cent pro Kilo zum Altpapierhändler zu bringen.

Zudem spricht nichts dagegen, sich die Aktionen des linken Lagers mal anzusehen und dann einfach mal dasselbe mit anderem politischem Hintergrund zu machen. Die Identitären leben das ja hervorragend vor. Man muss eben auf sich aufmerksam machen und so viele Schlafschafe wie möglich aufwecken. Und wenn genügend Leute aufwachen, ist eine Umkehr noch möglich.

Der Verfasser wurde 1991 in Berlin geboren. Er arbeitet als Journalist und Schriftsteller. Von ihm stammen mehrere Bücher der patriotischen „Kaiserfront-Extra"-Romanreihe und er verfasste für den Druffel & Vowinckel-Verlag das Buch „Außen grün – Innen rot: Der unheimliche Aufstieg der Grünen". Außerdem schreibt er regelmäßig für „Deutsche Geschichte", „Zur Zeit", „JouWatch", den „Preußischen Anzeiger", „Unzensuriert", „Krautzone", „Deutsche Stimme" und das „Corona-Nachrichten für Monarchisten"-Magazin. Gegenwärtig arbeitet er an seinem neuen Buch.

Deutsche Abschiede 2021

Peter Dehoust
(30. Mai 1936 – 2. Oktober 2020)

Bis zuletzt geschah wenig im patriotischen Lager, ohne daß Peter Dehoust informiert gewesen wäre. In seiner Coburger Wohnung liefen auch im Corona-Jahr noch viele Fäden zusammen. Mit Blick auf die nachts angestrahlte Veste beriet, half und netzwerkte Dehoust - mit klarem Blick auf die Realität, getragen von Optimismus und seiner Liebe zu Deutschland.

Schon als Schüler dachte Dehoust national; mit 20 Jahren wurde er zum Mitgründer des Bundes Nationaler Studenten (BNS), der sich an zahlreichen Universitäten etablierte und so erfolgreich war, daß er 1961 verboten wurde. Zahlreiche einflußreiche Gönner unterstützten den BNS in seinem Kampf für deutsche Interessen, und aus der damals geführten Korrespondenz geht hervor, daß die Unterstützung weit in bürgerliche Kreise reichte.

Aus der BNS-Zeitung „Student im Volk" ging der „Deutsche Studenten-Anzeiger" hervor, den Dehoust maßgeblich prägte.Damals,1964 veröffentlichte er unter dem Pseudonym Peter Degner das Buch „Wille zur Zukunft – Zeugnisse denkender Jugend". Zum entscheidenden Schritt wurde 1971 die Übernahme der Harausgeberschaft von „Nation Europa", einer von Arthur Ehrhardt gegründeten Monatsschrift, deren Titel sich an den Konzepten des britischen Politikers Oswald Mosley orientierte. Dehoust zog an den Verlagssitz, nach Coburg, damals nahe der Zonengrenze. Dort lag bis zu seinem Tode das Zentrum seines Wirkens.

DEUTSCHE ABSCHIEDE 2021

Aus „Nation Europa" wurde „Nation und Europa", mit zahlreichen renommierten Autoren und Interviewpartnern aus dem nationalen Spektrum wurde die Zeitschrift zum Wegweiser und unersetzlichen Begleiter des Zeitgeschehens. Mehrere seiner Buchveröffentlichungen waren der Korrektur zeitgeschichtlicher Fehlannahmen gewidmet, und der an die Zeitschrift angeschlossene Buchversand bot ein breites Spektrum patriotischer Literatur aller Verlagshäuser an.

Neben seiner publizistischen Tätigkeit engagierte sich Dehoust in nationalen Parteien und Verbänden. Auf die Anfänge in der DRP folgte jahrelange Aufbauarbeit und Funktionärstätigkeit in der NPD, bis er sich der Unterstützung der DLVH widmete, die in den 90er-Jahren den weiten Bogen vom nationalliberalen Bürgertum bis hin zu völkisch-heimattreuen Kreisen schlagen wollte.

Über viele Jahrzehnte prägte Dehoustals Vorstandsmitglied die Gesellschaft für Freie Publizistik, die ihm 1996 die Ulrich-von-Hutten-Medaille verlieh. Besonders lag ihm das Schicksal der Deutschen und der Weißen in Süd- und Südwestafrika am Herzen. Bis zuletzt unterstützte er dort deutsche Familien und Schulen und erfreute sich an den rührenden Dankesbriefen der jungen Deutschen aus demfernen ehemaligen deutschen Schutzgebiet.. Die von ihm geleiteten Jahrestreffen des Hilfskomitee Südliches Afrika (HSA) waren Höhepunkte der Kultur und des gemeinsamen Austauschs.

Zudem engagierte sich Dehoust als Alter Herr in der Burschenschaft Normannia zu Jena. Dort schätzte man seinen Rat und seine Großzügigkeit - und sendete regelmäßig Abordnungen zu seinen legendären Pfingsttreffen im geliebten und sorgfältig gepflegten Coburger Garten. Und schließlich gab es noch die Coburger Runde, die regelmäßig zusammenfand, bis Corona jeglichen Treffen einen Strich durch die Rechnung machte.

Dehoust hielt stets den Kontakt zu konservativen Zirkeln in der FDP und den Unionsparteien, die sich bei ihm in den besten Zeiten des Verlags die sprichwörtliche Klinke in die Hand gaben. Umso amüsanter muteten die Verrenkungen des Coburger Stadtrats an, der ihn 2001 auf Antrag der SPD allen Ernstes zur „unerwünschten Person" erklärte.

Den Aufstieg der AfD hat Dehoust mit Sympathie verfolgt und scharfsinnig kommentiert, sich aber jeglicher persönlicher Einflussnahme enthalten. Bei der neuen Partei erkannte er sowohl das enorme Potential als auch die gleichen Kräfte, die schon bei früheren Projekten der politischen Rechten ihr destruktives Potential entfaltet hatten: Spalter, Scharfmacher, Eitelkeiten. All dies lag ihm, dem begnadeten Brückenbauer, fern.

Das Huttensche Gedichts „Ich hab's gewagt mit Sinnen" beschreibt wie kein anderes die Haltung, die er zeitlebens verkörperte. Seine Anfangszeilen stehen über der Todesanzeige, mit der sich seine große Familie von ihm verabschiedet hat.